中国古代宗族移殖史论

刘节 编著

图书在版编目(CIP)数据

中国古代宗族移殖史论 / 刘节编著. — 北京：商务印书馆，2021
（刘节作品系列）
ISBN 978-7-100-12548-2

Ⅰ. ①中… Ⅱ. ①刘… Ⅲ. ①宗族—历史—中国—古代
Ⅳ. ①K820.9

中国版本图书馆CIP数据核字（2016）第218381号

（刘节作品系列）

中国古代宗族移殖史论

刘 节 编著

商 务 印 书 馆 出 版
（北京王府井大街36号 邮政编码 100710）
商 务 印 书 馆 发 行
三河市尚艺印装有限公司印刷
ISBN 978-7-100-12548-2

2021年11月第1版 开本 880×1230 1/32
2021年11月第1次印刷 印张 8 1/2

定价：68.00元

出版说明

刘节先生的《中国古代宗族移殖史论》一书，于1948由正中书局首次出版，此后在台湾多次重印。商务印书馆此次再版以1948年版为底本，尊重原著，致敬作者。

为便于读者阅读与使用，此次再版主要做了如下工作：

一、原版为繁体字直排，本次改为简体字横排。除确系错讹误字外，对原书中具有时代特色的、有特定含义的词语不予改动，一仍其旧。

二、本书多涉及甲骨、金文等文献，且多有省改，因成书年代特殊，参考文献零落不齐，故除其明显讹误外，多依其旧。

三、按照现在通行标点符号规则对原书标点符号进行统一处理。

四、原书中排印错误的，如日曰、已己巳之类，均径改，不出注。

五、原书中文后注改为页下注。

自　序

这本书，是中英庚款董事会协助研究的成绩报告，后来又得教育部学术审议会的二等奖。此书收集材料的时候，已经好久了。作者站在民族文化的观点上研究上古史，更加是早了。而写毕这部书，刚刚经过四个月的工夫。这还是中国古代宗族移殖史的初步工作。因为许多甲骨、金文的材料都不在手头。凡是比较复杂的问题，都没有说。所提出的意见，如果稍有贡献的话，都是时代稍稍开明所促成的，非作者的功劳。参加这种工作的中国学者很多。本书里约略提到的已经不少。这是一种趋势，中国新史学已在逐步走上一条正确的路途了。同时代许多位同好的工作，与这本书，还是在开始。中国民族一定要更生的！从什么地方开始呢？就从各种学术上开始。学术工作是在打开一条人生的正确途径，改正我们的错误观念。没有严肃的人生，不会有真正强盛的国家啊！这部书写成的时候，正是作者困居行都逆旅中已经四度重阳了。在极端艰苦，日夜困扰中，从事研究工作。又当战争期内，参考书籍零落不齐。征引讹误，或所不免。尚希邦人雅达，善念此意。不胜欣幸！

目　录

第一章　绪论

历史是以人的文化作主体的。对于人文的演变过程及其互相关系，如说明白了，历史家底责任就完成了。从前人作历史，何尝不知道这一点？可是他们所看见的是英雄，是特出的人物，而忽略了一般人底事。假定一位历史家不明白人群底复杂关系，其实他所看见的英雄，或特出的人物，也不是这个英雄，或特出人物底真相。这种意义，到了近代历史家底著作里，才确切地表现出来。人是不容易了解的。人了解自己的程度，是以他自己底智力作正比例的。同时他底智力，又以客观环境的演进而随同发展的。我们所以能知道从前人所不知道的事情，直接的关系似乎是我们底智力比从前人进步。间接的，却是我们底环境进步了。从近代历史学发展的过程上看来，好像同自然科学无关。严格地说来，没有近代的自然科学，决不会把历史学逼上一条正确底路途。比较明显的：如地质学、古生物学、人种学；比较接近于历史的：如民俗学、语言学、考古学；这些学问，都是直接的或间接的受自然科学的影响，作促进历史学改良底因素。在中国呢！虽然有清代二百多年的考据学，但是他们底一般见解，是一种小学明而后经学明的鲜明旗帜，并没有创造出一派新史学。章学诚算是最特出的人物了！知道"六经皆史也"，可是仍旧菲薄考据。就是他所想像的新历史，也并未脱离前人的科臼；不过已经了不起。他知道历史是说明人的文化，及其演变过程底学问。大体见于他所著的《文史通义》中《原道》《原学》诸篇。清代的考据学，我们可以称之为北学。其代表如顾炎武、戴震。清代的史学呢？可以称之为南学。其代表如黄宗羲、全祖望。但是终清朝一代，没有同化成为一种新史学。这是什么缘故呢？无非是环境没有进步改善①。

历史当然是用事实作根据的。离开事实，不会有历史。然而历史可真不能离开想像。从前的历史作品，大半取材于民间的传说。这种传说，如果分析起来，有大部分是出于民族底集体想像。我们都知道小说里所见的关公，是想像多于事实；却不知道《孔子世家》里的孔子，想像底成分也不见得少于事实。关公底人格，或孔子底人格，在我们心目中，一样是带有民族底集体想像，一样是带有民族意识的反映。这是就历史上或传说上的关公或孔子而言。至于事实上的情形如何呢？要等今后历史家的努力。从前人作历史，为什么一定要加入想像成分呢？这也是人类智力底问题。不要说从前人，就是现在的人吧！不论说一桩事，或谈一个人，无形之中会加入一种主观底成分。这些主观成分所代表的，是个人想像，或集体想像。因为个人想像之中是免不掉有民族的集体想像的。我们现在人听话，都知道别择其中的主观想像和客观事实。惟有读历史，却被古人瞒过了，岂不希奇？不论哪样老实的人，都不免有主观底

① 南北学之分就渊源而说别有解释。

想像。主观底想像固然带有色彩，但是系统底见解，也就带有主观想像底成分。所以研究历史的人如果不明白古代人底集体想像，就无法了解古代的历史。研究历史的艰难处，正是这一点。古代人用想像摆布事实所构成的史实，积久了之后，这些材料在历史家看来，又是一种可保存的史实。从这些材料里分析出从前人的集体想像所代表的事实，于是可以推到古代人生活底真相。这一种方法，是从前的中国历史学家所不留意的；本文所用研究的方法，就是这一种方法。

古代人底集体想像的主要成分是什么呢？当然以民族问题作中心。如同个人的想像要素，还是主观。远古人的种族观念，比近代人更加强烈。每一族都构成他们远祖的神秘历史。在这神秘的历史中，大半是表现他们自己一族的高贵与才能。同时又不惜把其他外族的史实说穿了。如果我们明白这种道理之后，往往可以用互相比较的方法，辨别古代人的真伪。因此得到许多意外消息。一部中国上古史，若给粗心的人看起来，全是一些荒诞不经的神话。聪明人自以为明白，搁一边不理睬它。一般人大都信以为真，一字不易地写上去。司马光当然是一位很有价值的历史家，作《资治通鉴》从三家分晋说起，把古代的神话传说，别撰一部《稽古录》。他希望把传疑的故事，作比较的考订。但是那时候的科学没有进步，史学还是在旧方法下翻制，不能分析入里。到现在，我们可以粗粗地开始了。稽考古史，大体上说来有三条必经的途径。第一条，是人种学。这是说民族的体质，从许多古代人的骨骼上，考察出这民族的特质与渊源。第二条，是语言学。古代的历史，固然有神话传说，但是很难明白。到了近世，才有考古学，可以从古器物上找到可信的资料。又从这古代的文字里，推证古代的语言演变的过程。再汇集各方面的资料，考证古代的史实。第三条，是民俗学。这是从古器物、古文字、古代传说，几方面归纳所得的材料。又用社会学和人类学底方法加以解释，而得大部分古代民族的史实。就在这条路上，探求出古代民族底集体想像。严格地说起来，第三条路线可以把上两条路线所得的结果综合起来作一系统的说明。这是稽考古史的纯正方法。

所谓民族问题，方面是很广泛的。我们现在所说的是指中国人的祖先究竟是那一种民族？这民族的特质接近于那一种人？例如：外国人所主张的，中国人种是西方来的。这问题，当然很复杂。可是同本篇所研究的颇有关系。作者曾经写过一篇《汉族源流初探》，把中国民族的来源都归在汉族一名义上去讨论。所谓“汉族”，其意义与本质，都不是一成不变的。扼要地说来，据几位人种学专家的研究，如魏敦瑞氏说：“北京人的骨骼有蒙古人种底特征。”同时又有几位人种学家，在人种分类上，把蒙古利亚种包括马来人种。如艾思德氏于蒙古系之下又分巴龙族、僤族、古马来族、正马来族四种。这都是泛指中国古代人种是蒙古利亚种。若就语言上说来，蒙古语与马来语不是一个系统。就是后来的马来族与蒙古族在体质上的距离，也相当远。所谓“汉族”，是接近于马来族的。换而言之，“汉族”是从蛮族进化起来的。这在先秦人的文献里早就可以看出来，总是蛮夏对称。如同《秦公𣪘》上说：“虩事蛮夏。”《尧典》上也说到“蛮夷猾夏”。《左传》定公十年：“裔不谋夏，夷不乱华。”襄公十三年：“抚有蛮夷奄征南海，以属诸夏。”都是“蛮、夏”或“夷、夏”对称。夏就是汉。例如：汉口也称夏口、汉水就是夏水。作者向来的见解，都以为汉族是接近于南方民族。不论史前史后，南北两大民族在中国本部所起文化上的对流作用，在形式上总是北方克服南方，而在本质上却是南方同化了北方。这种意见，在本文中还是可以适用的。不过人类学家对于“宗族”一语的意义，同“种族”还是两样的。我们虽然专论宗族上的问题，其结果是希望在种族底问题上发生相当影响。本篇的用意，是想在种族底问题上有所贡献，先在文化上得到一种见解，以待人种学上物质方面的证明。

现在大家都知道古代史最先要弄明白的应该是种族问题。这个问题，清代的学者却不大注意。近十余年来，对此问题有特殊见解的，如傅斯年先生的《夷夏东西说》，李济之师的《中国民族之构造》，徐中舒先生的《从诗书中所见的材料推测殷周民族之不同》，三篇文章都是很有价值的著述。本篇所论，牵涉的方面很多，尤注意于古代氏族社会的分布及其关系。要在这里面透视一部分种族问题的真相。问题从解释“宗族”二字的函义入手。因为人类学上“种族”“民族”“宗族”“氏族”“部族”几个名词在意义上各不相同。若用中国的史料勉强凑搭上去，很不合适。所以在这一章里，都是从我们自己的史料中，归纳出各种正确底意义，作为本问题讨论的张本。第二个问题，便要说到上古史的分期。这件事好像是替古代人作年谱，必得求出一贯而确实底年代，否者“种族”问题，乃至于“宗族”问题，都不能明白的。这一章就是说“世与代”。作者对于“世”与“代”的见解完全不是从前人那么看法。从盘古开天起，经过伏羲、神农、黄帝、尧、舜、禹、汤、文、武那一套。而这一套是怎么样起来的呢？作者都给与相当的解释。所以本文也可以说是一篇上古史的骨干。第三个问题是说图腾的层创关系。因为图腾的演化，与宗族移殖有直接关系。从图腾里，可以看出这一氏族之特质及其演化情状。又可以看出“宗族”或“氏族”的分化关系。上面所说的集体想像，在图腾演化过程中最容易说明其反映出的意义。第四个问题是说氏姓派衍。这仍旧是图腾层创的别一面。这里面所函的事实，比想像底成分多得许多。从氏姓的派衍里，可以看出古代宗族兴衰起灭之迹。这是中国上古史最有意味的焦点。第五个问题是说宗族分枝。就是“宗族”以外的“氏族”或“部族”。例如殷民族、周民族之类。在这里也可以说明氏族社会之分布及其关系。这一章的材料最多。战争期内，所有甲骨文金文的书籍都不在手头，只能说一大概，也就不少了。第六个问题是移殖概况。这一问题同上面一问题也有连带关系。其中材料大半取自《左传》。同门吴其昌先生曾有《金文氏族疏证》一书，尚未出版。已出版的有《金文世族谱》。作者所说，有许多与吴先生的意见不尽相合，可以互相比证以求其是。最后一章是结论。综述全篇的精意，使读者能够得一大要。

第二章　宗族的函义

宗族的函义，要从三方面说来，才可以真正明白其内容。第一，“宗族”与远古的宗教有关系；第二，“宗族”的成因，其最主要底，是种姓制度；第三，“宗族”与古代的政治也有直接关系。就宗字的形态而研究其意义，已经很明显地与宗教有关系。甲骨文宗字作⿱宀丁，或作⿱宀干，其上部作宀，像室屋，就是后来所谓明堂，也可以称为宗庙。下面的丅形，或干形就是原始的示字。其起源当是从祖先崇拜一观念演化而来。有些人说丅形是原于古代的生殖器崇拜。这种象征的方法，在古代也许是有的。总之，“宗”字的最初意义应属于宗教。到了西周初年，在宗字的意义里，又有加增的成分。例如《宗周钟》上说：“对作宗周宝钟。”《沈子它毁》上说：“于周公宗。”《令毁》上说：“王尊史于皇宗。”这里的“宗周”，当然是周人的宗庙。又因宗庙所在之处，定为周人宗族的发祥地。这是丰镐所以称“宗周”的原因。“周公宗”，也是说周公的庙。所谓“皇宗”，有形容其壮丽的意思。在《班毁》上又有“受京宗懿釐”一句话。这“京宗”，就是《诗经·大雅·思齐》篇所谓“京室之妇”的“京室”。“京室”就是周人的“大宗”。这是合宗教、种姓、政治三个意义于一名的综合概念。古代的“宗子”，是祭祀时的主祭者。这是属于宗教方面的。同时又是政治上的主体，名之曰“王”或“侯”；后来却称为“天王”或“天子”。到了宗法制度完成了之后，又是宗族里的“宗主”。《诗经·凫鹥》篇上说：“公尸来燕，来宗。”这是古代的宗教仪式。后来所谓“尸祝”“尸主”，都是指这“尸”而言。“尸”是用生人来作偶像代表祖宗。这种古代的宗教仪式，是古代东方人的习俗。另外详细说明。此外《诗经·公刘》篇说：“食之，饮之；君之，宗之。”又《板》篇说：“大邦维屏，大宗维翰；宗子维城。”《易经·同人卦》六二爻辞：“同人于宗。”这都可以证明宗字带有政治或种姓上的意义。

种姓制度同宗族的函义，当然分外密切，从种姓制度的发展过程上来看宗族一义的演变，尤其有意思。我们中国古代传说里称呼远古的部落酋长作“群后”或“群牧”。同时，“后”与“氏”，往往连称。例如《论语》：“夏后氏以松。”再来考察古代的“后”字，甲骨文作“[illegible]”，象女人生子的情状。可见远古的“后”字，就是后世的“毓”字。或许古代的“群毓”，都是女酋。传说中的女娲氏，是女酋；西王母，也是女酋；乃至简狄、姜嫄都可能是女酋。但是殷代的先公先王中照现在所知的，还没有发现女性。中国远古或许有女性中心一时期，至少殷代，已经不是女性中心时期了。然而女酋并非绝迹。《后编》下二十五页十六片：“丁酉、王卜贞雝毓。”①又《续编》卷四页二十六片六：“□亥归井毓。”井即妌字之省。这

---

① 雝氏即雍氏。《史记·齐世家》：“围雍氏。”《正义》云：“即《左传》哀公九年之雍丘。”

里的“𡤼毓”与“姘毓”，当是“𡤼姓”与“姘姓”的酋长。这两个酋长可能都是女酋。又如“邢丘”，战国人也名之为“鄞丘”。这是大家都知道的。尤其是“归井毓”一句话，比较更可信。因为殷人称他们的王后作“妣”，并不作“毓”。祖、妣、父、母的称呼在殷人是很普遍的，而且很确定的事实。反过来看，“酋长”或“王”可以称“毓”。《续编》卷一页十六片二：“毓祖乙。”又卷二页一片三：“多毓衣亡。”这都是先公先王可以称毓的证据。殷人的“毓”，虽然没有女性，但其他𡤼姓、姘姓[①]，恐怕还是有女性的“毓”。殷代有女酋存在，大约是可信的。不过殷代的社会中心是男性，却无可置疑的。照作者的看法，殷代虽非女性中心，其社会是有氏族组织。本来，氏族社会为脱离血族群婚制进而为亚血族群婚制的目标而产生的。简单地说来，就是甲族之男，与乙族之女，或乙族之男，与甲族之女；其年龄相近者，都可以成为夫妇。因此所产生之子女，却入父族母族以外之第三氏族。而称呼父母两族中之同等年龄者，男曰父，女曰母。这在甲骨文中也有证据可考的。林泰辅《龟甲兽骨文字》第一卷一页：“贞帝口多父。”又一卷五页：“贞告于三父。”《殷虚书契·前编》卷一页四十六：“戊子卜于多父旬。”八卷四页“甲申卜王大卫于多母”。在金文中，也有“成姬多母”及“口妫四母”的称呼。作者的看法：“多父”“多母”的意义不能同后世的“诸父”“诸母”的称呼一样看待。这还有其他证据可作比较。殷周人的氏族组织与易洛奎部族，及南印度尼尔吉利亚山中的托达人都有很相类似之点。《史记·殷本纪·赞》里说：“契为子姓，其后分封，以国为姓。有殷氏、来氏、宋氏、空桐氏、稚

① 姘邢的互相关系，详拙作《古邢国考》。

氏、北殷氏、目夷氏。”又在《夏本纪·赞》里也说到“禹为姒姓，故有夏后氏、有扈氏、有男氏、斟寻氏、彤城氏、褒氏、费氏、杞氏、缯氏、辛氏、冥氏、斟戈氏”。这里所说的话，不能完全信以为真，不见得都是殷人或夏人的事实。但是可以暗示我们，殷人夏人有这种事实的倾向。又在《左传》定公四年“传”里也有说到，“分鲁公以大路，大旂，夏后氏之璜，封父之繁弱；殷民六族：条氏、徐氏、萧氏、索氏、长勺氏、尾勺氏。使帅其‘宗氏’，辑其分族”。又说：“分康叔以大路，少帛、绩茷、旃旌、大吕；殷民七族：陶氏、施氏、繁氏、锜氏、樊氏、饥氏、终葵氏。”这不是很明白的说到殷人确有氏族组织吗？可是同《史记》上所说的名目不一样。这里当然还有其他问题。若照《左传》上的说法，“氏族”也称“宗氏”，或许还有“分族”。这同“胞族”之下又有“氏族”的制度却是很相近。这些“氏族”，在金文里并不称“氏族”或“宗族”，却名之为“师”。例如《伯懋父𣪘》：“以殷八师征东夷。”《曶壶》：“作冢嗣土于成周八师。”成周本是殷地，成周八师，可能就是殷八师。这里面的实在情形，大概就是《逸周书·作雒解》里所说的“俘殷献民，迁于九毕”。所以《书序》上也说：“成周既成，迁殷顽民。”此外宋朝人所得到的《成鼎》上也有说到“王命遹扬六师，殷八师”。可见古器物铭上所说到的“师”，与古书上所说到的“氏”有相同之点。本来“师”字，金文作𠂤。例如《盂鼎》：“故丧师。”《静𣪘》：“[illegible]，师成周。”其字都作𠂤，就是小篆的𠂤字。今俗作堆。氏字就是古文的坻字。《诗经·秦风·蒹葭》：“宛在水中坻。”堆、坻声同；氐、氏有点无点也是后来的分别。坻是水中小丘，氏也是丘的别名。《左传》里许多丘，大都可以称氏。

例如平丘就是平氏，乘丘就是乘氏。因此知道古地名中所有以氏名的如：猗氏、己氏、皮氏、鄍氏、元氏、杨氏、尉氏，原先都是古代氏族所住的丘。氏也可以作邸。《墨子·兼爱中》篇："注后之邸。"从邑、从土相同。《左传》昭公十二年《投壶辞》，中行穆子是西北方人，说："有酒如淮，有肉如坻；寡君中此，为诸侯师。"齐侯是东南方人，说："有酒如渑，有肉如陵；寡人中此，与君代兴。"北方人知道南方有淮水，就用淮形容酒之多。可是坻字又是北方的方言，南方人知道北方有渑池，就用渑形容酒之多。这里的陵字，又露出南方的方言。所以古代地名北方称"氏"的，南方都作"陵"。《汉书·地理志》中截然分得很清楚。到后来，北方的"氏"也有改作"陵"的。例如"杜氏"可称"杜陵"。并且"师"字与"坻"字为韵，可见"坻"字音如"月氏"的"氏"。陵、丘、氏是称一样东西。堆、坻、氏、自，原是出于一个语根。我们就可以明白殷八自为什么就是殷八氏了。古代有"师氏"的官，这个名称，大概是周人所用的。例如《诗经·周南·葛覃》："言告师氏，言告言归。"这"师氏"所掌管的很琐碎，似乎是氏族以内的细事都要管到。同《节南山》的"尹氏大师，维周之氐"的"师尹"，恐怕职掌不同。但从"维周之氐"一句诗上看来，也是氏族以内的官。而"氐"之可以作"氏"，也连带的证明了。甲骨文里有"氐羌"，《诗经·商颂·殷武》篇也说到"氐羌"，其实就是"氏羌"或"丘羌"的意思。古代北方多沼泽，鲁有大野、晋有大陆、秦有杨陓、宋有孟诸、燕有昭余祁、郑有圃田、周有焦护、赵有广阿，差不多北方各国都有。所以一般人都住在小丘上。到了周代称作州。《左传》哀公十七年："初卫庄公登城以望见戎州。问之，以告。公曰：'我姬姓也。何戎之有焉？'"这是卫国有"戎州"的证据。由此看来，《诗经·秦风·蒹葭》的"宛在水中坻"，正可以解作"宛在水中洲"。又《小雅·鼓钟》："淮有三洲。"可见这些"州"或"氐"南方、北方到处都有的。于是我们明白了，"氐羌"同"州犂"或"州来"，是一样的语例。因为殷代不只有"氐羌"，也有"来羌"，或称"氐来羌"。《殷本纪》又称作"来氐"。也就不能不认为"来羌"与"州来"没有关系了。

古代民族的生活方式不外两种。就是太史公在《史记·大宛传》里所提出来的两种方式。一种是"土著"，一种是"行国"。这两种生活方式，同种姓制度的变迁都有密切关系。若从古书上多方面考察来，其渊源是很古的。《易经·谦卦》上六爻辞："利用行师征邑国。"《无妄》六三爻辞："行人之得，邑人之灾。"《易经》上所说的"行师"或"行人"，就是史记上的"行国"。所谓"邑人"或"邑国"，就是"土著"。这两种生活方式，在殷周之际的中国本部，是很普遍的。"行国"是以游牧为生的民族。这是"群牧"一名的根源。"土著"便不能没有庄园。但不论"行国"或"土著"，他们都住在丘上，似乎是很确定的事实。先来说"邑国"。《易经·升卦》九三爻辞："升虚邑。"邑既然要升，非在丘上不可了。并且"虚"就是"丘墟"或"废墟"的意思。《庄子·人间世》篇也说到"国为虚厉"。这里的"虚"，当然就是"废丘"。"厉"字一般都当作"厉鬼"解。其实"厉"就是蠭虿的"虿"。原本就作"万"，字形如[illegible]，是蝎子一类的害虫。给它咬了之后便要发生疫疠，所以豫让"漆身为厉"。邑国大部在丘上，一发现有厉，便要改邑；而改邑，务必先行改井。《易经·夬卦》的卦辞说："改邑不改井，无丧无得。”这是改邑必须改井的证据。邑既然因为有厉而迁改，所以古代的虚邑不一定是亡国。“邑国”在丘上，那末“行师”是否也在丘上呢？是的。“行师”也要驻扎在丘上。师字本是从自字引申出来的。行师驻扎在丘上，更加不成问题了。并且甲骨文的师字或从自，从朿，作𠂤朿。殷代人也名所住的丘作𠂤朿。例如《前编》二卷十五页第三片：“十二月在齐𠂤朿，隹王征人方。”又二卷十七页第五片：“卜在溇𠂤朿。”又二卷十页第三片：“王卜癸酉[illegible]，𠂤朿在洒。”这分明是说走动时的“行师”住下来了这丘阜便称作“𠂤朿”。《诗经》及他书中，都“京师”[1]连称，更可以证明𠂤朿是在丘上的。《大雅·公刘》篇：“乃觏于京，京师之野。”在金文里也有同样的例子。如《小臣单觯》：“王后反克商，在成自。”《旅鼎》：“在十又二月庚申，公在盩自。”《遹甗》：“隹六月既死霸丙寅师雝父在古自。”《宰甾毁》：“在褬𠂤朿。”《小子射鼎》：“在[illegible]𠂤朿。”不过金文里稍晚的器自、师都已有分别。甲骨文里的“𠂤”，金文里作师；甲骨文里的“𠂤朿”字，金文里作“自”。而且金文里又把“𠂤朿”字作“市”字用。如《兮甲盘铭》“毋敢不即市”的“市”字，作[illegible]。《老子》说“师行所至，荆棘生焉”。这[illegible]形正是棘字所从的朿字。师所驻扎的地方，用荆棘作成周市，这就是“市”。因此市也是在丘上的。《战国策·韩策》有一小国名“市丘”，称“市丘君”，便是一证。[2]所以市上的官也称“市司”。从𠂤到𠂤朿的孳乳次第，正

① 详杨树达先生《京师解》。

② 《左传》成公元年作“丘甲”。昭公四年郑子产作“丘赋”。《庄子·则阳》篇：“丘里者，合十姓百名而以为风俗也。”又云“此之谓丘里之言”。所以《史记·周本纪》云：“毕公分居里成周郤。”《酒诰》云：“越百姓里居。”《矢彝》云：“罘里君，罘百工。”按“丘里”之制溯源甚古。古人居丘，乃一普遍事实。

是从管理的"土司"到携有兵器的"师徒"。却把作"堆"字解的"𠂤"字教人忘记掉了。又从另外一方面看，"行师"也称"旅"。《公刘》上说："逝彼百泉，瞻彼溥原；乃陟南冈，乃觏于京，京师之野。于时处处，于时庐旅；于时言言，于时语语。"《皇矣》篇也有说到"爰整其旅，以遏徂旅"。《孟子》引诗作"徂莒"。可见师旅是连称的。甲骨文里的旅字，极其简单。在帐篷子底下有几个人，就是旅字。形如"□"。也有作□的。正是《诗》所谓"庐旅"。这旅字越到后来越复杂。金文里加辵傍作□。又因为旅行必定有车，于是旅字更加复杂了，作□形，或作□形。在殷代，每一旅可作一部族看待。所以也名为"亚旅"。《尚书·牧誓》篇上说："亚旅，师氏。"《立政》篇上也说到"司空，亚旅"。旅为什么称"亚旅"？下文另有释义。现在我们要先明白"师""旅"的关系，是宗族一义在政治方面的表现。

我们从《牧誓》《立政》《曶壶》三处的说法综合起来看，知道行师时有师氏、嗣徒、嗣空三种官在内。嗣徒，金文作"嗣土"。《周礼·地官·司徒职》上也说："司徒掌邦之土地之图，与其人民之数，以佐王安扰邦国。"证以司徒作嗣土，确是有古义在里面的。什么是嗣土呢？《诗经·大雅·崧高》篇上说："王命召伯，彻申伯土田。"又说："王命召伯，彻申伯土疆。"这正合司徒的职务。所谓"彻土田"或"彻土疆"，就是《公刘》诗"彻田为粮"的意思。司空，金文里作嗣工。师氏的官职，上文已经说到。可见行师的时候，有司土地、司工事、司教育的官在一起的。这才像是"行国"的样子。至于"亚旅"的意义，更复杂了。甲骨文里还有许多证据。《后编》卷下二十七页："作亚宗。"又四十一页："□多亚。"

从这两条里看来，“亚宗”是指氏族中的“宗氏”所在。“亚旅”是行师。“亚”如果是“氏族”，“旅”会是“部族”。这部族，适当于“邑国”中的“宗族”。下文另有说明。“多亚”一名，金文里也有见到。如《遹彝铭》：“王饮多亚。”知道“多亚”如同“诸侯”。《𩰫毁铭》上说：“诸侯大臣。”又知道亚之中有“大亚”。原先的“亚”，恐怕还只能当作“胞族”。“大亚”才是“部族”。“侯”同“亚”都比“王”次一等。而“诸侯”“大亚”并称，所以“侯”也称“亚侯”。甲骨文有“乙酉贞[illegible]亚侯”，又有一贞口王[illegible]于亚侯，两条。这样看来，“侯”与“亚”一定还是有区别的。作者从前以为“侯”与“亚”是正副的不同。例如《左传》昭公七年有“亚大夫”。《史记》《左传》《国语》里都说周的祖先有“高圉、亚圉”。并且亚有次义，是大家都知道的通义。但是由“亚宗”一名上去考究起来，亚与亚之间可以互通婚姻。其字可以从女作娅。《诗经·节南山》篇称“琐琐姻亚”。《左传》昭公二十五年：“昏媾姻亚。”所以把每一亚算作每一胞族，是很可相信的。又从另一方面看来，殷人的“亚宗”，大体相同于周人之“京宗”。若再用“多亚”一名同“多方”一名比较，便可以明白“方”是指外族，而“亚”却是指本族。因此知道“侯”一名词，是通本族与外族而言；“亚”却专言本族。“亚侯”是本族的侯。照古代氏族社会的政治制度说来，“部族”或“胞族”中都有正副酋长。正的是世袭的，副的是选举的。甲骨文中有一条说：“贞乎父，命于亚。”就这种情形说来，中国古代“氏族”或“部族”之内也有正副酋长的事实。这就是后来副贰之官的渊源。“亚旅”既然就是“行国”，再从“侯”字的形体加以研究，也像是“行国”的领袖。“侯”字与“族”字可以互相比较的看。“族”字甲骨文作，或作，或作，或作，旧说以为从矢、从㫃。但甲骨文“矢”字作，或作，或作，都与形不同。而交字正作。此义卫聚贤先生已发之。再从金文的“族”字看来，有些确乎作矢形。可是其中也有从㫃、从大，作的。足证“族”字原是在帐篷下坐有人形的情状。所以字形中有从二交的。古文交字、大字、天字都是代表人形。“族”字的意义本是象许多人在帐篷之下。至于“侯”字更不能照旧说作射侯解。“射侯”，是后起的引申义。“侯”字在甲骨文里或金文里都没有上面的人字。其形体作，或作，或作，或作，在金文里也从大作，从交作的。但是大半也都变成从矢了。侯既然是部族的酋长，所以像帐篷子下面正坐着的人形。从这里，又可以得到一种消息，“侯”是部族酋长，“亚”是胞族酋长。正好“侯”之下是“亚”，而部族组织又正是氏族组织的扩大。也可以这样说：“侯”的地位，是从“亚”的地位发展来的。不论是哪一部族组织中的“侯”，他本身必须要属于某胞族及某氏族。这样一来，“亚”所负的责任是属于种姓关系的职务，而“侯”所负的是政治关系的责任，这是中国古代氏族社会里的主要机构。

照上面的事实看来，中国古代是有氏族社会的组织。可也不一定同易洛奎人的氏族组织一样吧？而且姻娅的关系，或许就是后世的婚姻制度，为什么一定是氏族社会里的婚姻制度呢？或许有人出这样两个问题。作者现在再举一些证据来说明。莫尔根称易洛奎族的氏族组织是一种标准的氏族组织。部族以上有部族联盟，部族以下是氏族，氏族之中还有胞族。在我们中国古代的“行国”里，也有相类似的组织。就是“侯”之上有“王”，“侯”之下有“亚”。

亚是代表基本的图腾组织。这在下文另有说明。先要说明的是这样的氏族组织，可能是起于殷代，或许还要更早一点。我们都知道“天命玄鸟，降而生商”两句诗。殷人是用鸟类作图腾的。《左传》昭公十七年：“郯子来朝，公与之宴。昭子问焉，曰：‘少皞氏鸟名官，何故也？’郯子曰：‘吾祖也，我知之。’”又说：“我高祖少皞挚之立也，凤鸟适至，故纪于鸟，为鸟帅而鸟名。凤鸟氏，历正也；玄鸟氏，司分者也；伯赵氏，司至者也；青鸟氏，司启者也；丹鸟氏，司闭者也。祝鸠氏，司徒也；鴡鸠氏，司马也；鸤鸠氏，司空也；爽鸠氏，司寇也；鹘鸠氏，司事也。五鸠，鸠民者也。五雉为五工正。”五雉是什么呢？郯子没有说。贾逵、杜预各据《尔雅·释鸟》作解。贾逵说：“西方曰鷷雉，攻木之工也；东方曰鶅雉，抟埴之工也；南方曰翟雉，攻金之工也；北方曰鵗雉，攻皮之工也；伊洛而南曰翚雉，设色之工也。”杜预说雉名同，惟省去工名。我们现在从“五鸠，鸠民者也”一句话里可以看出上面的“五鸟”是一组织，下面的“五雉”是又一组织。若再加以研究，丹鸟氏是雉类的代表，伯赵氏是鸠类的代表。为什么呢？杜预就说过“丹鸟氏即鷩雉”。杜预又说：“伯赵，伯劳也。”伯劳就是《诗经·豳风》“七月鸣鵙”的“鵙”。《夏小正》作“五月鴂则鸣”。鴂就是伯鷯，也就是鴂鸠。所以仔细分析起来，五雉可能是丹鸟氏以下所属的氏族，五鸠可能是伯赵氏所属的氏族。这样，正好是部族联盟是鸟图腾，部族是五鸟，部族以下的氏族有以鸠类作图腾的，有以雉类作图腾的。这种氏族组织是很整齐的。并且“鸟师”就是“鸟氏”，正合上文“师氏”是氏族以内的官名的明证。至于鸟图腾的来源和演变，下文另有说明。先要研究郯子是否为鸟图腾。《左传》僖公四年："若出于东方，观兵于东夷。"杜预注："东夷，郯莒、徐夷也。"郯既然是东夷，与殷正是同族。《逸大誓》说："纣有亿兆夷人，离心，离德。"《左传》昭公四年："纣为黎之蒐，东夷叛之。"又十一年："纣克东夷，以丧其身。"都认为殷人是东夷。因为纣自攻其同族，所以亡国。又根据郯子的话，少皞是他的远祖。传说上少皞，就是帝挚，是帝喾的儿子。帝喾就是帝夋，也就是甲骨文中的高祖夒。海宁王先生已有考证。郯是帝挚之后，殷是帝喾之后，自然是同祖。所以殷是鸟图腾的氏族，郯也是鸟图腾的氏族。足证《左传》上所引郯子的话是有所本的。这样有次第的三层组织，确乎同易洛奎族的部族联盟、部族、氏族三层组织非常相合。郯子的话或许不能尽合事实，而这种氏族组织的骨格却透露出非常清楚了。

既然殷人有这种三层的氏族机构，我们就可以有资格说殷人的姻娅关系与后世的婚姻制度不会是一样的。于是乎我们更进一步看殷代的婚姻制度确实如何。据莫尔根的说法来比证，殷代的种姓制度似乎已经脱离卡米拉罗依式的种姓制度，而转入易洛奎式的种姓制度之一类似形态。文献不足，其详已不可得而言了。但是从称谓上看来，殷代的种姓制度，同卡米拉罗依式或易洛奎式确有一种相似之点。其最重要的是卡米拉罗依种姓制度中没有祖孙观念。殷人称祖、妣，都兼指远祖而言。通常又没有"孙"的称谓（数万片中仅二见）。卡米拉罗依族中所以没有祖孙观念者，因为他们是用指定氏族间之年龄相近者作婚配对手。所以我们认为"孙"一层之男女，与"祖"一层之男女，如有年龄相近者，在他们，事实上可以结婚媾。试取莫尔根古代社会，所说者细绎之，可得其理。殷人“祭祖”，原是从“祭社”而来。所谓“马祖”“田祖”“祖道”，原本都是“社神”。祖孙观念并称，实出于周人。这一点，吴其昌先生早已看到。周人的种姓制度，后来与殷人的种姓制度不同。而以两姓耦婚作原则，必添一孙之观念，然后“世继其美”。卡米拉罗依式种姓制度，男女各自在一氏族。此一对男女所生之子女，又各入某第三氏族。而通婚之界限，以氏族之固定原则为对手，不是两姓永久通婚，而是同姓间某两氏族的永久通婚。至于两姓耦婚制，如同甲姓男女之辈分相同者，与乙姓男女之辈分相同者，可以成夫妇。于是殷人“多父”“多母”的称谓到了两姓耦婚制里，必须有限制。例如：甲姓男乙姓女或乙姓男甲姓女所结合而产生之子女，对于其母族的男性或女性，和父族的女性或男性，其年辈相同者，必另有称呼。于是舅、姑，姨、叔，甥、侄，这些观念都起来了。甲骨文虽有叔侄字，其意义不同，下文另有说明。至于舅、甥，姑、姨，这些字全都起于周代。现在大家都晓得殷人祭祖、妣、父、兄都以生日。例如商《三句兵》的祖日辛、父日辛、兄日辛之类。但此中恐怕别有关系。《三句兵》出在易州，许是殷代的器物，却不一定是殷人的器物。十干在古代是用来称氏族的。金文中有甲氏，如《宁毁》；有乙氏，如《乙叔尊》；有丁氏，如《丁侯鼎》；有辛氏，如《叔向父毁》。尤其有意义的，《左传》上有“赤狄甲氏”。《大学》引《汤之盘铭》曰：“苟日新，日日新，又日新。”郭沫若先生以为就是“兄日辛，祖日辛，父日辛”的残脱。原本也像《三句兵铭》一样重复的两排。写的人把残脱的、前排的兄日辛同后排的祖日辛、父日辛连起来，才会产生现在见于《大学》的盘铭。这是很妙的考据。我们现在知道了，辛是古代很大的族姓。其说见于拙作《诗经中古史资料考释》。用甲、乙、丙、丁等十干名人，必定是从用甲、乙、丙、丁等十干名氏族而来。某胞族的祖、妣、父、母、兄，必定用某日祭。这个理由，是否为今之学者所许可？殊有意味！假定属实，殷人的种姓制度必在卡米拉罗依式与易洛奎式之间的类似形态一说，更可以无疑了。再说甲文中有多妻的事实看来，殷代种姓制度，又有与上述两式大不相同的所在。例如《前编》卷一页十七："辛酉卜贞王宾武丁夹妣辛。"又："癸丑卜贞王宾武丁夹妣癸。"后编卷上页四："戊子卜贞王宾武丁夹妣戊。"虽可因此知道武丁有三妣，照现在人看来，或许是继娶。但是这种后世人的婚姻观念，不能用上去。古代人别有一种制度，名为"三恪"制。这种制度渊源很古，是从最早的"貉族"而来的。先说《国语·吴语》："勾践请盟曰：'一介嫡女，执箕箒以晐姓于王宫。'""三恪"制度，就是"晐姓"制度。《左传》襄公二十五年："庸以元女大姬配胡公，而封诸陈，以备三恪。"这"恪"字，《说文》引作"愙"。"三恪""三愙"原本都是从"三貉"而来。"三恪"就是貉族中的三大胞族。殷代的羌人，本是古代的"貉族"。周代的"允姓羌"，也是"貉族"。《左传》昭公九年："允姓之姦居瓜州。"这三女的姦字，就是"三恪"的本义。在古代的民族里是"三姦"，而殷周人自称作"三愙"。武丁三妣名妣辛、妣癸、妣戊。《史记·周本纪》："三女为粲。"又说："王御不参一族。"韦昭说："故娶侄娣以备三。"周人原先也是娶于姒、妊、姜三姓。到了武王以后，才行两姓耦婚制。"三恪"制度在远古，必定是三个胞族；后来成为三个宗族，再后来才成为"三姓"。鲁之"三桓"是氏族的性质；楚之"昭、屈、景"是三姓的性质。齐之

“高、国”，晋之六卿，都是经过齐桓公、晋献公两度破坏古代氏族制度的结果，所以看不出“三恪”制度来。后来的“三秦”“三楚”“三齐”“三晋”意义虽与“三恪”制不尽相同，但是还可以这样说：都是“三恪”制的残遗痕迹。考其原初，必定是用甲、乙、丙、丁等十干来分每一胞族中的氏族。“三恪”便是娶其中之优秀的三氏族。再从日子用甲、乙、丙、丁等十干作名称一点上研究来。或许其初是某日生的人入某一氏族的原故，这同某氏族的人必定祭以某日是互有关系的。氏族在胞族之内，所以祖、父、兄不妨在不同的胞族。婚媾必定在另一氏族。所以祖、妣也可以同日祭，也可以不同日祭。从氏族在胞族以内一点看来，又是与易洛奎式的种姓制度相同。至于甲氏、乙氏、丙氏、丁氏的称呼，又可以作周代的、非殷族的、不同的制度看。王御不参一族，正是说娶后妃不在一个胞族内、必定在三个胞族中的不同氏族。例如武丁的三妣。

古代的婚姻制度与种姓制度，时有并行不背的，这在罗维氏的《初民社会》一书里已有详细说明。种姓制度行于同部族之内。而古代人对于异部族间之侵略行为，乃是屡见不鲜的事。其失败者，男为人臣，女为人妾。《易经·遯卦》九三爻辞：“畜臣妾吉！”这些臣妾，一有机会，即可脱逃。而征服者又必定追之使返。假定这一部族的女性少于男性的人数太多，又必定用掠夺的方式求妻妾于异族。因此知道有几种婚姻制度是起于正常的种姓制度以外的。《易经·贲卦》六四爻辞：“贲如！皤如！白马翰如！匪寇，婚媾。”《屯卦》六二爻辞：“屯如！邅如！乘马班如！匪寇，求婚媾。”又六四爻辞：“乘马班如，求婚媾。”这里正暗示着古代有掠夺婚姻的事实。这里所谓“贲如！皤如！

白马翰如！”很明显的是一种仪式。而“匪寇婚媾”与“求婚媾”两句话又足以证明已离掠夺的本性，只剩下一种仪式了。其去真正的掠夺婚姻为时已相当久远。再从这“贲如！皤如！白马翰如！”的仪式转到“亲迎”的礼，又是一大进步。再当详论。先说这种掠夺式的婚姻，与《诗经》中所见的“于归”，又有何种的关系呢？又甲骨文里所屡见的“归某女”，究竟同“于归”是否一样呢？据作者的看法，大概不是一样。甲骨文里的归字，形体结构种类很多。《前编》卷四页四十一作“[illegible]”，卷三页三十三作“[illegible]”，卷四页六作“[illegible]”，《后编》卷上页三十作“[illegible]”，卷下页四十二作“[illegible]”，这里面的最基本形式是“[illegible]”。正是“帚”字的原始形态。所以也可以作妇字用。其中附加上去的是“𠂤”形，或加“[illegible]”形，就是后来归字的[illegible]旁所从出。甲文所从的𠂤字，实与官、师、追等字所从的𠂤字相同。原本不作自。小篆以师从自作，乃是别一系统。因为“𠂤”所住的是“[illegible]”，所以支分出来的。𠂤是象形字。如臣妾之类。然而甲骨文的“归”字，大部分不从𠂤作。因为帚字已有追捕的意思在内。在金文里，如《齐侯壶》作“[illegible]”。《明公毁》作“[illegible]”。前一器晚周人所作，又多了一辵旁。至于甲骨文中的“归”字，其用途与“于归”一义不同的所在，是不很大的。因为原本归字也有“奉箕帚”的意思。例如：《前编》卷四页三十二，《后编》卷下页三十七，都有“归妌[illegible]奴”一条。又《前编》卷四页二十七：“贞归婐[illegible]，不其。”又《前编》卷四页二十六：“己卯，归侄奴。”又《后编》卷下页三十四：“归娘弇，不其奴。”又《前编》卷七页十四：“丙辰，归□弇奴，五月。”从这些条里，知道“弇奴”与“奴”及“不其奴”都是成语。古代的奴妾“于归”之后，有作奴，有不作奴的。例如《前编》卷四页一：“归娘子。”又卷三页三十三：“贞归媒之子。”又卷六页二十六：“己酉令兽[illegible]。”足证归某姓女必定与“奴”相连，其为异族当无可疑。所以“归”字的语义从“追捕臣妾”“奉箕帚”到“于归”，逐渐合理化。妾既娶于异族，妻之娶于本族，这是可以推定的。并且也有证据。如《前编》卷一页三十六：“饷归妃于父口。”又卷一页三十八：“贞御归好于父乙。”又《后编》卷上页二十七：“甲寅，[illegible]贞勿御归媒于唐。”又《前编》卷七页十七：“卜[illegible]贞御归媒于[illegible]。”这里有一种很显著的区别，就是妃姓、好姓的女人，是殷的本族，特别优待。媒姓女是外族，虽然也优待，可是不能御于“唐”，可以御于“[illegible]”。于是我们知道了，后世的“于归”“亲迎”一套礼节，原本是从优待归奴而来的。可是文野之间很有高下了。

臣妾既然从俘虏而来，可见当时与殷人共处于一地的，必定有许多生活方式不同的异族。从上面所引几条《易经》里“邑人”与“行人”的不同生活方式看来，殷人是“行人”，而《易经》的作者似乎站在“邑人”这方面的。“邑人”与“行人”到底还有些什么巨大的不同呢？据《易经》的话：“行人之得，邑人之灾。”这分明是一种表同情于“邑人”的态度。“行人”既然有所得了，其所损失的是“邑人”，还有什么可疑心的？但是《讼卦》九二爻辞：“不克讼，归而逋其邑人三百户，无眚！”这一条又是就“行人”的立场说话。因为“邑人”如果是氏族组织以内的人，何以会逋逃呢？足证“邑人”的意义，最初必定另有所指。邑字虽象一人蹲处之形，其字与“印”字有相连带的关系。“印”即古文“抑”字。在甲骨文里作[illegible]，与孚字从爪、从子的意义相近。“俘”是后起字，原只作“孚”。甲骨文“邑”字作，金文作，确乎像一个人蹲处的形状。邑字，抑字，声同；抑字，孚字，形同。这几个字是出于一个根源。《夬卦》爻辞：“孚号有厉。告自邑。不利即戎，利有攸往。”这分明说“邑”中有“孚”。这是孚即俘的明证。邑之作区域名词用，原是从人所蹲处的意义上引申出来的。“归而逋其邑人三百户”，等于说“归而逋其孚虏三百户”。这是“行人”统治“邑人”的证据。古代的“行师”总是飘忽往来的；“邑人”安土重迁，总是受灾。这是殷代到周初中原一带经常的情形。自从“邑”字用作区域名词以后，于是“邑国”也连用成一名词了。例如《易经·益卦》六四爻辞：“利用为依迁国。”《谦卦》上六爻辞：“利用行师征邑国。”《国语·周语》中：“国有班事，县有序民。”韦昭注曰：“国，邑也。”国字甲骨文作，或作，是像戈下悬挂一个头的形状。在金文里稍稍复杂。《毛公鼎》作，《师寰》作毁[1]，正是从或从邑的“邑国”。其实从邑与从口是一样的。“或”字是原始的“国”字。所以古书上往往称“邦国”，也称“邦域”。国字加口旁，乃是后起字。因为春秋时代的国大了，所以加口以示区别。古代的“孚邑”就是“孚或”。《左传》成公三年：“以为俘聝。”《诗经·大雅·皇矣》篇：“攸馘安安。”《毛传》说：“馘，获也。”在这里，可以看出中国文字孳乳的复杂了。最初是戈下系一头形的“或”字，后来又加耳旁，就是《毛传》所谓“馘，获也”。“不服者杀而献其左耳。”这是添一耳旁的原因。去掉耳旁，换上首旁，意义还是一样。可是造字的人忘记掉戈下的或

---

① 编者按：此处当为“《师寰毁》作”，底本疑为排印之误。

[illegible]本已经像头形。聝同馘，都是后起的形声字。所加上去的耳或首，都是形复。在《虢季子白盘》里的聝字，又换作从爪，作[illegible]。这可以说用爪代[illegible]或[illegible]。《盂鼎》的聝字，又作从爪从或，如[illegible]。从爪、从耳、从首，在意义上都是相近。但是这里又发现与孚字从爪有连带的关系。可以说："孚"是生俘。于是孚所聚的是邑。或、聝、戒、馘是斩获。斩获所挂的地方是县，就是悬挂的悬。所以"县"与"邑"相训。并且"县"字的语源是"道"字。《汉书・地理志》："邑"有蛮夷曰道。在声音上说来："县"字匣母，"道"字定母。但古文道字从行作[illegible]，也是匣母，古同声类。又从字形上说来："道"字也就是古代的"县"字。"道"字古文作[illegible]，从行、从首、从又。如《曾伯霥簠》中所见的字，也有不从首，而改从目的。如《散鼎》中所见的[illegible]字。作者说"道"字就是古代的"县"字，大概可信的。金文里没有像小篆所写的县字，却有一[illegible]字，孙诒让先生以为是县字。这个字又可作[illegible]，像木旁挂一目。古文字中常用"眉""目"代表"首"，这不是"县"字同"道"字的关系吗？并且同或、戒、聝、馘也有连带的意义。小篆"县"字从系持倒首。贾侍中说："断首倒悬为县。"十余年前有一位朋友王灜波先生便提出过。他的意思也说："赤县"一名原本是"蛮子杀俘的地方"。"因为悬首在树上，众人聚观于下，就在那里聚成邑落。所以有'赤县'这个名词。"现在再把"梋"字、"县"字、"道"字、"或"字、"国"字、"邑"字，综合起来研究，便可以发现这许多字里有一共同趋势，都带有某一部族对另一部族所施侵略行为的表现。这某一部族是"行国"，另一部族是"邑国"。赤县之说，见于《史记・孟子荀卿列传》。邹衍说："中国曰赤县，神州。"赤

县的风俗，恐怕是南蛮的旧习。这也是邑国的特点之一。“县”本来就是“邑”。《太平御览·州郡部》引《说文》：“邑，县也。”《广雅》也说：“邑，县也。”“邑”就是古代的“县”，后来“邑国”大起来了，所以把“县”来代表“邑”。例如《尚书·多士》称“天邑商”。《逸周书》里也屡见“西邑夏”“大邑周”的名称。《墨子》中也屡见“天邑”“天民”。此外还有一点意思，就是“邑”字或许是“行人”的部族，用来指称“邑国”的土著部族的名词。《史记·楚世家》：“楚庄王已破陈，即县之。”可见“县”，南方也有的。《左传》上也说到“晋六卿欲弱公室，乃遂以法尽灭其族，而分其邑为十县”。又昭公五年：“韩赋七邑，皆成县也。”这都是“古邑”变为“新县”的证据。作者在上文已经说过：“县”的前身是“道”。殷人的文化，是“行人”底文化；周人的文化，是“邑国”底文化。《诗经·大东》篇所谓：“周道如砥，其直如矢。”《小弁》篇所谓：“踧踧周道，鞫为茂草。”因为周代人称“道”，殷代人称“氐”。氐即砥，所以说“周道如砥”。“邑国”本是西周以前的土著民族，与周人的文化是同一系统。在原先为殷人所统治的“邑国”，后来因周人兴起了，把中原的政治局面大为变更了。周人本是兼有“土著”园艺民族与“行国”的游牧民族的长处，所以能征服殷人。但是西周以前这些土著民族总是被行国所侵略的。这就是“行人之得，邑人之灾”的原因。“行师”经过“邑国”，劫掠土著的农产物，这是“行人之得”，却正是“邑人之灾”。从“行师”的观点来说：“邑国”本来是古代氏族社会中虏掠异部族的人民所居住的地方。所以有“孚号有厉，告自邑”的说法。这些“孚邑”的人民，本是园艺民族，所以“邑国”也称“邦域”。如《论语》里所说的“昔在邦域之中”，邦域就是“邦国”。邦字古文作[illegible]，或不从田作[illegible]。于是“邦域”又可作“封域”。甲骨文邦字作[illegible]，与金文相近。因为这些民族专门垦殖的缘故，所以老住在一处，形成一群土著的园艺民族。春秋以后，才一一归于大国。古代的万国，到了春秋的时候，不过百数十国了。这是国的扩大，也可以说是“行师”与“邑国”的同化。再就邑、或、道、县四个字里透露出一种消息。中国文化，在汉代以前，是经过好几度与南方蛮族文化的重复同化。从邑、或、道、县几个字里可以分析出一贯的造字程序来。

“行师”同“邑国”的种姓制度一定不会相同的。上述氏族制度，大概是“行师”或“行国”的种姓制度。莫尔根也有过这样的话：“在最进步底形态的氏族制度之下，血族的原则，在广大的范围内，成了军队组织的基础。”这同上面所说的侯、亚、师、旅的情形正是相合。莫尔根又说：“氏族就是宗教发达的自然中心。氏族就是宗教仪式的摇篮。”他又说：“氏族制度之下，不但自然地形成教宗观念的胚胎，而且制定了宗教的崇拜形式。”这种情形，又是同上述“宗族”与“宗教”的关系相合。我们知道，春秋以后的“国”是古代的“师旅”与“邑国”的混合制度。但是从迁徙无定的“行师”到庄园制度的“宗邑”，其间的关系，就是把“师旅”中的种姓制度，逐渐与“邑国”中的种姓制度同化。如果仔细地分析起来，就是把上述氏族社会中的种姓制度缩小成了二胞族之间的通婚制。这是就古代的情形说的话。此外是把当时的“掠夺婚姻”造成制度与仪式，逐渐接近于“买卖婚姻”，以至于成为《仪礼》上的“士昏礼”。这个问题又当别论。不过有一点要先提出来的，就是从前的种姓制度行之于两胞族或异姓之间的，到了周人，却成为“两姓耦婚制”。这一件事是确实有证据的。我们都知道周人是“姬姜耦婚制”。但是据史料上看来，周人最初，并不是很严格的两姓耦婚制。《诗经·大雅·思齐》篇：“思齐大任，文王之母；思媚周姜，京室之妇；大姒嗣徽音，则百斯男。”又《大明》篇说：“挚仲氏任，自彼殷商，来嫁于周，曰嫔于京。”可见殷代后期，与周代初期，都不是行一种制度。在氏族底种姓制度衰落之后，严格底两姓耦婚制未起之前，正可从这里看出氏族制度到宗族制度的过程。殷人所称的“亚宗”，是氏族社会里的“宗”；周人所称的“公宗”，是封建社会里的“宗”。至殷人的氏族制度，虽不能肯定与易洛奎式完全相同，其有相似之点可无疑义。再说当时邑人或古代的周人的种姓制度，似与罗维氏所说的南印度尼尔吉利亚山中托达人的种姓制度有点相同。两姓耦婚，是接近于托达人的方式。而易洛奎式的胞族，在形态上也同两姓耦婚制不很相远。不过“胞族制”同“两姓耦婚制”相比，胞族制是比较严格。传记上说周人的祖先后稷母姜嫄，《诗经·大雅·绵》篇也说“古公亶父，爰及姜女，聿来胥宇”，这种周、姜耦婚，大约是古代两胞族的耦婚。如同辽族的耶律氏与萧氏。西周以后，才有真正的两姓耦婚制，并且似乎很普遍。如姬、姜世为婚姻的齐、晋，卫、鲁，许、郑。所以《左传》里说：“姬姞耦，其生必蕃。”（姞姓就是姜姓，下文还有说明）此外《左传》里又说到“刘范世为婚姻”，又有说到“有妫之后，必育于姜”。若说到普遍，或许是的。至于说到严格，恐怕只在周初的时候。至少《左传》里的例子，都不是十分严格，像辽族那样严格的例子。不论晋、鲁、郑、卫、齐、许，都有娶于第三族的例证。宗族社会里的种姓制度与氏族社会里的种姓制度所以不相同的原因，是在于封建制度的逐渐推行。“宗族”与“宗法”，其关系至为密切。“宗法”又与“封建制度”不可分。

封建制度有两个源头：一个是“臣服”，一个是“率族远征”。不过这些臣服的诸侯，有同族的，也有异族的。《尚书·酒诰》上所说的“百僚庶尹，惟亚，惟服”。这“服”字，甲骨文作[illegible]，象一人用手奉舟以献的形状。“舟”就是贡方物用的“簠”，下文还要说到的，在金文里“服”字作[illegible]。《说文》古文作[illegible]，省掉又字。宋人所得的古器铭，又有省人形作[illegible]的，这与般字相近了。其实“般”与“服”，古代必出于一个语根，其发声字相同。又“般辟”就是服。舟实在就是盤。甲骨文中有“盄”字，又盂方的“盂”字，都是从皿。皿就是舟。都是从臣服纳贡一个意义上引申出来的，所以说“惟亚，惟服”。《诗经·周颂·载芟》篇说：“侯主、侯伯，侯亚、侯旅，侯疆、侯以。”解诗的人都把“侯”字作“惟”字解，恐怕不对。“侯”还是“侯服”的“侯”。《春秋经》上的五等爵，是很晚的事。在金文里可考的，只有“侯、甸、男”三服，见于《矢彝铭》。这三服，还以本族为最多。关于封建制度，钱穆先生有这样的一种见解。他说：“其实周初封建制度的逐次推扩，并不是一种政权之分，亦不是一种国统之转移，而只是一个耕稼部落在那一片未经垦辟的地面上，逐渐完成他分裂与拓殖的进程。换句话说：当时所谓封建，其实只是一种耕稼民族之带有侵略式的殖民。而其所移殖的土地，大部是未经垦辟，而只是为别种游牧民族飘忽往来的牧地。封建制度之进展，是一个民族之经济状况侵入他几个民族异样的经济状况下所形成，而并不重要在其政治方面。”这种情形，作者认为是合于封建制度初起时的雏形。在春秋前后，恐怕不尽是这样了。古代人的率族远征，是很多的事。《诗经·皇矣》篇所谓：“爰整其旅，以遏徂旅。”《明公尊》上说：“明公遣三族伐东国。”这三族，就是《班毁》上的“吴伯、毛伯、吕伯”。《逸周书·作雒解》也说到“俾康叔宇于殷，俾中旄父宇于东”，又说“建管叔于东，建蔡叔、霍叔于殷”。这都是说率同族远征的事。此外如上面所引过的“白懋父以殷八自征东夷”，是指异族的。自从这种“私的游牧，公的远征”，屡次向外拓殖，及向内臣服的风气普遍了之后，前日小国寡民式的“邑国”，以及拿一旅作一族，一亚作一氏的“行师”，都引起急遽的变动，而使“邑国”逐渐成为“庄园制度”。于是古代的“行国”，在中原一带逐渐没有了，形成了较为复杂的“邑聚”。这就是春秋时代的“宗邑”。“宗邑”并不一定限于中原文化之族，就是蛮子也是有的。所以作者在上文说“宗族制”出于“邑国”，而“氏族制”原于“行师”。《左传》哀公四年士蔑说：“司马致邑立宗，以诱其遗民，而俘以归。”立了“宗邑”，才可以“诱其遗民”，这“宗邑”分明不是周代人的新办法。同时又可以知道不论怎样小的族属，都有“宗邑”。《左传》襄公二十七年：“崔成请老于崔。崔子许之。偃与无咎勿予。曰：‘崔，宗邑也。必在宗主。’”哀公十四年：“宋桓魋请以鞌易薄。公曰：‘不可！薄，宗邑也。’”我们再来看北方的国家。例如晋国，也有“宗邑”。庄公二十八年有人同晋献公说：“曲沃，君之宗也；蒲与二屈，君之疆也。不可以无主。宗邑无主，则民不威；疆场无主，则启戎心。”又庄公二十八年：“凡邑有宗庙先君之主曰都，无曰邑。邑曰筑，都曰城。”所以春秋时代的都城，就是古代的“宗邑”。又隐公元年祭仲说：“都城过百雉，国之害也。”桓公十年辛伯说：“大都耦国，乱之本也。”在这里又可以看出国的范围是邑之最早放大的。于是古代的小国便称“邑国”。到了后来，“邑”又大起来了，于是称之为“都”。越到后来，“都”也大起来了，可以耦国。这是中原的社会一天天的繁荣，人口一天天的众多，自然都、邑皆大了。但是宗主所在的地方必定是大都，这不是同“师”之所在的“丘”便成为“市”是一样的情形吗？古代的“宗邑”，都是捍卫一族姓的大邑。《毛公鼎铭》上说：“以乃族干吾王身。”《诗经·大雅·板》之诗说：“大邦维屏，大宗维翰；怀德维宁，宗子维城。”《左传》僖公五年士蔿引《诗经》说：“怀德维宁，宗子维城，君其修德而固宗子，何城如之？”封建便是用宗子作干城之具。《诗经·兔罝》说：“赳赳武夫，公侯干城。”《左传》昭公六年左师说：“女丧而宗室，于人何有？《诗》曰：‘宗子维城，毋俾城坏，毋独斯畏。’汝其畏哉。”从上面许多句子上研究来，我们才明白“宗子维城”的制度，也不是周人所独有的。不过周人能把这这种制度扩大利用，使这种制度更加强固罢了。说到这里，可以综合起来作一结论。所谓宗族者，是指通婚媾的族属。上起古代的“氏族制度”，下至后世以一姓作系统的“宗法”，都在其内。这种宗族，从殷代到晚周，都在发展的程途中，并且其内容很复杂。详见拙作《古代氏族社会之分布及其关系》。从宗族一面去看，可以得到古代社会中宗教底、种姓底、政治底、经济底各方面的情形。如果把古代史上的“宗族问题”与“氏族问题”说明白了，其他方面也可以明白了。

第三章　世与代

古史的年代，真是一件不易确定的大事。不仅所谓三代以前的年历我们不知道；就是《史记·三代世表》《十二诸侯年表》《六国年表》等等，似乎有年代可稽的，也是不很可信。若凭事实说，惟有从殷代起，才真正有文字上的史料遗留下来。近代的史家，对于传说或神话，是不肯照直都相信的。盘古开天、三皇五帝的一套传说，早已有人写好在那里。省事的人，不妨马虎点，照样念熟好了！或许有人传说："中国的文化悠久，历史很长。如果照你们说法，截取了殷代以后的算是可靠的。未免不满足于我们的光荣历史？"这样的说法，其实是不明白史事的真相。照现代所发现甲骨、铜器上的史料，比之旧有的传说，不知多了好许多倍。《汲冢纪年》说："汤灭夏以至于受，二十九王，用岁四百九十六年也。"谯周《古史考》说："殷凡三十一世，六百余年。"《史记·夏本纪》集解引徐广说："从禹至桀十七君，十四世。"裴骃案语："《汲冢纪年》曰：'有王与无王，用岁四百七十一年矣。'"我们即使承认这些话是可靠的，夏殷两代合计，也不过千年左右而已。我们如果把《史记·殷本纪》与甲骨文中所记殷代的先公先王可以相证，有十四位先公，三十一位先王。这是根据《国语·周语》“玄王勤商，十有四世而兴”，并加以《史记·殷本纪》殷帝三十一，合计为四十五世。每世作三十年算，也要到一千四百年左右。《史记正义》引《竹书纪年》盘庚至纣灭就有七百七十三年，前人曾有每世以八十年算的，不是殷代就有三千六百年左右了吗？况且照前一章的说法，认识到殷代的社会组织与后世不同。不能用秦、汉以后人的看法，派定殷也是世及的帝国。所以实际上研究起来，甲骨文中所包含的时代，比一千四百年总还要久远些。说到周代，自然有《史记》可查。皇甫谧《帝王世纪》以为“周代三十七王，共八百六十七年”。从武王克商到周召共和，年代很有纷争。吴其昌先生的《金文历朔疏证》比较有一确定的说法；郭沫若先生的《两周金文辞大系》不取确定的年数，用实物中的史事去比较，作者以为这一段的年代比较长，正是殷周交替的时候，是个社会组织有大变动的时代。周代的“载祀八百”，说的人虽然多，也不过举其成数而言。据徐广说：“自共和元年岁在庚申，讫敬王四十三年，凡三百六十五年。共和在春秋前一百一十九年。”春秋十二公，二百四十二年。换而言之：“共和元年到春秋末叶，已经有四百年左右了。”还剩下四百岁十年，分给西周初年及战国讫秦首尾两段，似乎在事实上不很合。这个问题应当另行详细讨论。我们先来说大的时代。从春秋以来，学者相传古史应当分虞、夏、殷、周四代。照他们的说法，唐尧、虞舜连上夏代，也不过六百年左右。合殷代三十一王计，也不到我们所推测的一千四百年之数。事实上旧说并未能满足一般人的欲望。我们现在把这些有数目字的年代暂时放弃，专说虞、夏、殷、周四个大时代。古书上说到虞、夏、殷、周的地方太多了，大半是比较早一点的材料。例如《左传》成公十三年吕相绝秦一段说："文公躬擐甲胄，跋涉山川，逾越险阻，征东诸侯；虞、夏、商、周之胤而朝诸秦，则亦既报旧德矣。"庄公三十二年内史过说："故有得神以兴，亦有以亡。虞、夏、商、周皆有之。"襄公二十四年范宣子曰："昔匄之祖，自虞以上为陶唐氏；在夏为御龙氏；在商为豕韦氏；在周为唐杜氏；晋主夏盟，为范氏；其是之谓乎？"昭公元年："虞有三苗，夏有观扈，商有姺邳，周有徐奄。"《考工记》："有虞氏尚陶，夏后氏尚匠，殷人尚梓，周人尚舆。"此外《墨子·非命下》篇说："子胡不考之乎商、周、虞、夏之记。"次等虽倒，名称则同。这或许是很早的说法呢？《韩非子·显学》篇说："殷、周，七百余岁；虞、夏，二千余岁。"又是次等颠倒，年数也出于猜测。《吕氏春秋》里也有好几处说到。如《有始览·谕大》篇："昔舜欲旗古今而不成，既足以成帝矣；禹欲帝而不成，既足以正殊俗矣；汤欲继禹而不成，既足以服四方矣；武王欲及汤而不成，既足以王道矣。"这里不是等于说虞、夏、殷、周四代吗？又《审应览》也有说到"国久则固，固则难亡。今虞、夏、商、周无存者，皆不知反诸已也"。这四代的观念，在先秦学者心目中是很确定的。这四代的观念起于何时？迄于何时？却先要明白。据作者的看法，是孔子以后才有的古史观念。到了战国中期，又有黄帝一观念出现了。《陈侯因資敦》是一明证。四代观念在孔子以前是有史实作根据的，可不是后世人那样的说法。事实上虞一代很长，虞、殷相衔接，夏、殷是并时存在。可是古代并不称"夏"，称"康"或"唐"。"夏"字是西周以后人的名词，后世人夏、殷并称。在古代是虞、殷并称。《诗经·大雅·文王》篇："昭宣义问，有虞殷自天。"一般人只知"唐、虞"并称。在《离骚》上"康、娱"并称。所以说："及少康之未家兮，留有虞之二姚。""夏"是周代人称"康国"的名词。《大雅·荡》之诗最后两句说："殷鉴不远，在夏后之世。"这首诗开头与结尾，是诗人自己的话；中间都是假设文王责问殷人的口气；于是末了说："殷代的事"，鉴戒者并不在远，就在"夏后之世"。西周前后人所知道的"夏"，是"时夏"，《周颂》中屡次说到"时夏"，如《时迈》篇的"肆于时夏"，《思文》篇的"陈常于时夏"。他们心目中以为有古代的"夏"。其实这古代的"夏"，就是"康"或称"唐"。这个国族所活动的区城，在现今是山西河东一带。其时代前与"虞人"相并，所以康、虞同称。后与"殷人"相并，所以《左传》里也"商、唐"同称。关于"虞、殷"连称、"康、虞"连称的详情，见拙作《诗经中古史资料考释》及《天问新诂》两文。先说"虞代"是很长的一代。《国语·郑语》："夫成天地之大功者，其子孙未尝不章。虞、夏、商、周是也。虞幕能听协风，以成乐生物者也；夏禹能单平水土，以品处庶类者也；商契能和合五教，以保于百姓也；周弃能播殖百谷蔬，以衣食民人者也。"这里幕、禹、契、弃四人都是一代的始祖。《左传》昭公八年史赵说："自幕至于瞽瞍无违命。舜重之以明德，置德于遂，遂世守之。及胡公不淫，故周赐之姓，使祀虞帝。臣闻盛德必百世祀，虞之世数未也。"这里有很重要的一点，就是"自幕至于瞽瞍无违命"，与孟子以后的人说瞽瞍坏话的那一套大不相同。瞽瞍如果杀人，如何可以说"无违命"？并且"盛德必百世祀"一句，更可以证明无违命的说法是不错的。现在就要问"幕"是什么人呢？从幕到瞽瞍，以至于舜，有多少年代呢？这是一个很难的题目，下面别有答案。我们先提出一个新的方案，就是在西周以前，直溯殷代，他们对于古史的观念，根本不是虞、夏、殷、周那样排列。他们知道古史上有一“伯世”。在伯世以后，是“中世”，也称“中古”。与中世并立的，是“叔世”。而古代人称文明最进步的一代为“季世”。而“叔世”“季世”也可当作道德衰落时代的称呼。这伯、仲、叔、季四世可以替换虞、夏、殷、周四代。这种说法，或许要骇人听闻。一般人都知郑玄注《仪礼·士冠礼》所说的话：“伯、仲、叔、季，长幼之称也。”可是这种称呼的来源如何呢？大家或许不知道。

伯仲叔季四个字在甲骨文里都有。伯字作“白”，仲字作“中”。如《续编》卷六页十九片十二：“贞：‘俞’，交白中。”又《后编》卷下十三页二片有“来叔氏”。至于“季”字，甲骨文里大都作人名，就是殷代的先公。例如说“贞之于季”的有好几条。传说中的夏、殷、周三代都有名季的先公或先王。夏有“季杼”，殷有“季”，周也有“王季历”。这季字的根源，与农业的兴起有关系。伯字在甲骨文里大都作地名或族名用。《前编》卷二页五：“□在白贞□。”《续编》卷五页十五片七：“戊申卜白降。”又卷一页八片八：“归白于大丁。”这很显明的“白”就是“㚖”。“归㚖于大丁”同上文所引“归某姓女”的例子是一样的。金文里有“郳㚖鬲”，字正是从女，白声。甲骨文“姘”字可作“井”，自然“㚖”字也可以作“白”。在古书里“伯”字、“白”字，也可以通用的。《尔雅·释诂》：“伯，长也。”又《风俗通·皇霸》篇里也有说到“伯者，长也，白也”。《史记·伍子胥传》“伯嚭”，《吴越春秋》作“白喜”，《论衡·逢遇篇》作“帛喜”。行“白”字又可以与“任”字相通假。《庄子·天下》篇：“以此‘白心’。”《经典释文》作“任心”。《尚书·立政》篇：“王左右常伯，常任。”我们才明白“姶”姓原来就是“妊”姓。（下文还要说到的）《释名·释车》“栢车”条：“栢，伯也；丁夫服任之大车也。”又把“伯”与“任”的关系说出来。“白”是古代一种国族，所以在古文字中有从白、从女的姶；又有从人、从白的伯。《管子·七法》篇：“击驱众白徒。”《吕氏春秋·决胜》篇：“斯舆白徒。”《荀子·王制篇》：“司马知师旅、甲兵、乘白之数。”杨倞注：“白谓甸徒；今之白丁。”《逸周书·太子晋》篇：“士率众时作谓之曰伯。”又《武顺》篇：“四卒成卫白伯。”注云：“伯，卒名。”这“白徒”“白丁”“白卒”，也如同后世秦有“旄头骑”，楚有“苍头军”，汉有“越骑校尉”所领的“越骑”、“长水校尉”所领的“长水胡”一样的性质，都是那些未开化的古代野蛮民族。再从字形方面去研究，也可以明了“白”字的本义，与上文所说的相合。《说文》把“白”字同“百”字、“百”字，分开作两个系统。说“白”字是“从入合二”。说“百”字、“百”字所从的“[illegible]”字，是“自”字，就是古文的“鼻”字。照甲骨文与金文中的“百”字看来，都与“自”字无关，而“百”字就是“首”字，也应当在“白”字的系统之内。甲骨文“白”作“[illegible]”，“百”字作“[illegible]”。金文“白”字也作“[illegible]”，“百”字从[illegible]，加[illegible]形，作“[illegible]”。同“自”字都没有相关。在甲骨文或金文里，“自”字是象鼻形，作[illegible]或[illegible]作。可是“百”字也不一定从“自”。例如：字[illegible]，从目；如[illegible]字，从白；唯有作[illegible]形的，可以说从“自”。“白”字是像面形，并非“从入合二”。作黑白的白字用，是引申义，不是本义。后世人说“生口”，也作“生白”，例如《好大王碑》作“生白”，其实就是“俘虏”。现在的猓猡中有“白骨头”“黑骨头”的名目。在古代也有“白徒”与“苍头”的分别。孟子说：“颁白者不负戴于道路，黎民不饥不寒。”在原先，“颁白”者是指“白徒”，“黎民”是指“苍头”。（下文还要说的）“白徒”就是古代“貊族”，“黎民”就是古代的“蛮族”，都是三苗、九黎的种类。因为“白徒”成军，所以《多方》篇说：“越惟有胥伯，大小多正。”这里的“胥伯”就是“庶白”，可以说是古代的“甸徒”之长。如果换作汉代人称呼，或许可以名为白骑校尉吧？《尚书·盘庚》篇有“邦伯、师长”。《管子·侈靡》篇：“众能伯；不然，将见对。”这些“伯”字，都是“卒长”的伯。卒长也名“伯落长”。《汉书·王温舒传》：“置伯落长以收司奸。”这个名称很古，可是颜师古把它解作“置伯，及邑落之长”。不知“伯落长”原是陌落长，“伯落”就是“貊貉”。《诗经·小雅·吉日》：“既伯、既祷。”《说文·示部》引作“既祃、既祷”。《周礼·春官·肆师》：“凡四时之大甸猎，祭表貉，则为位。”郑玄读貉为十百之百。杜子春读为“百尔所思”之百。可见他们都承认“既伯”的“伯祭”，就是祭表貉。“既伯、既祷”就是“既貊、既祷”。《淮南子·时则训》：“律中百钟。”这“百钟”就是“林钟”，足见原来“百林”是一合音。《楚辞·天问》：“伯林雉经。”这些“百林”“伯林”“伯落”都是从“貊貉”一个语根而出的。古代有许多名物制度起于貊貉族的，都用貉字或貊字作语根。祭表貉是一例。此外如麦中的“来牟”也作“麳䴵”。《诗经·周颂·思文》所谓“贻我来牟，帝命率育”，就是指貊人所开始耕种的农产物。《管子·轻重戊》篇正说：“麦者，谷之始也。”《广雅·释艸》：“大麦，麰也；小麦，麳也。”可见“来牟”或“麰麳”是一连绵字。《方言》四：“络头，帞头也。”郭璞注：“帞音貊。”《列子·汤问》篇张湛注引作“佫人，帕头”。《礼记·问丧》注：“耶巾、袹头。”《释文》：“袹头作貊头。”又如“绤巾”古音“绤”，古还切。可证“络头”古音也必可读“各头”。因此知道佫人或貊人的巾名“怕络”。还有很多的名词出于这一语根，都可以证明“貊貉”族是很古的民族，有他自己的文化。《仪礼·乡射礼》有“驺虞”，《大射仪》有“狸首”，都是两首咏作驺从射手的歌。驺虞见《诗经·召南》。郑玄注《大射仪》说：“《狸首》逸诗。狸之言不来也。”在字音上看来，“狸”字本有“不来”两音。《墨子·鲁问》篇：“是犹以来首从服也。”孙诒让先生也说“来首”就是“狸首”。这“驺虞”“狸首”也如同“白徒”“苍头”，是古代的民族。说“狸”字有“不来”两音，无异于说“狸”字有“貊貉”两音。古史上的“百里奚”，实在就是“貊狸奚”。奚就是“奚奴”。《周礼·秋官·司隶》中有“貉隶”。在古代殷周之际，“貊貉族”早已落伍了。可是中国远古文化初起时，“貊貉族”却是中坚的民族。这一时代，我们称之为“伯世”；这一时代所兴起的古民族，都称“伯”。古代地名有称作“柏人”的，就是古代“伯人”所住的地方。《驺虞》《狸首》虽然是两首诗，说的却是同一族的两宗派。《驺虞》与《狸首》的关系，正是“虞”与“幕”的关系。上文引《左传》说：“自幕至于瞽瞍无违命。舜重之以明德，置德于遂，遂世守之。及胡公不淫，故周赐之姓，使祀虞帝。臣闻盛德必百世祀，虞之世数未也。”这“百世祀”的虞，同《礼记·檀弓下》“虞人致百祀之木”，以及《祭法》篇所说的“有天下者祭百神”，都是指“既伯、既祷”的“伯神”。《楚辞·天问》所谓“伯强何处？”的“伯强”，也是说“伯神”。“伯神”就是《国语》《左传》里所说的幕，是虞代的远祖，其实就是“貊族”的代表。《荀子·非十二子篇》：“莫莫然。”杨倞注说：“莫读为貊。”《吕氏春秋·离俗览》“募水”，高诱注说：“募音千百之百。”《诗经·大雅·皇矣》篇：“貊其德音。”《左传》昭公二十八年引作“募其德音”，《释文》引《韩诗》也作“莫其德音”。可证“莫”或“幕”都是说“貊族”。《毛传》训貊为静。杨倞也说：“莫，靖也。”又《广雅·释诂》：“嫫，静也。”总之莫、嫫、幕、貊同训。“虞幕”就是“虞貊”；“虞人”就是“貊人”；“虞代”就是“伯世”。《荀子·正名篇》：“白道而冥穷。”正是说“幕至于瞽瞍”的故事。“白道”就是“貊道”；“冥穷”正是“瞽瞍”。远古的貊族中的优秀人物，都是静穆，又是有德者。所以诗人说：“貊其德音。”但是“白道”多半“冥穷”，冥就是“冥莫”的冥。所以荀子非常感慨这件事。照这样说来，“幕”同“瞽瞍”所指的不一定是某一个人了。再说“貊”也称“蛮貊”。《论语》里说到“蛮貊之邦”。《诗经·大雅·韩奕》篇“因时百蛮”。《墨子·兼爱下》篇“蛮夷丑貉”。《荀子·劝学篇》“干、越、夷、貉之子”。这些“貊貉”的遗族，有在南方，有在北方。照上文所引《左传》里的话“虞有三苗”，正可以说“三苗”“九黎”都是“貊人”。并且“苗黎”就是“貊貉”的对音。“虞”与“三苗”的关系，如同“驺虞”与“狸首”的关系。“虞”是已开化的貊族，“三苗”是未开化的貊族。这种民族，原先是在南方的，后来迁到北方。所以《庄子·逍遥游》篇里说“穷发之北有冥海焉”。而神话中又有“玄冥”，四凶之中有“穷奇”。《吕氏春秋·适威》篇“周鼎有竊曲”，一本作“穷曲”。大概“穷曲”近是。“穷曲”正是“穷奇”的对音。这些都可以作荀子“冥穷”一义的注解。并且庄子虽然说到“北冥”，但又说有“南冥”。冥就是“溟海”，后世称“瀚海”，即今之“沙漠”。“貊道而冥穷”的原因，有一部分在于民族移殖的关系。这是一件很古的事。古代人，名与字都有连带意义。《左传》里说郑灵公名夷，字子貉；可证荀子所说“夷、貉”的关系是不错的。《史记·孔子世家》说孔子的曾孙名“白”，字“子上”；也可证古人确有以“伯世”作“上世”的。由此看来“太伯”也就有“太上”的意思了。“伯世”是中国历史上最早的一世。在这一代所发明的事，是以种麦为最重大。甲骨文中的“来羌”是种麦的羌，就是貊族的支裔。其次，貊族的发明是“造舟”。所以貊貉的貉字，可以从舟，作貈。其字音却又读下各切，与貊、貉字同一声类。从舟既不读舟声，必定别有意义。我们看创造的“造”字，也是从舟，告声，作艁。正是告诉我们，作“舟”是很古的人一种创造。《诗经·大雅·大明》篇说，太姒嫁给文王的时候：“文定厥祥，亲迎于渭；造舟为梁，丕显其光！”造舟为梁，原是古代人一种最要的典礼，这是从“貈人”那里传下来的。“貈人”，也作“舟人”。《国语·郑语》：“秃姓舟人，则周灭之矣。”韦昭说：“秃姓，彭祖之别。”可见注家承认“舟人”是很古的民族。《诗经·小雅·大东》篇：“舟人之子，熊罴是裘。”而《陈风·防有鹊巢》作“谁侜予美”。可见舟人就是侜人。《吕氏春秋·恃君览》“舟人送龙突人之乡”都可以证明，“侜人”确指一古民族。若证以“貊人”之可以作“伯人”，那末“侜人”无疑的就是“貈人”。这些“伯人”或“舟人”，何以会同“虞”发生关系呢？换而言之：“虞”与“幕”为什么会成功为一个系统？在甲骨文里“虞”作“吴”，字形如“”。金文“虞”字，有从虍作，也有作的。而吴字作，从大、从口；也有作，从矢、从口。从字形上研究来，最初，矢字作吴字或虞字用。甲文矢字作，作同从口、从矢的“吴”形制一样。是一种人。《诗经·周颂·丝衣》：“不吴，不敖；胡考之休！”《鲁颂·泮水》：“烝烝皇皇；不吴、不扬。”《史记·武帝纪》引《丝衣》作“不虞、不惊”。汉《衡方碑》引《泮水》作“不虞、不阳”。这“吴”与“扬”都是古代民族，所以“吴”字也可以从人作“俣”，也可以从女作娱。《诗经·邶风·简兮》篇：“硕人俣俣，公庭万舞。”《离骚》：“夏康娱以自纵。”这两个“俣”字同“娱”字，都指“虞人”而言。这从虍的“虞”是比较晚起的字。吴越的“吴”，金文作“工獻”。《史记·吴世家》也说：“吴本号句吴。”“句吴”正是“工獻”的对音。而工獻氏器，也有作“攻敔”的。《史记·河渠书》：“功无已时兮，吾山平！”徐广说：“吾山即东郡鱼山。”《列子·黄帝》篇：“姬！鱼语女。”就是“居！吾语女”。此外金文里所谓“保虘子姓”“保虘兄弟”，就是“保吾子姓”“保吾兄弟”。因此知所谓“工獻族”“句吴氏”就是古代的“昆吾族”。《世本》说：“昆吾作匋。”这与上引《考工记》“有虞氏上陶”一说，又是相合。“工獻族”沿中国东部海岸，自北迄南都有。《郭伯封𣪘》“隹王伐逨鱼”，就是《禹贡》“莱夷作牧”的“莱夷”，以及《伯懋父𣪘》“逹征自五耦贝”的“五耦”，《禺邗王壶》的“禺干”，都是“工獻族”。说详拙作《禺邗王壶跋》。若用“逨鱼”与甲文里的“来羌”相证，知道来羌就是麦羌。最初开始种麦的，原本是渔猎的“貊貉族”。所以荀子把“干、越、夷、貉”并列。而越国正有“上虞”，这种古代民族往北方去的称“吴”。其字作□，后又作□，从口是象其声。《史记·楚世家》：“昆吾”是“陆终”的儿子；其第六弟“季连”，就是楚祖。可证“工獻”“昆吾”原都是南方民族。换言之，就是苗黎的始祖。高诱注《吕览》也说：“昆吾颛顼之后；吴回、黎之孙；陆终之子，已姓也。”又是承认“昆吾”与“黎”及“吴回”有关系。吴人其实就是古代的矢人。《散氏盘铭》就说到矢氏也说到虞氏。在上面已经说到的“伯人”与“俯人”是虞代的人。此外还有“豆人”“原人”见于《散氏盘铭》，就是“豆人，虞丂；原人，虞芇”。这“豆人”也可以作“侸人”。见于甲骨文的作“□”，作“□”，也可以从女作“□”。“侸”之与“短”如同“妱”之与“伯”。从豆与从壴是一样的。这一族就是老彭族，或称大彭。《续编》：“癸丑，王卜在彭。”见卷六第一页六片。彭字从彡，即《说文》彡字，读所御切，正是象老髦的意思。并非从“彡日”的“彡”。在金文里“彭”字也是地名，或国族。如《已亥鼎》：“见事于彭。”《国语·郑语》：“彭姓；彭祖、豕韦、诸稽。”韦昭说：“大彭、豕韦为商伯。”“原人”就是“豲人”。照邑有蛮夷曰道的原则说，天水郡的“豲道”，与狄道、氐道、羌道、予道、月氏道一样，是豲人所住的道。豲人是很古的民族，所以也称为“原兽”。“原”字小篆作“邍”，金文作“𨙶”，象牧豕于田的意思。《左传》襄公四年虞人之箴曰：“芒芒禹迹，画为九州，经启九道；民有寝庙，兽有茂草，各有攸处，德用不扰。在帝夷羿，冒于原兽；亡其国恤，而思其麀牡。武不可重，用不恢于夏家。兽臣司原，敢告僕夫。”从这里“原兽”也可以称“兽臣”

一点看来，“兽臣”也是驺虞之类。可说是“原人”即“豲人”的好证据。周代老祖宗后稷的母就名“姜原”，其字也作“嫄”。这又是“原人”可作“傆人”的缘由。连上文所说的“貊人”即“伯人”，或作“始人”；“貀人”即“俐人”；“虞人”即“吴人”，或作“俣人”，也可以作“娱人”；“豆人”即“侸人”，或作“短人”；共有五种，都是早期的貊族。于是我们明白了：见于甲骨文的“嫆姓”就是“佫人”；“娙姓”就是“侄人”。这“侄人”的名称，又是有很长的来历。《诗经》的“驺虞”就是《山海经·海内北经》的“驺吾”。《尚书大传》作“侄兽”。这同上文所说“原人”可作“原兽”，是同样例子。《骉羌钟》“武侄恃力”，这“武侄”就是射手“驺虞”。驺、侄正是双声。《左传》成公十八年：“程郑为乘马御，六驺属焉。使训群驺知礼。”“六驺”也作“七驺”，如同“殷八师”“扬六师”之类。“驺”也作“駤”。《淮南子·修务训》：“胡人而知利者，人谓之駤。”“侄人”之与“駤人”，例同“豲人”之作“傆人”，“貊人”之作“伯人”，“貉人”之作“佫人”。《史记·秦本纪》：“百里傒让曰：‘臣不及臣友蹇叔。蹇叔贤，而世莫知。臣常游，困于齐，而乞食銍人。’”徐广说：“銍一作铚。”张守节说在沛县。“铚人”及“柏人”都见《汉志》。并且西河郡有“驺虞”，北地郡有“郁郅”，都是“侄人”所散布的地方。甲文中屡见“归娙奴”，足证“娙人”如同“貊狸奚”。伯世的人，静穆有德，文化是匋器时代，以渔猎为生，又开始蓺麦了，并且会造舟为梁。此外还有，留在下文再说。

古史上的“伯世”是貊族的时代。那末中世呢？中世当然也是貊族。不过那时代的“貊貉”更进步了，其中文化较高的部族已别有名称了。中字就是仲字。甲骨文里如“仲丁”“仲壬”的“仲”字，都作“中”。这同“伯”之作“白”又是一例。可是“中央”的“中”，甲文都作𠁩，或作中。金文也如此。大概在造字程序上，先有“中旗”的“𠁩”，然后有“中正”的“中”。至于“伯仲”的“仲”，是最晚出的。《易经·系辞》说：“易之兴也，其唯中古乎？作《易》者，其有忧患乎？”伯世的人“白道而冥穷”。到了中世的人，因忧患而作《易》，却是很近情理的。“中世”也称“中叶”。《诗经·商颂·长发》：“昔在中叶，有震且业；允也天子！降予卿士。实维阿衡，实左右商王。”这“中叶”，也是说“中古”或“中世”。并且“叶”字从世，“中叶”就是“中世”。传说里古代帝王之称仲的，夏有“仲康”，殷有“仲壬”“仲丁”，臣工中有“仲虺”或作“仲䨓”，或作“中䕻”。殷代的“中宗”，《史记·殷本纪》指帝“大戊”而言。《戬寿堂殷墟文字》有“中宗祖乙”一条，同《竹书纪年》说相合。《晏子春秋·谏篇》：“夫汤、大甲、武丁、祖乙，天下之盛君也。”没有“大戊在内”，而“祖乙”也排在末了。《尚书·无逸》篇说：“中宗享国七十又五年。”又说：“其在高宗时，久劳于外。”郑玄从《史记》说。照现在看来，当从“中宗祖乙”说。可是据《长发》诗所咏，“阿衡”若是“伊尹”，“商王”必定是“汤”。这样说来，“中叶”是指“殷代”。《尔雅·释诂》：“殷、齐，中也。”这话怎样解呢？《长发》诗又说：“帝命不违，至于汤齐。”这就证明“殷齐”，正是等于说“汤齐”。无异于说“殷代”就是“中世”。“齐”字古文作“[illegible]”，作“[illegible]”，也有作“[illegible]”的，正是像麦穗形。种麦是“伯世”传下来的农艺。到了“中世”，已经成为风气，所以有国族以“齐”为名的，而“齐州”也就是“中州”。《前编》卷二页十五片三：“癸巳，卜贞王旬亡畎。十二月，在齐陮。隹王来征人方。”这不是证明“殷”与“齐”在同时代吗？在这一时代，“虞”还是在于西北方。所以虞、殷也可以连称。足证“有虞殷自天”一句话，是不能照旧说解的。于是我们可以相信《系辞》所谓“中古”，确是说殷代，不是说周代。与殷同时而处于西北方的，有“鬼方”，也见于甲骨文。殷可称“中世”，鬼方当然也可以称“中世”。《易经·既济卦》九三爻辞：“高宗伐鬼方，三年克之。”《竹书纪年》也有说到这件事，都可以证明“鬼方”与“殷”同时代。《国语·楚语》灵王引用史老的话：“余左执鬼中，右执殇宫；凡百箴谏，吾尽闻之矣。”这里所谓“鬼中”与“殇宫”，都是古代的载籍。“中”就是“史册”，所以史字从又执中。“汤执中，立贤无方。”“执中”，原是说执史册。“鬼中”就是鬼方的史册。“殇宫”的“宫”，如“金匮石室”之类。因为史老告诉楚灵王许多古代的载籍，灵王才敢说：“凡百箴谏，吾尽闻之矣！”从中字形体上看来，原是中旗。“≈”形，是旗斿。先是中旗的中，然后演变为史册的中，所以“执中”就是“执册”。这件事，屡见于《古器物铭》及《仪礼》《周礼》。《周礼·春官·太史职》：“凡射事、饰中、舍筭，执其礼事。”《仪礼·乡射礼》：“君国中射，则皮树中，以翿旌获，白羽与朱羽糅；于郊，则闾中，以旌获；于竟，则虎中，龙旜；大夫兕中，各以其物获；士鹿中，翿旌以获。唯君有射于国中。其余否。”这里的“中”有人作“史册”解，其实还不是。这是“中旗”的“中”，所以有“旌”而可以射。“中”既然是“中旗”，所以旗外有“旌”，旗中有“物”。《周礼·地官·乡师职》：“简其鼓、铎、旗物、兵器；修其卒伍。及期，以司徒之大旗致众庶，而陈以旗物。”从“中旗”变为“史册”，就是上引《吕氏春秋·谕大》篇所谓“舜欲旗古今而未成”的解释。旗古今，就是把古今的事记在史册上。虞在“伯世”，文化未到这个程度。到了“中世”才有史册，正当殷代的时候。在这一时代，武事是射，文事是史，都与“中”有关系，所以说：“《易》之兴也，其于中古乎？”因为旗上有物，由是史册上也有物。《孟子》说：“晋之乘，楚之梼杌，鲁之《春秋》，其实一也。”“乘”就是“史乘”，指史册而言，所以地名有“乘氏”。“梼杌”是兽名，也是四凶之一，指旗上的物而言，如同鹿中、虎中、兕中之类。所谓右执鬼中的鬼，也是旗物。旗物就是各氏族的图腾，下文还要详说的。

现在先说为什么“旗”要人们来射呢？换而言之，“射中”又有什么意思呢？这便谈到中世的风俗了。《仪礼》《周礼》上的“射中”，是晚周的事。古代并非射“中旗”的“中”，别有一种“中”。这“射中”的本事，源于“射天”“射日”“射革”。于“射革”一事上，更可以看出“中世”人与“伯世”人是敌对的。“革”所代表的就是“貉族”。其名称也可以作“鸱夷革”。当“射中”的风俗行于士大夫阶级时，“射革”一事，仍旧行于民间的。《礼记·乐记》：“散军之射郊也，左射狸首右射驺虞，而贯革之射息。”“射革”的事，起于东方。著名的代表是“夷羿”，殷帝武乙，宋康王或作宋王偃。这也是一套故事的翻制。《天问》里说：“胡射夫河伯，而妻彼雒滨。冯珧利决，封豨是射。何献蒸肉之膏？而后帝不若。浞娶纯狐，眩妻爰谋。何羿之射革？而交吞揆之。”这里的问题是很多。最重要的是羿既射“封狐”，又射“革”，不知是否有连带的关系？“羿善射”，见于《论语》。《孟子》也说：“逢蒙学射于羿。”如何“射革”？却无确说。吕思勉先生的意思以为：“《楚辞》言羿射封狐，疑夔之族尊豕，禹之族尊封狐。羿射封豕封狐，实戕二族图腾之神。”这话很有意思。但如何是“射革”？尚待说明。《山海经·海内经》：“帝俊赐羿彤弓、素矰，以扶下国。”《淮南子·本经训》：“尧之时，十日并出，焦禾稼，杀草木，而民无所食。猰貐、凿齿、九婴、大风、封豕、修蛇，皆为民害。尧乃使羿诛凿齿于畴华之野，杀九婴于凶水之上，缴大风于青丘之泽，上射十日，而下杀猰貐，断修蛇于洞庭，禽封豨于桑林，万民皆喜。”这里的“射日”，似乎与“射革”有关系了。可是还不算。《史记·殷本纪》：“武乙无道，为偶人，谓之天神。与之博，令人为行，天神不胜，乃僇辱之。为革囊盛血，仰而射之，名曰射天。”这才知道射日、射天与射革，是一件事。《宋世家》宋康王也有“射天”的事。原文说：“君偃十一年，自立为王。东败齐，取五城；南败楚，取地三百里；西败魏军；乃与齐、魏为敌国。盛血以韦囊，县而射之，命曰射天。”《战国策·宋策》如此说：“宋康王射天笞地，斩伐社稷而焚灭之。”《吕氏春秋·过理》篇说：“宋王筑蘖帝，鸱夷血高悬之射；著甲胄于下，血流堕地。”于是我们才知道“射革”就是射革囊或韦囊。这种囊，也名“鸱夷革”。《范蠡传》作“鸱夷子皮”。《伍子胥传》集解说“鸱夷”榼形。那末这种革囊是像一动物形。“蘖帝”，应该就是“羿帝”。但高诱注说：“应作𧅁臺。”即使是“帝乃臺之讹”，也应当作“羿臺”吧？《天问》里又说到“羿焉彃日？乌焉解羽？”“彃日”就是“射日”。同乌之解羽，又有什么关系呢？《诗经·小雅·斯干》：“如鸟斯革。”《毛传》说“革”是

“鸟翼”。这还是不明白。《尔雅·释天》：“错革鸟曰旟。”这是好极了！“旟”就是旗，在旗上错“革鸟”，于是射中旗就是射革鸟了。因此射到了，也称“中”。正像以箭穿鸟的形状如ф。鸟是东夷民族的图腾，《泉屋清赏》里有一“鹗尊”，正可以作形如酒榼的“鸱夷革”的明证。《国策·宋策》说宋康王射矢箁地，也先说“有雀生䴸”。䴸字正从鸟，从旗；可见同羿之射革鸟是一件事。但是羿既名“夷羿”，《山海经·海内西经》并且称为“仁羿”，那末“射革”一事，岂不是自残其同族吗？据作者研究：这是“伯世”的民族中有一支改作鸟图腾，把羿一族赶走了。所以《天问》里说到“阻穷西征，岩何越焉？”而羿正是“有穷后羿”。《左传》襄公四年：“昔有夏之方衰也，后羿鉏迁于穷石。因夏民以代夏政。”《天问》的“阻穷”，应作“徂穷”。这里“穷”字是名词；“徂”字，如同“以遏徂旅”的“徂”，或者可以说就是“我徂东山”的“徂”。这“徂”，本是古代的“行国”，可以作名词用，就是《闷宫》“徂来之松”的“徂”。所以《左传》作“鉏”。而“穷”或“穷石”，就是《庄子》所谓“穷发之国”的“穷”。其地域不会有《庄子》所说的那么远。可是“仁羿”的“阻穷西征”，正是“白道冥穷”的例子。夷羿到北方以后，可以作“中世”人的代表。《天问》里又说：“帝降夷羿，革孽夏民。”这两句同《诗经·大雅·皇矣》篇“不长夏以革”一句，是指同一件事。“不长夏以革”，等于说“不以革孽长夏民”。《天问》是根据一种图画写下来的。作《天问》的人看见图上画的，一边的人上写“夏民”，一边的人写“革孽”，中央一人写“后羿”。于是记下来：“帝降夷羿，革孽夏民。”这样的画，见于汉画像的，都是同样形式。假定没有“不长夏以革”一句话，我们必定把“革孽”的“革”当作动词看。“革”当然就是“射革”的“革”。不过这“射革”一事，还只是像征“革孽”。《诗经·卫风·硕人》：“庶姜孽孽，庶士有朅。”“革孽”是“革族”的庶孽。现在到达严重关头了，“革族”是哪一族呢？《说文·豸部》引孔子曰：“貉之为言恶也。”《史记·秦本纪》，秦的族祖中有“恶来革”，也省称“恶来”。“来革”就是“来貉”，如同上文所说的“速鱼”“来羌”之例。秦本是东夷。（下文还要说到的）恶来革一名，正是根据“貉之为言恶也”一义而来的。作者在上面说过，“中世”的人对于“伯世”人有敌视的意味。其所敌视者，是“貉族”的庶孽，以鸟为图腾的那一支。“射革”，就是象征这件事，以表示其可恶之甚！照此说来，“革孽”的“革”，根本不能作动词看。于是“不以革孽长夏民”一说，不是杜撰的。所以《皇矣》篇“不大声以色”之下，连上的就是“不长夏以革”。[①]

羿的故事，《史记》里只字不提。在《左传》里，却说得很详细。所以张守节很对司马迁不满，说他“疏略”。现在的人只知道《史记》有许多与《左传》相同的地方，可是有许多重大的不同，都忽略了。上述瞽瞍的事同这所举“有穷后羿”的事，就是两件很好的例证。可是《左传》对于羿的行径，真不表同情。但是《山海经》又称他为“仁羿”。《海内西经》说：“昆仑之墟在西北帝下之都。昆仑之墟方八百里，高万仞。上有木禾，长五寻，大五围。面有九井。以玉为槛。面有九门，门有开明兽守之。百神之所在。在八隅之岩，赤水之际。非仁羿莫能上冈之岩。”这种好恶

① 夏革一名又见《列子·汤问》篇。《庄子》作问棘。说详《天问新诂》。

的不同，都是有原因的。我们现在知道，不论《左传》或《山海经》，对于羿的事各有附会。羿的事，大概出于“伯世”与“中世”之间。《天问》所谓“帝降夷羿，革孽夏民”是比较简单。这件事原本发生于东方，可是照《左传》里所说的话，不应当在东方。为什么说羿的故事原在东方呢？就是杜预注《左传》襄公四年、哀公元年：羿与寒浞、少康的事；凡是地名都在东方。惟有“有穷”的“穷石”，他说不出来在什么地方。此外连“虞思”的“虞”，都说“梁国有虞县”。照下文的研究结果，这件故事确起于东方。而“有穷氏”及“康”与“虞”两族，都在黄河以北，山西太原以南一带。（下文就是要明白解释的）先说羿字的异文。《说文·羽部》作“羿”。《弓部》作“芎”，说：“帝喾射官，夏少康灭之。”《羽部》说：“羿，羽之羿风，亦古诸侯也。一曰：射师。”这里所谓“羿风”，其实就是“巫风”。古代神巫舞时，戴羽，执干。正是“舞干羽于两阶”的故事所从出。巫字从工，从[illegible]。《说文》也说“象人两袖舞形”。《墨子·非乐》篇引《汤之官刑》曰：“其恒舞于宫，是谓巫风。”说文“恒”字古文作“𠀚”，照《说文》本身研究，是从“二”，从古文“外”。但是与甲骨文比较研究，应该是从月从[illegible]形。[illegible]，就是甲文的“[illegible]”字。可是普通见于甲骨文的恒字，有作月在弓内的，其字形如[illegible]。[illegible]或[illegible]，可作斧钺的戉字。戉形如月。用弓矢射日、月就是“射天”。从以上几方面看来：“羿舞”，就是“恒舞”；“羿焉彃日”，正是“恒”字的意义。古代的“中山”，是“中世”人所迁住的地方，也名“恒山”。《后汉志》中山国：“上曲阳故属常山，恒山在西北。”中山、恒山、常山，其实原是一山。“常”也是中旗的一种。《周礼·司常》：“日月为常。”又是合乎羿射日月的传说。并且《易经·恒卦》彖辞又说“日月得天而能久照”；九三彖辞：“能久中也。”在训诂上说来，“恒”就是“常”；能“恒久”就是“中”。于是乎我们明白了，“羿”就是甲骨文里的“王恒”，《殷本纪》里的“昭明”。“昭明”合于“日月得天而能久照”的意义，与“日月为常”一说也是相合。《左传》襄公四年[①]：“昔皋陶氏火正阏伯居商丘；相土因之，是始封商也”。这里分明说“阏伯”是商祖，而“相土”又是《长发》“相土烈烈”的“相土”。《殷本纪》正是说“相土”是“昭明”之子。那末“昭明”就是阏伯了。“羿”与“阏”声类相近，“阏伯”就是“夷羿”。以“阏伯”作火正，就是以“昭明”作火正。用昭明作火正，不是正合事理吗？更有意味的，是《括地志》里又说：“宋州城古阏伯之墟，即商丘，羿所封之地。”又是古代人曾有以“阏伯”作“羿”的明证。《诗经·天保》篇：“如月之恒，如日之升。”《渐渐之石》篇：“月离于毕，俾滂沱矣。”这也是“恒”与“羿”同“日、月”都有相关的证据。所以《天问》说：“羿焉弹日。”这是“焉”字从弓的缘故；“羿”字从羽，这是“恒舞于宫”的明证。总之，“羿”与“阏伯”、与“昭明”、与“恒”，都是从一个人、一件事上演化出来的。最早的雏形是甲骨文里的“恒”。“恒”既然是殷人所承认的先公，这个故事之原于东方，不仅是在地名上有证据了。

《天问》里说“羿射革”，我们在上文已经大加说明。可是《天问》里又说：“何后益作革？而禹播降。”一般的传说，都是“羿射革”，“后稷播降”。在这图上，为何又画起“后益”作革？“禹”

---

① 编者按：此处当为襄公九年，底本误。

在播降呢？作《天问》的人发了这两句疑问。他不知道“伯益”就是“伯阏”。益、阏同是一声。《路史》说：“羿是偃姓。”而“伯益”又称“化益”。偃、益也是同一声。《竹书纪年》有“启”杀“益”的传说，《山海经》也说羿居昆仑之墟，有开明兽守之。开明就是“东有启明”的“启明”。《诗经·大东》篇：“东有启明，西有长庚；有捄天毕，载施之行。”这也是暗射“恒”在东方为“启明”所阻，在西方为“长庚”所穷。这弹日的“羿”，有得走了！“启明”就是“伯明氏之谗弟子”“寒浞”。“长庚”呢？就是“少康”。据作者现在研究，《诗经》所咏，有许多都根据古代传说作本事的。(上交已举几条，下文还要说到)《说文·弓部》说“羿为少康所灭”，就是根据《天问》“康谋易旅”一段话而言。今本《天问》作：“汤谋易旅，何以厚之？覆舟斟寻，何道取之？”王逸说：“汤，殷王也；旅，众也；言殷汤欲变易羿众，使之从己。独何以厚待之乎？”吕思勉先生说：“《天问》文固不次，然特所问因仰见图画而发，不依年代先后云尔。”这是很对的。可是根据“奡荡舟”一句话，说“汤谋”就是“荡谋”，却不敢赞同。朱子说：“汤乃康之误。”照现在看起来，并非凿空。甲骨文称“汤”作“唐”。《博物志》也如此说。《叔夷钟》“虩虩成唐”，就是说“成汤”。“唐”字甲骨文作“□”，从庚，从口。而“康”字作“□”，也从庚作。一不小心，把康字下的四点刻模糊了，连成一口，便变作唐了。“康谋易旅”，正是说后羿穷迫于西方的事。与“惟浇在户”一段前后相承。“康谋易旅”，应作“康”谋于“易之旅”解。“易旅”是后羿的旅。“康”谋于“易旅”，反把“易旅”倾覆了。所以《问》：“何以厚之？”《说文·易部》：“易，蜥易、蝘蜓、守宫也。

象形。"《秘书》说："日月为易。"因此明白"日月为常"者，如同"熊虎为旗，鸟隼为旟，龟蛇为旐"一样，是用"易"作图腾。"易"是善变的，所以"伯益"也作"化益"。"易"就是"蝘蜓"，所以说"羿是偃姓"。《竹书纪年》说："殷王子亥宾于有易而淫焉。有易之君绵臣杀而放之。"这里的"亥"，不一定是殷王子，可必定是东方某国族的王子。就是《左传》里的"寒浞"。《天问》"封豨是射"的"封豨"。"绵臣"不是有易之君，就是奔有鬲的"靡"。皇甫谧《帝王世纪》以"靡"是夏之贵臣。杜预说是遗臣。恐怕原作"靡臣"。而今本《左传》仅说"靡奔有鬲氏"，没有说是君或臣。"浞因羿室，生浇及豷。"就是"宾于有易而淫焉"的本事。这一段传说是羿在东方受阻的初期事。《左传》里把后段在北方穷迫的事连作一起，令人迷惑。为什么知道呢？《淮南子·齐俗训》："昔有扈氏为义而亡，知义而不知宜也。"这也是说"夷羿"的事，而"有扈"就是"有易"。《天问》里说："该秉季德，厥父是臧；胡终弊于有扈，牧夫牛羊。""该"就是王子亥。这件事从前海宁王先生已经说过。"牧夫牛羊"的故事，就是《易经·旅卦》上九"丧牛于易"及大壮六五"丧羊于易"的故事。顾颉刚先生也已经说过。都证成"有易"就是"有扈"。"扈"可省邑作"户"。《天问》"惟浇在户，何求于嫂？"也是说在"扈"。不是王逸的说法。《汉书·古今人表》有"东扈氏"，正合"惟浇在户"的扈。《吕氏春秋·为欲》篇："北至大夏，南至北户。"其实"大夏"才是真正的"北户"。《淮南子·时则训》称"北户孙"，才是南方的"北户"。所谓"南至北户"，就是原本的"东扈氏"。因为"北向户"的意义是北迁的表示。与因"夏民以代夏政"的说法又是相合的。

《左传》里所谓“夏有观扈”,《墨子·非乐》篇的“武观”，就是《国语·楚语》的“启有五观”。五、扈声同。《离骚》说：“不顾难而图后兮，五子用失乎家巷。”这里的“五子”，并非太康子，却是指羿失败以后的“扈子”。《诗经·长发》篇说：“韦、顾既伐；昆吾、夏桀。”现在我们也知道了，“韦、顾”也是“扈、观”。而所谓“夏桀”，正是指“羿”。“羿善射”，确是真正的“夏桀”了。照上文研究的结果，“羿”本“昆吾”之族。所以靡逃奔有鬲。因为鸟图腾一支起来之后，被迫北迁，所以《旅卦》上九爻辞说：“鸟焚其巢，旅人先笑，后号咷，丧牛于易，凶！”在这里我们又明白一件事，就是“羿”原先是“有扈氏”。先笑者，是笑“有扈氏”之倾覆；其北迁者是“有易氏”。“徂旅”“易旅”同是“有易”。在东方的“徂来”又是一枝。所以后号咷者，是悲“丧牛于易”。当“有扈氏”用“尸鸠”作图腾时，“有易”一旅仍旧是用蝘蜓作图腾。我们说“五子”是“扈子”，还是根据后起的说法。原本“有扈氏”有七族。这在《诗经》上也有证据的。《邶风·凯风》最后一章说：“睍睆黄鸟，载好其音；有子七人，莫慰母心。”《曹风·尸鸠》篇开头便说：“鸤鸠在桑，其子七兮，淑人君子，其仪一兮！其仪一兮！心如结兮！”曹在东方，是“东扈氏”之地，所以说：“鸤鸠在桑，其子在棘。”邶在北方，是“北户氏”之地，所以说：“凯风自南，吹彼棘心。”“桑”就是“桑林”。“棘”呢？就是《天问》“启棘宾商”的“棘”。而“桑林”正是“商”的发祥地。这是说明《诗经》时代的传说比较近古。而作《天问》的人深感图绘与传说有异同。至于《离骚》上的故事，已经与《左传》上大体相同了。说到这里，我们可以补充一点意思了。为什么上面说：昭明就是恒，而恒就是羿；又说阏伯、伯益、夏桀都可以代表羿；而昭明就是启明，启明就是少康呢？这因为原本有易、有鬲，只是一宗。到了后来，分裂为二。古人的名字，都是用族名来代表的。于是发生分化，变作启杀益，康谋易旅，汤放桀。浇与羿，也是声近，同指一人。这才明白，启与益的相对，少康与浇的相对，汤与夏桀的相对，易旅与徂旅的相对，都是一样的关系；都从恒羿的故事上转化出来的。原本有鬲就是观，有易就是扈，根源还在于古代初期家族的耦婚制，与后起的氏族三恪制对立的缘故。这里面的双重关系，大概是初期的有扈氏与有鬲氏之争，即嬴图腾与蝘图腾之争。在传说上作启杀益，即正史中的有穷后羿的故事，后期的是蝘图腾与鸟图腾之争，《左传》说里作康谋易旅，即正史里的少康中兴。初期北迁的是易旅或伯人；后期化分的是徂旅或中人。留在东方的是殷、东两国，也就是唐、商两国。《离骚》上的"夏康娱以自纵"，同"日康娱而息忘兮"，两句中的"康、娱"，屈原自己或许不知道，"康、娱"，原是说"康国同虞国"。如果用《天问》一比照，便立刻明白"康"是"康国"。《天问》说："惟浇在户，何求于嫂？何少康逐犬？而颠陨厥首。"但是在《离骚》上却这样说："浇身被服强圉兮！纵欲而不忍！日康娱而息忘兮！厥首用夫颠陨！"天问是说少康逐犬，因而厥首颠陨。到了《离骚》里，改作"康娱，息忘，厥首颠陨"，全都算在"浇"的身上去了。而轻轻地把"少康"换作"康娱"。因为《左传》哀公元年说少康"使女艾谍浇，使季杼诱豷；遂灭过、戈；复禹之绩。祀夏配天，不失旧物"，并没有说"少康逐犬，而厥首颠陨"。这是《离骚》与《左传》相同的证据。其次是"及少康之未家兮！留有虞之二姚”。这是《左传》襄公四年少康“逃奔有虞，为之庖正，以除其害。虞思于是妻之以二姚”的故事。又是《离骚》与《左传》相同的证据。由这样看来，康虞两国的史事在中世是很重要的。我们大概的可以得到如下所述比较素朴原始的传说。这个传说的骨干，还是“土著”与“行国”的竞争。在东方，“羿”与“有扈”的关系，就是在北方“康国”与“虞国”的关系。“有扈”是古代初期的“邑国”，“羿”是“行国”。所以到北方之后，称“易”。《天问》名之曰“易旅”。《古文尚书》有《徂后》篇，这“徂后”，也是指“羿”。照我们现在的看法：“徂旅”与“邑国”的分歧，恐怕是中世初期的史迹。原先都是“蜑户”一类的部族，正是罗维《初民社会》中所谓“初期的家族”。在没有分裂时，这部族共用一个图腾的。这图腾下文要说到。自从“有扈氏”中起分裂，其中进步的氏族，各有图腾的组织。留在东的，是鸟图腾。到北方去的，是易图腾。在东方时，是“启”与“有扈”争。如《墨子·明鬼》篇的《禹誓》说：“有扈氏威侮五行，怠弃三正，天用剿绝其命。”这里的“五行”，是指五个氏族，《左传》昭公元年：“夏有扈观。”《楚语》作：“启有五观。”“五子”实是有扈氏之子。《离骚》所谓：“五子用失乎家巷。”“巷家”其实就是“家行”，后人所谓“兄弟行”，也是原本于此。“三正”就是“三恪制”里的“宗正”。金文里的“里君百生”，也作“里居百姓”；也就是后世所谓“里正”或“里甲”，都从“三恪制”而来的。羿大约被人认为是破坏氏族制度的人。自从“康谋易旅”之后，又恢复“氏族组织”了。《山海经》《淮南子》里都说“天有十日”。“羿焉彃日”，就是射杀其中九个。其实天上哪里有十日。人间确是有十个日，就是甲、乙、丙、丁、戊、己、庚、申、壬、癸。“十干”，作者在上文说过，这是胞族里的氏族。或许在“中世”，就为氏族分别而作的，后世所以有“里甲”的名称。《墨子》所谓《禹誓》，就是《今文尚书》的《甘誓》。《庄子·人间世》篇说“禹攻有扈”，《吕氏春秋·召类》篇也如此说。可是《吕氏春秋·先己》篇古本，见于《困学纪闻》所引的作“夏后相与有扈战”。今本却与《甘誓》相同，说“夏后伯启与有扈战”。据说，还是夏后伯启打了败仗。这个故事，给后人重重改窜。人物、事迹，都有不少次变动。但是这里暗示给我们一件事实，就是古代有一派人出来改革旧有氏族组织而失败的。这一班人，就是金文中所见的“徂东夷”。其字作“叡”，有好多件器上见到。丁山先生的说法很对。不过，后来的人把年代说在太甲、伊尹的时候。其实这件事应该说起于“中世”初年。至于“叡东夷”，在西周初年还是有的。可见这一派人并不一定失败。其中有失败的，望北方走了。于是有“阻穷西征”的说法。照这样看来，“伯世”的社会是“初期家族社会”；“中世”才是“氏族社会”的开始。与其说：“有扈氏威侮五行，怠弃三正。”还不如说：有扈氏根本不承认“五行”“三正”；或者至多说他们“怠弃三正”。这就是“羿”所代表的“易旅”。至于留在东方的，是已经把氏族社会组织成功的部族。这便是“康谋易旅”的本事所出。《天问》里又说：“何承谋夏桀，终以灭丧？”正可以证成上文“康谋易旅”是少康谋于“羿旅”。“夏桀”正是说“羿”。而“终以灭丧”，又是“少康逐犬，而颠陨厥首”的解释。这件事是“羿旅”到西北以后的传说。不止“康国”与“虞国”在西北方；就是“穷石”，也在西北方。《水经·河水注》说“平原鬲县故城”，是“有穷后羿国也”。这是指东方的“有扈氏”。至于西方的“穷石”，若照王逸的说法，是太远了。上文已经说到，“穷奇”就是“穷曲”。杜预也说“夏墟在太原晋阳”。而太原正有“阳曲县”。《左传》所谓“穷石”就是史传上的“穷曲”。“有穷”本是“易旅”，所以也称“阳曲”。并且中山国也是“中世”人出没的地方，上文也已经说到；而那里又有“上曲阳”。“阳曲”“曲阳”，都是说“易”形的“窃曲”。“曲阳”，《广韵》作“曲昜”。易、昜、阳，本出于一个根源。我们在上文已经说到：“康”字、“唐”字，都从庚作。恐怕原本仅有庚字。但是“唐”字，《说文》古文作“暘”，《广韵》所引古文作“啺”。可见“从庚、从口”的唐，也可以作“从昜、从口”；或“从昜、从矢”。这不可以说同一根源，但必定有别种史实作原因。这史实是什么呢？就是“康谋易旅”，也可以说“唐谋易旅”。所以这个字可以“从庚、从口”，也可以“从昜、从矢”。“啺”之从矢，与“弜”之从弓是一样的意义。从这些字里，知道少康是因“易旅”成事的。但是除掉《天问》以外，没有人知道少康“颠陨厥首”“终以灭丧”的事。然而太康失国，五子之歌，是一般学者都知道的。因此又知道“太康”“仲康”“少康”，都是从“康国”的史事上翻制出来的。（说详拙作《夏本纪疏证》）[①]

据我们的研究：不仅知道“唐”字、“康”字，出于“庚”字；并且“商”字，也出于“庚”字。甲骨文中“商汤”的“汤”字，皆作“唐”。“唐”字从庚、从口，“商”字也从[illegible]、从口。“唐”字的正式形态作[illegible]。“商”字的正式形态作“[illegible]”，也从口作[illegible]。上

① 古代史迹，往往有重演的。大概是人心，人事，每每相同。如羿之与项羽；太子申生之与戾太子；屈原之与贾谊，其例最著。故事翻制，理原于此。

部还是从庚。这里从形变为形，仅添最上一横。若作形，也只是在上部添了两横。原来“庚”字，是从兵器变为乐器。后来的乐舞称“夏”，称“南”，都是根据这里而来的。南字也是从庚。如《前编》卷一第十四页，有一南字，正是从庚，作。《南姬鬲》作，也是从庚。这一群字的关系，可以这样说：干、庚，双声；在字形上也是庚从干出，辛、商声类相近；字形上前人也以为商从干出。因为辛字从干出。干、午、庚、辛，在字形上是一源。其他的形态都是逐渐蜕变加增的结果。至于从庚、从口的唐字，原义是歌声。《天问》里正是说：“启棘宾商；九辩、九歌。”《离骚》里也说：“启九辩与九歌兮！夏康娱以自纵。”“商”就是“桑林”之乐。“汤祷与桑林”，是很普通的传说。《庄子・养生主》篇说得更明白：“合于桑林之舞，乃中经首之会。”中世的人善射，善歌，善舞；可以从恒字、羿字、唐字、歋字、商字里透露出来。起初是从兵器的干击缶成庚字。于是又出了歌而且舞的唐、商两字。于是“庚”与“南”，都成为乐器。后来又以午在器中舂去谷皮，这便是康字。其字形如或作，这是“米糠”的本字。所以庚字从口成“唐”，庚字从米成“康”。“唐”与“康”，在西北方；“商”在东南方。所以有“启棘宾商”的说法。“棘”就是“荆棘”，如“筚路蓝缕，以启山林”的意思。《水经・河水注》说“棘津在东郡河内之间”，又说“在广川”，都是沿用旧说。照《左传》昭公十七年：“晋侯使荀吴帅涉自棘津，用牲于洛，逐灭陆浑。”这是很明白的，“棘津”在河北。与我们所说康、虞两国在黄河以北，山西太原以南一带，正是相合。《山海经・海外西经》说：“大乐之野，夏后启于此舞九代。”这“九代”也是“九辩、九歌”之类；可并不是现在所传

下的"九辩、九歌"。"辩"字是"变"字的借字。《易》坤卦文言"辩之不早辩"，荀爽本作"变"，《广雅》也说"辩，变也"。《庄子·逍遥游》"若夫乘天地之正，而御六气之辩"，也是说"六气之变"。"九变"，就是说"九代舞"。"于变时雍"可作"于蕃时雍"。变即番，"九变"如"九番"，即乐舞的几翻。这种舞有很多次变换的意思。"启棘宾商"，原是说"商人"与"唐人"的事。《山海经》也把它说作夏后启的事。"启棘宾商"的故事在《左传》昭公元年里这样说："子产曰：'昔高辛氏有二子：伯曰阏伯，季曰实沈。居于旷林，不相能也。日寻干戈，以相征讨。后帝不臧，迁阏伯于商丘，主辰，商人是因，故辰为商星。迁实沈于大夏，主参，唐人是因，以服事夏商。'"这里除掉最后一句是作《左传》者为当时的传说所影响外，其余的话，都与我们上文的考证相应。"商丘"就是"桑林"，这是"羿"在东方的活动区域。"大夏"就是"大塘"（下文另有解释），"唐人"就是"康人"。这个地方，也正在黄河以北，山西的南部。于是我们可以说到所谓"商丘"同"大夏"，在东西两区域。在两区域中所活动的：东方是殷、东二族；西方是康、虞二族。先说康、虞两族是如何的关系。"康国"原本应称"唐国"，就是唐人是因的"唐"。《左传》哀公六年引《夏书》曰："惟彼陶唐，帅彼天常，有此冀方。"说"天常"，等于说"上易"。又襄公九年说："陶唐氏之火正阏伯居商丘。"这又是证明"冀方"的陶唐氏是"唐人"，在商丘的陶唐氏是"商人"，原本是一族。并且"冀方"，就是后来的"冀州"。中世最初的"唐人"所住的地方是"冀方"。后来的"康人"比较近于黄河，就是"卫人"所住的地方。《左传》昭公十二年引楚灵王的话："昔我皇祖伯父昆吾，旧许是宅。”哀公十七年：“卫侯梦于北宫，见人披发登昆吾之墟。”《世本》也说：“昆吾是卫墟。”这里的“卫”，应是“韦、雇既伐”的“韦”。“韦”的部族很多。《诗经·长发》所谓“帝命式于九围”，也是说韦族之多。韦族就是“伯世”的“昆吾”，“中世”的“唐人”。昭公十七年梓慎说：“卫，颛顼之虚也。故为帝丘。”“其星为大水”。“参星”就是“大水”，“实沈”也是“水星”。《史记·天官书》：“参为白虎。”《正义》说：“觜三星，参三星，外四星为实沈。”据我们综合起来研究的结果，“实沈”所指的是“河伯”，“河伯”是“工𢿚族”的族神，也可以说是“昆吾族”的族神。“中世”的时候称“唐”，或称“庚”。卫康叔是“叔世”的“康”，“中世”的“康”，大概是《易经·晋卦》“康侯用锡马蕃庶”的“康”。金文里有《康侯封鼎》，《尚书·康诰》里所谓“孟侯！朕其弟小子封”，或许就是康侯封的史实。（顾颉刚先生已经说过）“康国”既然在卫墟，那末“虞国”呢？照《左传》昭公元年子产所说的“实沈，台骀，为崇！”一句话看来，“实沈”是代表“康国”；“台骀”是代表“虞国”。并且又说：“实沈，参神也。昔金天氏有裔子曰昧，为玄冥师。生允格，台骀。台骀能官其业。宣汾洮，障大泽，以处大原。帝用嘉之，封诸汾川。”“则台骀，汾神也。”原来，“实沈”是河神，“台骀”是汾神。汾水是西流入河的。这一族，原本当在太原，就是《汉地志》的“晋阳”。起初，是“唐国”。但是臣瓒说：“所谓“唐”，今河东永安是也。”《郡国志》引《帝王世纪》说：“安邑县西有鸣条陌。汤伐桀，战于昆吾亭。《传》说：‘昆吾与桀同日亡。’”这又是给我们一种暗示：“康”就是“唐”。“昆吾”，就是“有鬲”，也是“有扈”的一族。

“夏桀”是“羿”。“昆吾”与“羿”都亡了，惟有“唐国”开创成功了。这不又是“康谋易旅”的证据吗？所以应该照杜预的说法：“夏墟”即“大夏”，今太原“晋阳”。这样说来，“台骀”不是又代表“唐”了。可是我们要知道上文已经说过：“昆吾氏”就是“工斅氏”。换而言之，就是“虞氏”；本是代表“伯世”的部族。原先的“唐”，就是后来的“虞”。我们把“虞”来代表“伯世”，是用后代人的称呼，或者可以说是用“叔世”人的称呼。“虞”是沿汾水下行。到了后来，大家都知道河东大阳是“虞都”了。或者可以这样说：沿汾水流域，都是古代“虞族”所出没的地方，也就是“唐族”所出没的地方。这种关系，可按照《左传》定公四年的说法解释。子鱼说：“封康叔于殷墟，而命以《康诰》。”“封唐叔于夏墟，而命以《唐诰》。”这就是说：康叔所封的地方，原本是“康侯的国”，但是后人说作“殷墟”；“唐叔”所封的地方原本是“唐侯的国”，但是后人说作“夏墟”。这里却无意中告诉我们一件事：所谓“唐国”，还是早期的“康国”。这时候的“唐国”，是康、虞两族所共有的。至河东大阳，有“吴山”，有“虞城”；已经不是“虞思”的“虞”，恐怕已经是“虞”“虢”的“虞”了。足证晚世所传古史中所谓唐、虞的关系，就是康、虞的关系；所谓夏、殷的关系，就是唐、商的关系。这些故事经过屡次翻制，已凌乱不堪。这里仅仅说其大概。（另详拙作《上古史引论》）

康国的古史，大概说过了。那末虞国呢？《史记》里说太伯、仲雍、王季历的故事虽说周代的先世，其实是从虞国的先世传说而来。《左传》僖公五年，正是说：“太伯、虞仲、太王之昭也。”《左传》所谓“虞仲”，《史记》即作“仲雍”。这又是《左传》《史记》的不同。《史记·吴世家》没有说仲雍就是虞仲，但是说到周章之弟是虞仲。这一说法，与金文里的记载有相合处。虽然《周本纪》曾经说到“古公有长子曰太伯，次曰虞仲”，为什么“虞仲”就是“仲雍”呢？其中的关系，下文还要说到。先说“周章”同“虞仲”的事。“周章”恐怕就是金文里的“食章”，有《食仲盨》《食生毁》。又有一盤，说到“吴公”同“食章”的关系。这里至少可以给我们一种证据：“虞氏”同“食氏”有相当关系。在《周礼·天官》里：庖人、腊人、膳夫、内饔、外饔与歔人、兽人、鼈人，都列一起。这里的“歔人”，是最早的“虞人”；《地官》的“山虞”“泽虞”，已经是晚世的“虞人”了。《虞人职》：“掌以时歔为梁，春献王鲔；辨鱼物，为鲜薧；以共王膳羞。”因此“食氏”与“虞氏”关系很密。“食氏”起源很早。甲骨文中有“娘姓”。《前编》卷四页一，有“归娘俘”一条。照《散盘铭》里“豆人，虞丂；原人，虞莽”一条，又可以明白“虞国”之中有许多部族人所合组成功的。这个“虞国”同周的先世有关系，都是从“中世”到“叔世”的事。“康”与“虞”是中世以来西方的大族。在东方呢？是殷、东两族。中世的文化中心在东方。最早的“虞族”，也是在东方。所以梁国虞县有空桐，有纶城。据说是“少康邑”。“空桐”就是“穷桐”；如同“空桑”，可以作“穷桑”。因为“桑、梓”都是代表东方的若木。《诗经·小弁》篇：“维桑与梓，必恭敬止！”但是《定之方中》又说：“椅、桐、梓、漆。”恐怕“空桑”就是“空桐”。这都是东方的社木。因为这时代的文化在东方，所以“中人”也称为“东人”。“东人”，就是东夷中文化程度较高的。《周公毁》里说："锡臣三品：州人、東人、章人。[1]这是中世三种代表的部族，如同伯世的伯人、傆人、豆人、侜人、侹人、俣人。"州人"，就是"侜人"。说见拙作《诗经中古史资料考释》。卫有"戎州"，又有人名"州吁"。在《左传》里"州人"散布甚广，详下文。"章人"就是"庸人"。"東人"就是"邶人"。所以《诗经》的"邶、庸、卫"就是《周公毁》的"州人，東人，章人"。也可以说东人所谓"邶、墉、卫"，就是周人所谓"州人、東人、章人"。东字可以从禾，作東；也可以从木，作東；又可以省略了从丨、从口作中。这里的丨形、木形、禾形，都是代表一种植物或直立之物。日形或口形，横记于中，是表示中央的意思。古代的历史，总是十口相传的。中世大概已经有文字？有文字以后的殷人，已经知道有伯世、中世。东字、中字，指示中世，在东方日出之处。我们已经知道了。还有"朱"字，从木、从一，也是代表"中人"与"东人"。从一在木中，与从口或日于禾、木之中，是一样的意思。高句丽的始祖"朱蒙"，《论衡·吉验篇》《后书·扶余传》，都作"东明"。所谓"朱方"就是"东方"；"大东、小东"就是"大邾、小邾"。《诗经·干旄》"彼姝者子"，也就是大东的"东人之子"。东人之中为什么分大东、小东呢？因为东人有北迁的，有后起的。下文另有说明。这北迁的东人，也称之为"邶人"，也称之为中人。称他们作"东人"的缘故，是因为他们的文化中心在东方。称他们为"中人"的缘故，是因为他们是"中世"的人。又因为他们很早就北迁，所以也称作"邶人"。古代北方地

---

[1] 《荀子·君道篇》倜然乃举太公于州人而用之，《韩诗外传》州人作舟人，足见中世的州人就是伯世的舟人。

名中有“柏人”，上文已经说过；也有“中人”。《左传》昭公十三年：“晋荀吴自著雍以上军侵鲜虞。及中人。”杜预说：“中山望都县西北有中人城。”《后汉·郡国志·中山国》下云：“新市，有鲜虞亭。故国。子姓。唐，有中人亭，左人乡。”《注》引《博物志》：“唐关在中人西北百里，中人在县西四十里。”照此说来，“邶人”“中人”，都是指“唐人”而言。所以在东方的，有“商人”与“东人”。中世时代的部族，大概是西有“康、虞”，东有“殷、东”。那末叔世呢？

《仪礼·士冠礼》疏：“夏、殷质则称仲，周文则称叔。”这一说法，含有一部分真理。据作者的看法：“叔世”，就是“中世”。在东方称“仲”，或称“中”；在西方称“叔”。因为“叔”字的意义与“中”字相同。“中”可读去声，如“中的”之“中”。并且射“中旗”就要中的。“叔”字呢？甲骨文作[illegible]或作[illegible]，也是像射形。而“中”字，在西方也引申作执册的“中”字用。能射，能书，是“叔世”人的特色。所以《诗经》《左传》都是“伯”“叔”并举。如《诗经·邶风·旄丘》的“叔兮！伯兮！”《郑风·丰》也称“叔兮，伯兮！”《萚兮》也称“叔兮！伯兮！”照史传上研究来，大概从“伯世”就有的部族，称“伯”；“中世”才起的，称“中”，或称“叔”。《左传》昭公二十九年：“少皞氏有四叔：曰重，曰该，曰修，曰熙。”凡是四个儿子的人家，后世人必定用伯、仲、叔、季来称呼，没有全都是叔的。尤其有意味的是，定公四年分明说“封伯禽于少皞之虚”，“封康叔于殷虚”，“封唐叔于夏虚”。在下文又说：“三者皆‘叔’也。而有令德。故昭之以分物。不然，文、武、成、康之‘伯’犹多，而不获是分也。唯不尚年也。”这里的“伯禽”，明明称“伯”，为什么又是“叔”呢？可见作《左传》的人已经不大明白他所见材料中称伯、称叔的真正意义了。《后编》卷下十三页有“来叔氏”。在金文有“伯中父”，又有“中叔”“仲叔”。《论语·宪问》有“仲叔圉”。至伯氏、仲氏、叔氏、季氏的名称，更普遍。考其原来的性质，都是“伯世”的部族称“伯”，“中世”的部族称“仲”，“叔世”的部族称“叔”，“季世”的部族称“季”。伯、仲、叔、季四代的称呼，殷代以前的人大概都知道的。甲骨文里已经有先公名“季”。如《前编》卷五页四十：“辛西卜□贞季希王。”《后编》卷上页九：“贞㞢于季。”其字作“□”，从禾、从子；足证“季世”以开始稻作得名。《天问》里说：“恒秉季德，焉得夫扑牛？”“该秉季德，厥父是臧！”海宁王先生说：“殷王子亥就是《殷本纪》的振。”因为“振”，《世本》作“核”，这是对的。“恒”是《殷本纪》里那一位呢？王先生没有说。作者在上文说：“恒”就是“昭明”；“昭明”就是“阏伯”；“阏伯”，就是“羿”。又据《论衡·吉验篇》的话：“东明善射。”我们已经说过，“东明”就是“朱明”，或作“朱蒙”。而《论语·季氏》篇：“季氏将伐颛臾。冉有、季路见于孔子曰：‘季氏将有事于颛臾。’孔子曰：‘求！无乃是过与？夫颛臾，昔者先王以为东蒙主。且在邦城之中矣。’”这里又是证明“东蒙”“东明”“昭明”所指的都是一个东方的氏族神。《扬子法言序》：“夫降生民，倥侗颛蒙。”倥侗，即空桐；颛蒙，即朱蒙。如此便可以明白传说中的“昭明”“羿”“阏伯”“朱蒙”“东明”“东蒙”，都是殷代“王恒”的演化。而“恒”与“季”的关系，如同“季氏”与“颛臾”的关系。“恒秉季德”与“该秉季德”两句话，只能承认“恒”与

“亥”，同秉有“季世”之德；不能就说“恒”与“亥”都是“季”的儿子。因为照《殷本纪》的说法，从“昭明”到“振”，有六世。“该”如果是“季”的儿子，“恒”不会又是“季”的儿子。据作者的看法，甲骨文里用“高祖夒”代表“伯世”的神，用“王恒”代表中世的神，用“王季”代表季世的神。作《天问》的人已经不知道这一道理了。因此想到周代的“太伯”“仲雍”“王季历”，也是从这三世的族神上推演出来的。所以“仲雍”也作“虞仲”。“雍”就是“内饔、外饔”的“饔”。《天问》里的“恒”，是《左传》里的“羿”；“季”是《左传》里的“季杼”。“禹族”也称“序方”，下文要详细说。所谓“季杼”是代表“禹族”。《天问》里说“后益作革，而禹播降”，这是“禹族”可称“季杼”的原因。《天问》于“羿射革”一段以后，也有“咸播秬黍，莆雚是营”两句话。这一定是两幅故事相近的画，而所记的人名，其一作“后益”，其一作“羿”。都是“射革”之外，又有“播降”的事。“射革”是代表“中世”，“播降”是代表“季世”。“高祖夒”就是“夋”，代表“伯世”族神。而“季世”的族神是“季”，也作“禹”。这“禹族”作了农业很发达的社会里的族神，与一般传说“后稷”作周人的先祖大不相同。所以作者有“虞为殷祖，夏为周祖”的说法。“稷”字本作“畟”，就是《周颂》“畟畟良耜”的“畟”。“夋”是“田畯”，“畟”是“后稷”。夋、畟、子在篆文上看来，都是像人形。“畟”可从禾，作“稷”。“子”可从禾，作“季”。“伯世”的人能种麦，这是很重要的事。“中世”的人，“执册读史”的，是文事；“挽弓射箭”的，是武事。“唐”字可以作“鷐”，上文已经说过。可是《晋邦盦》的“皇祖唐公”，字作“[illegible]”。这里的“[illegible]”

形，是象雀麦的形状。《陈侯因资敦》爵作[illegible]，宋人所得的《齐侯镈钟》的爵字，简直从来作[illegible]。《史兽鼎》的爵字作[illegible]。大概“爵”，是唐人所用的器。所以《诗经·宾之初筵》篇说：“酌彼康爵。”《尔雅·释器》有“康壶”。“康爵”就是“唐爵”，“康壶”就是“唐壶”；“唐人”知道种“秬黍”；所以爵形又与[illegible]形相近，“秬黍”就是“稷黍”。《诗经·唐风·鸨羽》篇正是说到“不能艺稷黍”。孟子也说：“夫貉，五谷不生，惟黍生之。”中世的“唐人”，也不过是“貉人”。而“黍”，正是“秬黍”。“爵”字可以从[illegible]，“[illegible]”字在《[illegible]侯鼎》作“[illegible]”，又有作“[illegible]”的，如《吕鼎》中所见的字；都与“恒”字从巨，从[illegible]的意义相应。在农业上看来，“伯世”开始种麦；“中世”“叔世”知道种秬黍；“季世”人知道种稻。周也是季世，其字形如[illegible]，或不从[illegible]，正像“区种”的形状。《左传》昭公九年詹桓伯说：“我自夏以后稷。”《国语·鲁语上》：“周人禘喾而郊稷。”“帝喾”就是“帝夋”，与上文所说“夋”与“娶”的关系相合。《鲁语上》又说：“杼能帅禹者也。夏后氏报焉！”也与上文所说“杼”与“禹”的关系相合。总之：“伯世”“中世”“叔世”“季世”的说法在前，虞、夏、殷、周的说法在后。并且照作者的研究，应该是说虞、殷、夏、周比较要合于史实。《左传》《离骚》《天问》《山海经》里所说康、虞两族与有穷后羿的事，《史记》竟把它轻轻地忽略了。幸亏前人有皇甫谧、张守节，近人有吕思勉先生，特别提醒，至为可贵。古史上的帝王，往往可于《殷本纪》及甲骨文的史料中去探讨确实的消息。太康、仲康、少康的传说，或许就是殷帝太庚、祖庚、庚丁的史实所蜕变而出。当另文讨论。

第四章　图腾层创观

前章所说的详于“伯世”“中世”的事，因为这是向来大家不注意的。至于“叔世”“季世”，就是殷、周两代的事，太多了，不能在这篇文章里详说。在这一章里，是把宗族的观念与世代的关系，再为仔细分析，以见古代宗族移植的情状。宗族一观念，若远溯其源，与图腾组织很有关系。再从图腾关系中辨别世与代的次第，及氏族的分枝，可以更明白古史的正确消息。而且从图腾层创的现象里，说明世代与氏族的蜕变，令人得到许多新的意义。这是旧式古代所不能给我们的真评价。所谓图腾，都带有古代氏族与古代宗教的意义。在上文已经说到，古代的图腾都是绘在“中”上。这“中”形，就是古代的旗，也称为“中旗”。古代也有就以“中旗”作氏族名称的，例如《战国策·秦策》有人名“中旗”，也作“中期”。此外还有“中行氏”“公旗氏”，都是从“中旗”一义上支分出来的。到了殷代之后，古代的“中”变作“彝”了。“彝”就是古代的图腾。《诗经·大雅·蒸民》篇：“天生蒸民，有物有则，民之秉彝，好是懿德。”秉字从手执禾，就是执持的意义。这是由名词，引申为动词，然后又引申为秉性的“秉”。“彝”字，一般训作“常”。原来“常”就是“旗”。《周礼·司常》：第一种，就是“日月为常”。以下所说的，都是各旗中所绘的图像或形制。“司常”本就是“司旗”。《管子·兵法》篇的“九章”，与《周礼》上的“九旗”，以及《尔雅·释天》里所说的各种旗，大部分都是古代的图腾。《兵法》篇所说：“一曰举日章，则昼行；二曰举月章，则夜行。”也是“日月为常”的例子。《韩非子·说林上》篇引《康诰》：“毋彝酒。”解作“彝酒者，常酒也”。所谓“彝酒”，原是在“常”上，或者简直说作在“旗”上，绘一作酒形的图腾。其形状如，即丑字，像一人立在酉旁漉酒。这一图腾，在金文中常见。（下文还要说到的）《诗经》里有几处都说：“执讯获丑。”这句话，如同后人所说的：“斩将搴旗。”“丑”就是绘在旗上的图腾。“旗”之读为“彝”或“常”，都是声音颚化以后的关系。原本是同出于一个语根。“中世”的人以“”作旗，“叔世”的人以“彝”作旗。至于用“常”作旗，恐怕是季世以后的事了。殷代人已经是用“彝”了。甲骨文里早已透露这种意思。《前编》二卷六页六片：“癸亥，卜贞王旬亡畎！在九月。正人方，在雇彝。”《后编》卷上第十页十六片：“一月，在彝。”《前编》卷五一页三片及《后编》卷下七页四片，有两句“王彝”。这几个彝字，其形态如下：一作，又作，又作，又作。这四种形态，其下部所从者是“廾”字，与金文的结构相同；其上部虽各不相同，而大体看来，都象鸟形。《诗经·玄鸟》篇：“天命玄鸟，降而生商。”殷人本是以鸟类作图腾。照上文所引郯子的说法，“鸟图腾”的种类甚多，所以彝字虽然从鸟，其形象也各不相同。《管子·形势》篇：“抱蜀不言。”尹知章注：“蜀，祠器也。”这话是如何解释呢？《尔雅·释畜》：“鸡大者蜀，蜀子維。"“抱蜀”就是“抱鸡”！“鸡”如何可以抱？抱“鸡”又有什么意思？原来，《周礼·司尊彝》中的“六彝”，正是有“鸡彝”在内，尹知章所谓“祠器”，就是“彝器”。那末乂乂形之上加一鸟形，也是“抱蜀”的形状，也就是“秉彝”的形状。可是金文中所有的彝字，其形态与鸡都无关系，小篆也是如此。但是一般人还是说彝字从鸡、从乂乂。如果硬说“彝”是像鸡形，未免相差太远吧？“彝”形还是像旗斿，旗旌。所以在小篆里改从系、从米，如彝。古文作彝，也是从丝。金文里的“彝”字，形制特别多。最显著的不同，如《秦公毁》作彝，《师趛鼎》作彝，《遣卣尊》作彝，《自毁》作彝。这几个彝字，简直都不相同。是什么缘故呢？因为“彝”是古代各部族的“图腾”，其来源甚多，各部族都用其特有的帜徽作字形的构造。不过最普通的是殷人用从鸟、从廾，作彝；周人用从糸、从廾作彝而已。虽然有那么多的异体，但是诸体中也有一共通之点，就是都有架子。屮屮同从固然无疑地是架子。如果把彝形倒转来看，作彝，也还是架子。《周礼·春官·司尊彝》说：“六彝皆有舟。”再拿《仪礼》上各处说有舟的地方综合起来看，“舟”也是架子。彝字上体之下作乂形，表示走的时候，可以用两手举起来；停止的时候，可以把它插在架子上。“民之秉彝”，所秉的就是这样的“彝”。也可以说就是这样的“旗”。如此说来，“汤执中”同“民秉彝”，并无多少分别。因为“中”就是古代的“彝”哪！（说详拙作《释彝》）

古代的图腾，都绘在“亚”形之内，也有简直绘在“中”形之内。本来，“亚”字匡廓以内，就是“中”形。这“亚”形，正同“亚旅”之说有关系。每一旅中当然有“旗物”，而“旗物”绘在

“亚”形之中，所以每一“旅”可以称作一“亚”。这是“亚旅”一名所以起来的原因。“亚旅”，是“行国”的特色，也可以说“图腾制”在“行国”里比较发达。这些“行国”，在殷代很多。殷代的“亚侯”，就是周代的“诸侯”。《左传》文公十五年：“承命于亚旅。”杜预说：“亚旅，上大夫。”这时候的“亚旅”，性质或许与古代的“亚旅”已经大不相同。因为“亚”的分别，也是随时代而转移的。西周以后，古代的“行国”逐渐减少。师旅大半有奉命出征的意思。金文中往往有称为旅鼎、旅壶、旅毁、毁盨、旅匜的器，都是指出行用的器，并不一定是“行国”。因为在那时候，“行师”大半都成“邑国”了。在另外一方面看来，古代人所谓“亚”，最初的意义，如同后世人所谓“垭”字或“隘”字。“亚”形，正像所居住的地方，在四山之间，或盆地以内。照此看来，“亚”形或“亞”形，同国字外面的“囗”形，意义一样。古代人把图腾绘在亚形之内，表示这一“亚”的人，是用这种“物”作图腾的。所以每一“彝”，就是指某一氏族所住的地方。甲骨文中所谓“在某彝”，如同后世满洲人所谓“旗地”。这是兼有宗族、政治、宗教以及地理几方面的意义。从前同瞿宣颖先生谈过这件事。他说：金文里的“亚”形，或许同现在中国人出殡时还有把“亚字牌”在前头抬着的意义相同。照作者现在的研究，瞿宣颖先生这一推论很对。古代的每一亚，就是每一氏族。所谓“在雇彝”“在𢇛彝”就是指这两个旗地。每一“彝”，就是每一“亚”；每一“亚”，就是每一“氏族”或每一“部族”；再晚一点的时代，也可以说是一“宗族”。彝字、亚字、旗字，都可以兼作区域名词。如同邑字、县字、道字之类。不过我们要明白，殷周之际的图腾组织，与古代已经有很多不同。就是作酒的醜形，析子孙形，等等，恐怕同图腾的古意，专取动物、植物的时候，已经相差很远了。就是宗教的意义逐减少，而氏族徽帜的意义增加了。可见殷周之际，距离古代真正的图腾社会，已经相当远。这同种姓制度的实际情形也是相合的。古代的彝上，绘一亚形；亚之中有一物，这物是带有神秘性的。《周礼・天官・鳖人》有“狸物”。《左传》成公十七年有地名“狸脤”。大家如果相信作者在上文所说“狸”就是“貊”一说，便可以明白，在“伯世”的时候已经有图腾制度。《尚书・禹贡》里，对于贡方物的制度特别详说。这必定有所本的。所谓“篚厥纤缟”“厥篚织贝”等等，有许多不是古代的方物了。（说详拙作《尚书中古史资料考释》）而“篚”就是“舟”，作呈贡方物的盘子用。所以“服”字、朕字，都从舟作。《尚书・洛诰》里说：“享多仪，仪不及物，惟曰不享。”又说：“朕教汝于棐民彝，汝乃是不蘉！”这不是把“物”同“篚”同“彝”，都说出连带的关系吗？古代各部族贡方物，必定把方物摆在舟上，而注明这就是某一方的图腾，就是“教汝于棐民彝”的意义。从非、从木的棐，同从匪、从竹的篚，从非、从匚的匪，都是一义。“匪”与“盘”正是双声。在甲骨文里，“般”可以作“[illegible]”，见于《前编》卷一页十六。而金文的“舟”字，有好几处作“[illegible]”。这就是“皿”字的根源。甲骨文里有两个“[illegible]”字，见于《前编》卷五。就是从般、从庚；也可以说是从舟、从庚。这是古代“唐”国贡方物用的字。此外甲骨文又有从氏、从皿的盘字；金文有从雝、从皿的[illegible]字，从于、从皿的盂字，从荓、从皿的蓋字；都是这几个方国贡献方物的字。这可以说明“舟”字、“皿”字、“匪”字、“盘”字，原本是出于一个意义或同一语根。从用舟贡方物一事上，可以看出这一方国的图腾也放在这舟上。这就是“物享”的道理。《左传》庄公三十二年：“有神降于有莘。王曰‘如之何？’内史过曰：‘以其物享焉。其至之日，亦其物也。’”这里所谓物，是“方物”的物，也就是“旗物”的物。又宣公三年：“铸鼎象物。”这是鼎上铸有“方物”或“旗物”的意思。大家如果相信作者的说法，那末“有物有则”一句话，也是说鼎上刻有“旗物”，又刻有“彝铭”的意思。“则”字古文从鼎、从刀，是会意字。表示在鼎旁刻字，就是“则”。若从声音上研究来，“则”字恐怕是古代的“刻”字。所以《𠟭羌钟》上说：“故明则之于铭。”这里的“则”字，正可以作“刻”字解。至于“有物有则”的“则”，是指彝铭而言了。于是“民之秉彝”与“有物有则”两句可以畅通无碍了。原先的“物”，都带有神秘性。所以说“有莘”的神，“其至之日，亦其物也”。《左传》定公十年：“叔孙氏之甲有物，吾未敢以出。”又哀公元年：“祀夏配天，不失旧物。”《国语·楚语下》：“民以物享，祸灾不至。”这都是傅斯年先生已经举出来的话。傅先生认为“物”是图腾。作者的意思，认为“彝”是图腾寄托之所。古代的图腾，不过绘在旗上；后世便有“铸鼎象物”的事。于是有所谓“彝器”，也就是“祠器”。《周礼·司尊彝》的六彝是鸡彝、鸟彝、虎彝、蜼彝、斝彝、黄彝。其中前四种是动物。“斝彝”，郑玄读作“稼彝”。作者认为就是“酌彼康爵”的“康彝”。其形如[illegible]，既像“爵”，也像“斝”。“爵”与“斝”不止声音相同。在器形上，也是从一种形制上滋生出来的。惟有“黄彝”，郑玄没有说对。另详下文。这六种彝，都是像动物，或像植物，是比较早期的图腾。就是所谓“牺尊”“象尊”之类。《泉屋清赏》中所著录的“鸮尊”，正是“鸟彝”。上文已经说到的“鸱夷革”，恐怕是鸮形的革囊，并不是像那种植物名“鸱夷”的。“革囊”像鸟形。射“革囊”，就是射“鸟”。不是正合事实嘛？（后世神话，日中有鸟。“射日”就是“射鸟”）

金文中的氏族徽帜，见于《殷文存》及《续殷文存》的，多不胜言。当然，不能承认这些都是殷代的氏族徽帜。其中一大部，恐怕是古代“唐国”或“康国”的史料。与其说是《殷文存》，还不如说是“夏文存”。可是这一大部分有价值的史料，手头缺乏，暂置之不谈。我们现在从“郊宗石室”与“金匮石室”两个观念入手。所谓“郊宗石室”的“石”，就是从示、从石的“祏”字。“金匮石室”的“石”，就是“右执殇宫”的“宫”字。本来这两个观念，就是从一件事上演变出来的。甲骨文里有“上甲微”，而甲字作田，从十在口中。这口形，其实就是匚形。因为报丁、报乙、报丙的“报”字，作“匚”。这是“宗祊”的“祊”，可以省作方。“匚”也读如方音。这样看来，“宗祊”的“祊”，就是“石室”的“祏”。“宗祊”所在的地方，就是史册所在的地方。所以太卜、太祝、太史，职务可以兼于一人。照理，“殇宫”只能算是“神宫”或“宗祊”。但是“右执殇宫”同“左执鬼中”并举，分明是说“殇宫”，如同史册。正是“金匮石室”源于“郊宗石室”的明证。本来，古代的“宗祊”，最初是祭氏族图腾。后来用于郊天、祭祖。殷代先公从报丙以下，又有示壬、示癸。“示”就是祀字。“匚”与“示”，所指的都是祭。匚字、祊字、执字声同。《国语·鲁语上》：“幕能帅颛顼者也，有虞氏报焉；杼能帅禹者也，夏后氏报焉；上甲微能帅契者也，商人报焉；高圉，大王，而帅稷者也，周人报焉。”这些“报焉”，原本都是“匚焉”。这件事的起源很远，很古。下文还要说到。我们既然知道古代图腾是兼有宗教与种姓上的关系，不异于说，图腾是含有代表种姓的特殊作用。所以匚祭，有“报本返始”的意义。上帝是不能变的，而种姓图腾却可以变。因为种姓孳生繁殖，自然同时会支分出许多不同的图腾。这不止中国古代的图腾如此，其他初民社会也是如此。所以说图腾有层创的关系，就是因为民族有层创的关系。也可以说，古代氏族社会组织有层创的关系。这种事实，在史料中往往为人所忽略，乃至于曲加附会，离开本来的面目愈远。我们现在仔细向里探索，从中分析出许多事实来，给予我们更多的新消息。试举《夏小正》的话作例子。《夏小正》说：“鹰则为鸠。”《月令》作“鹰则为鸠”。《夏小正》里又说：“田鼠化为鴽。”又说：“雀入大海为蛤，雉入于淮为蜃。”卢辩注：“蜃者，蒲卢也。”这些说法，从生物学的观点上说来，都是不可能的。但是从前的学者都信以为真。反而把它加添枝叶，令人更不可捉摸。其实这些话，都是说图腾的转化。（下文另有详细解说）此外，又如《周礼·考工记》的序上说：“橘踰淮而北为枳，鸜鹆不踰济，貉踰汶则死，此地气然也。”这里第一句话是合理的事实。第三句也还说得通。鸜鹆是什么鸟呢？为什么不能踰济？而且不能踰济一句话，是说不能北呢？还是不能南呢？这句话，同《夏小正》“雉入于淮为蜃”有连带关系。“鸜鹆”，《说文》作“鸲鹆”。《公羊传》作“鸛鹆”。《春秋》昭公二十五年：“有鸲鹆来巢。”《左传》说：“书所无也。”这就是“鸜鹆不踰济”的原因。“鸜鹆”既可以作“鸛鹆”，令人想到“亶观”也可以作“观亶”，这件事在上文已经说到。鸛鹆正是观亶的对音。原先，鹳与鸹，是两种鸟。《左传》引童谣说："鸜之鹆之，公出辱之，鸜鹆之羽，公在外野；往馈之马。鸜鹆跦跦，公在乾侯，征褰与襦。鸜鹆之巢，远哉遥遥！稠父丧劳，宋父以骄。鸜鹆，鸜鹆，往歌来哭！"这也是吟咏上文所述的，"中世"时代那件事最著名的故事。鸜是代表观，鹆是代表扈。最早的"观扈"，还不是用鸟作图腾的。不过后来，确是用鸟作图腾。其时代在"中世"以后。所以说"远哉遥遥"。为什么说原先不是鸟图腾呢？就在这童谣里："稠父"指螗蜩，或作良蜩，是羿的代表；"宋父"指桑扈，是少康的代表。原本这首歌谣，也是说"康谋易旅"的事。最后一句"往歌来哭"，正同《易经·旅卦》上九爻辞"鸟焚其巢，旅人先笑，后号咷"一样讲法。这两个"鸟图腾"的氏族，本是从一个图腾里支分出来，代表有扈氏在东方的两族，就是一鸜，一鹆。这两支，后来还是并为一族的。鸜是什么鸟呢？《尔雅·释鸟》："鸜鶝、鴡鵶、如鹊、短尾、射之，衔矢射人。"郭璞说："一名堕羿。"段玉裁引《释文》，申其说："堕，古以为懒懈字。言此鸟捷劲，虽羿善射，亦懈惰不敢射也。"这不是正同后羿"射革鸟"的故事相应了吗？后羿在东方，原是被有扈氏中某一族所排摈。可是排摈羿的那一族，又被有扈氏中的另一族所摈。鸜似鹊，而不是鹊；鹆似鸠，而不是鸠。鹆、鷽声同。《说文》："鷽、雗、鷽、山鹊，知来事鸟也。"《尔雅·释鸟》："鷽、山鹊。"《淮南子·氾论训》："乾鹄知来而不知往。"高诱说："乾鹄，鹊也。"这"乾鹄"，就是"雗鷽"。在童谣里变为地名"乾侯"。鸜鹆两支之争，后人说作"鹊"与"鸠"之争。所以《召南·鹊巢》篇说："维鹊有巢，维鸠居之。"但是《小雅·小宛》篇说："宛彼鸣鸠，翰飞戾天，我心伤忧！念昔先人，明发不寐，有怀二人。”这里的“二人”是什么人呢？就是传说中的“羿”与“少康”；童谣里的“稠父”与“宋父”。鸤鸠，就是桑扈。所以《小宛》篇又说：“交交桑扈，率场啄粟。”“率场”应该读作“率易”。“䳾鸒”其实就是“𨊠隹”。下文还要说到。先说羿之失败，原是由于惰懈。《易经》的《恒卦》九三爻辞说：“不恒其德，或承之羞。”就是指《左传》襄公四年“家众杀羿而烹之，以食其子”的故事。《天问》作“何献蒸肉之膏？而后帝不若”。又说：“彭铿斟雉帝何飨？”可见“或承之羞”的“羞”，原是“庶羞”的“羞”。这件事既然如此严重，所以《益卦》上九三爻辞又说到“莫益之！或击之！立心勿恒凶！”这里又是同上文已经说到“恒”与“益”都是指“羿”的事，正相符合。（详见拙作《易经中古史资料考释》）现在就要问，《左传》里所说鹳与鸽的关系，为什么在《天问》里又说作雉呢？这是因为“鹳”与“鸽”两支，后来合成一支雉图腾来的缘故。在一般声韵学上的看法，“鹳”与“蜀”虽然不是双声，可是“鸽”与“蜀”正是叠韵。用方言上看来，如永嘉人，就读“蜀”如“鹳鸽”的合音。照《尔雅·释畜》“鸡大者蜀”一句话说来，“蜀”就是“雉”。而昭公十七年《左传》杜预注说：“丹鸟、鷩雉，以立秋来，立冬去，如大水为蜃。”所以“䧿雒”就是“雉”。可见“蜀”字古代必定读如“鹳鸽”的合音。但是段玉裁执定汉人的见解，硬不承认“䧿”与“鸲”是一个字的异文。更不必谈“鹳鸽”是“雉”了。可是《夏小正》说“雉入于淮为蜃”，这同“鹳鸽不踰济”的说法也是相合的。照常例：从隹与从鸟，往往相同。“䧿雒”就是“鹳鸽”。《古文尚书》“驩兜”作“鴅吺”。前人都知道“丹朱”与“驩兜”是一个传说的分化。却没有人明白“驩兜”原是“鹳鶇”；“鵃吺”，就是“丹雉”。原先“鹳”与“鸰”是两支图腾。后来又出了一支“雉图腾”。这在《诗经》时代的人还是知道的。所以《小弁》诗先说：“弁彼鸒斯，归飞提提。”下文又说到“雉之朝雊，尚求其雌”。照这样说来，《左传》昭公十七年郯子所说的话分成五鸟、五鸠、五雉三层的氏族机构，与实际情形确有异同之处。《夏小正》的“鸠为鹰”同“鹰则为鸠”，两句也是说“鸠图腾”出自“鹰图腾”。郯子所说的“鸠图腾”之中，有“爽鸠氏”。可是《尔雅·释鸟》说：“鹰鶆鸠。”郭璞说：“鶆当为爽。”这里正是郭璞说反了。“爽鸠”应改作“来鸠”。因为“来鸠”正是“来鱼”，或“来羌”族中的图腾呢。“鹰来鸠”以及“鹰则为鸠”等等，都不是生物学上的说法。因为“鹰”与“鸠”种类大不相同。“鹰化为鸠”，本是图腾上的转化。《释鸟》里又有一条：“鶠、凤，其雌皇”。鶠、鹰双声，所指的都是“玄鸟”。《说文》作“乙鸟”，独立一部。又说是“燕燕于飞”的“燕”。在五鸟之中，凤鸟与玄鸟已经分立。原本是为“凤鸟适至”的缘故。所以“鶠”是鸟图腾中之最早的。《诗经》里的“玄鸟”，《夏小正》的“鹰”，《说文》的“乙鸟”，原都是说这最初的鸟图腾。鹰、雁、鴈在《说文》里都有区别。不过照字例上推求，《夏小正》所说的“鹰”，就是说“雁”。经典鸿雁字大都作雁。所指的是“鸿鹄”，并非“鴈鹅”。而“鹰”也不是说“鹰隼”的“鹰”。鶠、鹰、鸿鹄都是高飞的鸟。那末更可以令我们明白了，上文所谓的“乾鹄”，就是“鸿鹄”了。“乾鹄”可以作“鳱鸒”。而《尔雅·释鸟》又说：“鶾，天鸡。”郭璞引《逸周书》说：“文鶾若彩鸡，成王时蜀人献之。”可见“鳱”“鶾”都是说“翰音登于天”

的“翰”。其实都可以把“乙”字、“隹”字、“鸟”字、“羽”字省去，留一倝字，就够明白了。就是这个“倝倝的光”说出鶠字为什么从匽，是最早的“鸟图腾”。“日月为易”的“易”，就是“蝘蜓”。而倝字从㫃声，从旦。㫃读如偃。《夏小正》说：“鳩为鹰，唐蜩鸣。”卢注：“唐蜩者，匽也。”便可以证明“鶠图腾”，原出于“蝘图腾”，就是说出于“易图腾”。所以最早的“易旅”不是鸟类的图腾。用鸟作图腾，恐怕是“康谋易旅”以后的事。（这里已经说出“蝘图腾”与“鶠图腾”的关系）

“鸟图腾”既然有层创关系，其他类的图腾也一样有层创的关系。《史记·周本纪》：“周太史伯阳读《史记》曰：‘周亡矣！’昔自夏氏之衰也，有二神龙止于夏帝庭。而言曰：‘余褒之二君，夏帝卜杀之。与去之？与止之？莫吉！卜请其漦而藏之。乃吉！’于是布幣而册告之。龙亡而漦在，椟而去之。夏亡，传此器殷；殷亡，又传此器周。比三代，莫敢发之。至厉王之末，发而观之。漦流于庭，不可除。厉王使妇人裸而譟之。漦化为玄鼋，以入于王后宫。”这是说二龙化为玄鼋的故事。龙为什么会化为玄鼋？这也令人疑问的。先说“龙”是哪一族的图腾呢？这倒是很重要的！再其次就是“玄鼋”是不是周人的图腾？在《国语·周语下》说到“我姬氏出自天龟”。郭沫若先生以为“天鼋”是周人的图腾。在金文里，确也有这一图形见于好多件器上。唐兰先生以为是大黾。假定“龙”真是夏侯氏的图腾，《国语》《史记》都说到“玄鼋”或“天鼋”与周人相当的关系，那就不能不相信“我自夏以后稷”一句话。换而言之，“夏为周祖”一种见解，似乎很可相信了！此外又有说到龙化为熊的。《天问》里就说：“安有黄龙，负熊以游？”

又《山海经·海内经》："岁十有二，洪水滔天。鲧窃帝之息壤以堙洪水。不待帝命。帝令祝融杀鲧于羽部。鲧复生禹。帝乃命禹率布土，以定九州。"郭璞注引《开筮》曰："鲧死三岁不腐，剖之以吴刀，化为黄龙。"但是《左传》昭公七年引子产的话："昔尧殛鲧于羽山，其神化为黄熊，以入于羽渊，实为夏郊，三代祀之。"在这两段话里，同说一个人，杀了之后可化为龙，又可以化为熊。再与"负熊"的"黄龙"一相比较，或许这"熊"与"龙"又被人传作"二龙"。既然是鲧所化，自然是夏后氏的图腾了。但是这些话，还应当有另外的关系。又在《史记·赵世家》也有说到"赵简子疾，五日不知人。大夫皆惧！医扁鹊视之。出，董安于问。扁鹊曰：'昔秦穆公尝如此，七日而寤。'居七日半，简子寤。语大夫曰：'我之帝所，甚乐！有一熊欲来援我。帝命我射之。中熊，熊死。又有一罴来，我又射之。中罴，罴死。帝甚喜。赐我二笥，皆有副。吾见儿在帝侧。帝属我一翟犬。曰："及而子之壮也，以赐之。"'他日，简子出。有人当道，辟之不去。从者怒，将刃之。当道者曰：'吾欲有谒于主君。'从者以闻。简子召之曰：'嘻！吾有所见子晰也。'当道者曰：'屏左右。愿有谒。'简子屏人。当道者曰：'主君之疾，臣在帝侧。'简子曰：'然！有之。子之见我，我何为？'当道者曰：'帝令主君射熊与罴皆死。'简子曰：'是，且何也？'当道者曰：'晋国且有大难。主君首之。帝令主君灭二卿。夫熊与罴，皆其祖也。'简子曰：'帝赐我二笥，皆有副，何也？'当道者曰：'主君之子将克二国于翟，皆子姓也。'简子曰：'我见儿在帝侧，帝属我一翟犬。'当道者曰：'儿，主君之子也。翟犬者，代之先也。主君之子且必有代。'"在这一段梦话里，暗示给我们“熊”与“罴”就是范氏、中行氏之祖。但是《左传》昭公二十九年、襄公二十四年，都说范氏之祖“在夏为御龙氏”。同时又说刘累学于“豢龙氏”之后。在《左传》里又明白告诉我们：范氏、刘氏世为婚姻。至少是使令我们知道范氏之祖是“熊”。又有说是“龙”的。“熊”可以化为“龙”，“龙”可以化为“玄鼋”，这又是图腾可以转化的明证。

从上面所说的各条看来，还只能告诉我们图腾可以转化而已。至于图腾为什么可以转化？照一种什么方式转化？都还没有说。说明了这一层关系之后，才可以算是层创观。我们古代老早就有干支的组合。五组，六十旬。甲骨文里已经有卜旬的事。并且有六十甲子表。十干，是纪十日的次第，同时也是计算“氏族”的次第的。后世所谓“里甲”以及“甲第”等等名称，就溯源于这里。十二支各属一生肖，晚周的时候已经通行。《吕氏春秋·达郁》篇：“周鼎著鼠，令马履之，为其不阳也。不阳者，亡国之俗也。”张政烺先生以为就是子午相冲之说。很对！此外如卯酉冲，就是雉兔之争。战国人所传“守株待兔”的故事，原是出于《诗经·王风·兔爰》篇所谓：“有兔爰爰，雉离于罗。”就是说这一故事。又如辰戌冲，是龙狗之争。上引《史记·赵世家》所说“赵、代”之争，正在“嬴姓”与“翟族”的冲突。至于巳亥冲，历史更早了。《天问》说：“灵蛇吞象，其大如何？”《说文》也说“巴蛇食象”，就是“封豕、长蛇”的冲突。丑未冲，寅申冲，还没有很显明的证据。大概《史记·齐世家》说太公与莱夷争国的事，就是牛羊之冲突。齐是以牛作为图腾的。《史记》说“莱”是“人夷”。《国语·周语上》说商亡“夷羊在牧”。可见东夷定有以羊作为图腾的。

《孟子·梁惠王》篇说齐宣王将衅钟，以羊易牛。孟子说这是“仁术”，“见牛未见羊”。其实齐宣王不肯说出隐衷，孟子也就“郢书燕说”，代为作解。经传里有许多这一类事。寅申冲，就是虎与猴之争。这里的猴，“狌狌”之类的原人。《说文》“为”字，训“母猴”。所以“伪”字从为。《诗经·小雅·巷伯》：“彼谮人者，谁适与谋；取彼谮人，投畀豺虎；豺虎不食，投畀有北；有北不受，投畀有昊。”这里说出“谮人”与“豺虎”及“有北”的关系；所指的，也是“伪人”中的“侁人”与“伾人”的争斗。宋玉《招魂》说这件事很详细。《招魂》说：“虎豹九关，啄害下人些！一夫九首，拔木九千些！豺狼从目，往来侁侁些，悬人以嬉，投之深渊些！”这里的“侁侁”，就是“莘莘征夫”的侁人。“下人”就是“夏人”，如他处“夏国”之作“下国”。《诗经》所谓“豺虎”，就是《招魂》里的“豺狼”。“谮人”，比“侁人”所谓“有北”，就是“土方”。《招魂》里又说：“土伯九约，其角觺觺些！敦脄血拇，逐人駓駓些！参目虎首，其身若牛些！此皆甘人。归来！归来！恐自遗灾些！”这里所谓“土伯”，正是说“土方”。“駓駓”如“骍骍”。所以“駓人”，就是“伾人”。《禹贡》：“东过洛汭，至于大伾。”师古说：“大伾山在成皋。”《汉地志》：“成皋故虎牢。”师古说：“东虢号兽牢。”可见“大伾”是“虎牢”，古代“伾人”所居之地，正在豫州。这是古代“爲族”中的争执。十二支中六种冲突，都是暗示上世民族间的冲突，下文还有详细说明。相冲突的情形说过了。此外也有许多相会合的。《周礼·春官·司常职》：“日月为常，交龙为旂，通帛为旃，杂帛为物，熊虎为旗，鸟隼为旟，龟蛇为旐，全羽为旞，析羽为旌。”这里日月相合就是“日月为易”

的“易图腾”。交龙为旂就是二龙相合，在上面已经说过。此外熊虎相合，鸟隼相合，龟蛇相合，也是氏族间的组织。下文大略还要说到。全羽、析羽代表中世的“鸟图腾”。“通帛”“杂帛”就是“通白”“杂白”，是代表“太皞”“少皞”的旗物。又在《管子·兵法》篇也有说到“九章”，这同司常的“九旗”稍有分别。九章：“一曰举日章，则昼行；二曰举月章，则夜行；三曰举龙章，则行水；四曰举虎章，则行林；五曰举鸟章，则行陂；六曰举蛇章，则行泽；七曰举鹊章，则行陆；八曰举狼章，则行山；九曰举韝章，则载食而行。”这一说，许是比较晚出。日月二章，还是易图腾的化分。鸟章、鹊章，上文也说过。《诗经·小雅·六月》：“织文鸟章，白旆央央。”“白旆”，就是“通帛为旃”。“鸟章”，大约就是“鸟隼为旟”。说隼、说鹊，与上文说鹰、说鹳也是相合的。其中的分合，也是古代宗族移殖的一种表现，尚待详细说明。总之，图腾层创现象，乃古代部族间相争、相合的过程。

为什么十二支把子字排在第一？这必定是最早的一族了！据作者看来，不是如此。我们只能说：创造十二支的人，把自己一族列在最前头。中国的图腾，以“蛇图腾”为最早。《续编》卷五页二，有“己卯卜□贞，今多已族云云”一条。可见殷代“已族”很多。又从甲骨文把“子”字代“已”字一件事上可以看出来。甲骨文已作□，或作□，或作□。而子字，却作□，或作□，作□。而“季”字所从的“子”字，又作□。□，像人形，是一种民族，就是春秋时代的“子人氏”。《左传》作“长鬣者”，《说文》作“儠”。这一族，以“貂鼠”作图腾的。《夏小正》：“田鼠化为鴽。”也是指“貂鼠”。所以子属鼠。下文还要详说。这种人，并且是伯世的标准人。

所以可能代表“貊族”的图腾。“貉”就是“貂”。但是这只能说是北方的“貊貉族”。换一句话说：干支的创制，出于北方的“貊貉族”。代表早期的“貊貉”的“攻渔族”或“昆吾族”，是用蛇作图腾的“苗黎族”。这在十二支里，仍旧用⼰作代表。如“孕”字所从的“已”字，以及甲文用“[古文]”代“已”两件证据上，可以看出来的。《天问》里说：“何由并投？而鮌疾修盈！”《史记·楚世家》集解引干宝旧说：“前志所传修己背坼而生禹。”皇甫谧《帝王世纪》也说：“父鲧，妻脩已，胸坼而生禹。”修盈，脩已，修巳，都是指“修蛇”。或者有人这样说：蛇是禹族的图腾，所以夏是姒姓。“巳”既然可以代“子”，无疑的“已”是最早的图腾。貊族未到北方时，是用“蛇”作图腾。以“貂鼠”作图腾，事实上是在“蛇图腾”之后。“禹族”是留在南方的“貊族”，脩已生禹的传说，原是表明“禹族”出于“蛇图腾”的部族。甲骨文中有两个字：一作“[古文]”，一作“[古文]”。现在人把上一字释作“始”，下一字释作“妃匹”的“妃”字。姛字，金文又作[古文]，多从一[古文]形，原本也是“已”字的倒形。用楷书写起来如[古文]。照例姛、[古文]都是“始”字的繁文。《说文》无“姒”字，就以始字作姒。其实“[古文]”字，也是“姒”字。金文中如《陈侯午敦》的“[古文]”字，正是“姒”字的初文。《叔向父段》作“[古文]”。总之，后世人所认为有区别的妃，妃、姒、始原本是出于一个字根，从女、从巳。而甲文中的“[古文]”字，金文中的“[古文]”字，应当释作“姛”或“[古文]”。因为从コ、从匚、从[古文]，在古文字上有同样意义，都是代表神宫。匽，就是女匽的匽字。改作[古文]，其意义相同。《说文》以为“蜥蜴”就是“蝘蜓”，“蝘蜓”就是“守宫”。本是根据《尔雅》而出。《周棘生段》的[古文]

字，今人释作媐，很没有理由。这个字，就是匽字。与甲骨文𡠩字义同。“女匽”，就是古代的“女巫”。“羿”也是古代的神巫。所以《墨子》引《汤之官刑》说：“恒舞于宫，是为巫风。”《路史》也说“羿”是“偃姓”。“女偃”出“皋陶”。应劭也说：“鬲是偃姓，咎繇后”。照字形上说来：“𡠩”姓也是出于“妃”姓之后，所以可以从㇆作“𡠩”。经传里说夏是姒姓，殷是子姓。子姓就是好姓。而姒字就是原始的始字。《禹贡》里说：“中邦锡土姓，祇台德先。”“台”就是“有郃”，字可省作台。而𡠩字、始字，都是从台。古代的姒姓、妃姓、好姓，都可以省女，作巳。用巳作姓，是最早的族姓，也就是最早的图腾。现在中国的客家，在神宫里还有“祀蛇”的风俗。所以祀字也是从示、从巳。并且㇆，就是厶字。古代人的图腾都是很秘密的。而“背私为公”。“益”就是“羿”，在《天问》里已有明证。古文“益”字不从水，从皿。如《牧段》的“益”字，作“𥁑”，《归夆段》作“𥁑”，《益公钟》作𥁑，正是从公，或从八、一，表示背厶的意思。“羿”正是背厶的人。“脩巳”就是“脩蛇”。《淮南子・本经训》正说：羿“断脩蛇于洞庭，禽封豨于桑林”。“修巳”“修盈”，虽都与“脩蛇”有关系，但是“修盈”与“脩蛇”还有区别的。“巳”是“蛇”，“盈”是“蟺”。《荀子・劝学篇》：“螣蛇无足而飞，梧鼠五技而穷。”这“螣蛇”，也是说“蟺”。蟺可以从鱼作“鳣”。在古文里有两个字，可以看出这一类两栖动物，曾经用来作图腾，而且分布很远；就是“俞”字，同“禺”字。“俞”字，古文作“𦨘”，象舟中加一蟺类，下垫以副。舟就是笥，或篚。笥就是㇆的变形，如同匚之可以作匡。所以姒字有从司作的。《不娶段》《虢季子盘》《竹书纪年》《穆天子传》，都见过“西俞”或“俞泉”一类地名。《说文》“漆水出岐山”，《水经注》作“出俞山”。正是有别于“东俞”，或作“东榆”。其实就是“东隅”。“东隅”就是《郭伯封毁》的“逑鱼”，《伯懋父毁》中的“海鰅”，《史颂毁》的“鞲盩”，《尧典》中所谓“嵎夷”，《禺邗王壶》中的“禺邗”，都是古代的“攻歔族”。禺字正是作[illegible]，从[illegible]、从[illegible]，象用钩来捕取蛇、蟺类的形状。[illegible]同[illegible]，所指的是一种类的动物。而且“东隅”“西俞”都是说这一族散布之广。东隅已逝桑榆非晚原是如此说的。“蛇图腾”的氏族起来最早，其次分出来的是“鳣图腾”。这是一种层创的关系。“舜”的妃是“娥皇女英”，就是“娥皇女偃”。《天问》所谓：“尧不姚告，二女何亲？”就是指这一故事。在《左传》哀公元年说作虞思妻少康以二姚。《离骚》里也说：“及少康之未家兮，留有虞之二姚。”而扬雄《宗正箴》说：“昔在夏时，太康不共；有仍二女，五子家降。”又把这二女说作有仍之女。“有仍”就是《散盘》里的“虞莽族”。金文里“莽”可作“蕰”，也是国族名。照《散盘》的说法，“莽”也是“虞族”。并非山虞、泽虞之虞。那末有仍二女，还是娥皇、女英；都没有同偃姓的氏族脱离关系。“羿”是男巫，“匽”是女巫。其字从[illegible]、从女，与从[illegible]、从女，是一样的。凡是古代的国族名，总是从[illegible]，或从[illegible]，例见下文。自从文字上有从女、从已的妃字出现之初，事实上，“蛇图腾”的部族早已存在。我们现在知道的“偃”姓出于“已”姓。在西洋人中，已经有人知道：古代的“已”姓、“偃”姓、“嬴”姓的互相关系。《大亚细》杂志中 Haloun G. 氏有论及中国古代宗族移殖史的文字，就特别提出偃、嬴、已三支的移殖情形。（原文未见，仅见其题目于贝德士氏所编目录中。谅想与拙作必定有相同之点）“偃”姓出于“已”姓，所以“匽”字可以从已。如“姛”，可以从台作“𡚱”。足证“已”与“匽”的关系，并非凿空之谈，上文已经说到“易”字、“常”字、“偃”字、“㫃”字，古代的文字学家、历史学家，都说同日月有关。如《周礼·司常》说：“日月为常。”《说文》引《秘书》说：“日月为易。”而“易”就是“蝘蜓”。《说文》“㫃”字，读若匽。而“晏”字从女、从日。据金文《匽侯旨鼎》，匽字作[illegible]，《匽侯盉》作[illegible]，《匽侯鼎》作[illegible]。吴大澂说：“象燕处巢见其首。”这话还没有说明白。因为一般人都知道“匽”就是“燕”，却不知道“匽”如何变作“燕”。我们得先把“匽”字弄清楚了，然后再说“燕”字从“匽”字变出来。看上举匽字三形，是象蝘蜓屈处在筴笥中。⊙或○形，说是燕首，还不如说是蝘蜓的首。所以“蝘蜓”也名“守宫”。《伯家父毁》“易”字作[illegible]，《师酉毁》“锡”字作[illegible]。锡就是“赐”。古人用筴笥送“易”，就是赐姓及赐人的礼物。其字形象易体的申张。所以小篆作[illegible]，正象日月二形相合的样子。《诗经·小雅·角弓》篇：“雨雪瀌瀌，见晛日消。”《韩诗》作“曣晛”，云“日出也”。晏、燕既然可以通用，晏字从日，与日出还是有相关。《易经·乾卦》九三爻辞“夕惕若”，又是同“易”有相关。“夕，曰惕”“日，曰晏”与“日月为易”，也是相合。作者在上文已经说到恒字从月，《诗经·天保》篇说：“如月之恒，如日之升。”弜字从弓，而《天问》说：“羿焉彃日？乌焉解羽？”综合起来看，常上所绘的日月，原本是易形。就是“康谋易旅”的“易”。作《易经》的人，渊源于“易旅”，而所说的，都以“康谋易旅”的事作中心。所以说“易之兴也，其于中古乎”。“作者其有忧患乎？”“易”就是“易旅”的图腾。照《尔雅》的说法：“易”就是“蜥蜴”，又是“蝘蜓”，又是“守宫”。若用动物学的眼光看来，这三种虽同属两栖类动物，却还是有区别的。所以我们只能承认“易旅”是用“易”一类的动物作图腾。其中各氏族，还是各有区别。如鸟类图腾中之分五鸟、五鸠、五雉的例子。

照上文说来，“已”姓与“匽”姓的关系，就是“蛇图腾”的部族与“易图腾”的部族的关系。这已经是一次层创。那末“偃”姓与“嬴”姓，又是什么关系呢？这里就要谈到《天问》“鮌疾修盈”的本事了。《史记·秦本纪》说：“大费拜受，佐舜调驯鸟兽，鸟兽多驯服。是为柏翳，赐姓嬴氏。”《左传》宣公三年：“郑穆公有贱妾曰燕姞，梦天使与己兰。曰：‘余为伯鯈，余而祖也。’”《说文·女部》：“姞，黄帝之后，伯鯀姓也。”《史记·郑世家》：“秦嬴姓伯繄之后。”王符《潜夫论·志氏姓》云：“皋陶子伯翳。”“伯翳嬴姓，皋陶，偃姓。”从这里，可以看出来，伯翳、伯繄、伯鯈、伯鯀，就是伯偃或伯益。而“后益”，就是“后羿”。这都是从伯世就传下来的“易图腾”部族的分枝，所以偃姓的部族很多。偃姓从易而出。那末嬴姓呢？《逸周书·作雒解》：“三叔及殷、东，徐、奄，熊、盈，以略。”这里的“盈”族，照上面的说法看来，就是偃姓的部族。而“熊”，就是嬴姓的部族。《左传》宣公八年《经》：“葬我小君敬嬴。”《公羊传》作“葬我小君顷熊”。这是“熊”姓就是“嬴”姓的一证。又《左传》桓公三年：“公会齐侯于嬴。”杜注：“今泰山嬴县。”师古说：“嬴音盈。”似乎嬴、盈、熊同指一物。但是《作雒解》既熊、盈并举，应当作嬴、偃两族看待。我们认为“盈”族原于“嬴”族，而“熊”就是“嬴”。《天问》里的“修盈”，就是《离骚》里的“修能”。从女的“嬴”，是出于从“虫”或从“贝”的“蠃”或“赢”。现在就要问：嬴是什么东西？嬴为什么可以变作熊？明白了这一点之后，才能明白“嬴”姓与“偃”姓的关系。《吕氏春秋·行论》篇说：“尧以天下让舜。鲧为诸侯。怒于尧曰：‘得天之道者为帝，得地之道者为三公。今我得地之道，而不以我为三公。’以尧为失论，欲为三公，怒甚猛兽。欲以为乱。比兽之角，能以为城；举其尾，能以为旌。召之不来，仿佯于野，以患帝舜，于是殛之于羽山，副之以吴刀。”这一个故事，同上文所引《左传》里子产说“鲧死化为黄熊”，《开筮》作“化为黄龙”的，是一件事。但是《行论》篇仅说“能以为角”“能以为城”及“怒甚猛兽”几句话。并没有“化为黄熊”或“黄龙”。这猛兽，也不过形容鲧的怒性而已。“能”字，也不过作动词用。《离骚》里的“修能”，也只是可以作修其才能解。但是《天问》里却是说到“化为黄熊，巫何活焉？”这同“鲧疾修盈”，可以相应的。“鲧”是一种动物，“匽”也是一种动物。古代的神巫常守住这种动物。等到“匽”化为“黄熊”，于是说“巫何活焉？”鲧既可以为化“黄熊”，或化为“黄龙”，这种动物必定既像熊，又像龙。所以《天问》里又说：“焉有虬龙，负熊以游？”这是在某一幅图中，画一动物，如“虬龙负熊”。并且这种动物与“修盈”相恶的。换而言之，是与“匽”相恶的。所以说“鲧疾修盈”这种动物既像熊，又像龙的，作者认为就是“嬴”。“匽”与“嬴”的关系，如同“已”与“匽”的关系，也是相反而相成的两部族图腾。“匽图腾”，上文约略说过。现在要说到“嬴图腾”了。嬴与熊同声，已经说过了，但是古文字上凡是同声相训的，在字形方面，必定也有关系。古金文中很有名的“庚赢卣”，也称为“庚熊卣”。其字形作“[illegible]”。

就从贝的一特点看，是象赢；又从从[illegible]一点上看，是象能。但是这个字有许多异体。《许子妆簠》的“赢”字作“[illegible]”，《枲同毁》作“[illegible]”，《芮君盦毁》作“[illegible]”。最可以与《行论》篇“能以为旌”“能以为城”两句相证的，就是《筍伯簋》的“赢”字作[illegible]。上部[illegible]形，正是象旌；下面的[illegible]形，也正象城。所以“能以为旌”“能以为城”的说法是有所本的。再从甲骨文里去讨索，也可以得到同样的字。今人也都释作“龙”，就其形态上看来，也都是“赢”字。据最特殊的几个形式如：[illegible]正是贝形与[illegible]形相合而成。又有一类如[illegible]，也是贝形之上加一[illegible]形，或[illegible]形；下部拖一[illegible]形，或[illegible]形。[illegible]与[illegible]形相同，而[illegible]形或[illegible]形又与[illegible]字上之[illegible]形相合。至于甲骨文的简体作[illegible]，作[illegible]的，也都是上戴一甲，下拖一尾。《庄子·则阳》篇说：“有国于蜗之左角者，曰触氏；有国于蜗之右角者，曰蛮氏。时相与争地而战，伏尸数万，逐北旬有五日而后反。”这里的蛮、触两国，也是暗示“蜗图腾”中的两部族之争。[illegible]字上的[illegible]形，正象蛮触两只角。就字形上看来，“赢”正是象蜗牛。蛮触之争，还是鹳与鸽之争那一套故事的转化。因为“鹥图腾”仍旧从“匽图腾”而来。《夏小正》说：“雉入于淮为蜃。”“雀入于海为蛤。”确是暗示给我们“鸟图腾”也是从蜃、蛤一类的图腾而出，所以战国末年有鹬蚌相争的寓言，都是从一个根源上化分出来的。《仪礼·士昏礼》注：葵菹蠃醢。今文蠃为蜗。《夏小正》传说：“蜃者，蒲卢也。”《国语·吴语》：“移就蒲蠃于东海之滨。”孔广森也说：“蒲卢，犹蒲蠃也。”这里又是把“蒲蠃”“蜃”“蛤”都说作一物的样子。所以他们又说："蒲卢是变化之名，故果蠃亦为蒲卢。"其实这些都是"蠃图腾"的分枝。"蠃"的古名是"辰"，今名是"蜗牛"。（郭璞云：其大如斗，出日南涨海中）所以后人都认为辰的生肖是龙。那末我们从"辰"字上研究，看是不是蜗牛。金文辰字构造比较简单。《毕仲·孙子毁》作，《盂鼎》作，正象蜗牛之形。上象蜗牛壳盖，下象蜗体屈曲形。《白仲父毁》作，从辰、从又。（这同执彝的道理是一样的。《前编》卷二页十三片六：辛未，卜在，贞口，今月亡猷。这里的字、从、从，也是一样的理由。下文还有其他例子）并且不只是蜃、蜄二字从辰。而娠字从辰，農字也从辰；蜒字从延，蜑户的蜑字也从延，诞生的诞字也从延。辰图腾的部族是最早的部族，确无疑义。先说甲骨文的辰字如何写法。例如：形，形，形，都已见于商承祚先生的《类编》。又有一类作形，或作形的。其中形，或形，就是逸《胤征》篇所谓"辰不集于房"的"房"。所谓"辰不集于房"，就是蜗牛出了壳。房星辰星并象其形，而祏字、祊字，就从这一意义上引申出来的。所以上文说过：形、形、匚形有同样的意义。而且蜗牛正是有房。《三国志·管宁传》注引《魏略》云："焦先及杨沛并作瓜牛卢止其中。以为瓜当作蜗。蜗牛，螺虫之有角。俗呼为黄犊。先等作圜舍，形如蜗牛蔽，故谓之蜗牛卢。"在这段故事里，不仅令我们知道"房"就是"蜗牛卢"，并且知道"果蠃"就是"瓜庐"。《诗经·东山》所谓："果蠃之实，亦施于宇。"也是把瓜庐来作比的意思。蜗牛现在说作"马黄"，中古称"黄犊"。于是我们可以说了，《周礼·六彝》中的"黄彝"，及《小戴记》《荀子》中所称的"玄尊"，同是指"黄犊彝"而言。郑氏注所谓"以黄金作目”，就是指蛮触的两只角。《易经·坤卦》上六爻辞：“龙战于野，其血玄黄。”龙的血为什么会是玄黄的呢？并且《史记·周本纪》说“龙有漦”，也很难解。我们现在既经知道“龙”的观念从“嬴”的观念而出。“嬴”就是“蜗牛”，蜗牛的行动正是有涎，所以也称作“蜗蜒”。“玄黄”又是“玄武”的同声字。司马相如《大人赋》说：“前长离，后矞皇。”又说“左玄冥，而右黔雷”。“长离”与“黔雷”，正是对音。所以知道“矞皇”就是“玄冥”。张平子《思玄赋》正是说：“前长离使拂羽兮，后委衡乎玄冥。”《礼记·曲礼上》也说到“前朱鸟，而后玄武”。归纳起来：“长离”“黔雷”就是“朱鸟”；“玄黄”“矞皇”“玄冥”就是“玄武”。现在就要问“玄武”是不是“蜗牛”？《思玄赋》又说：“玄武缩于壳中兮，腾蛇蜿而自飞。”旧注说：“玄武是龟蛇交。”蔡邕《月令章句》说：“北方玄武，介虫之长。”正是证明“玄武”就是“嬴”，“腾蛇”就是“蝘”。于是九旗中的“龟蛇为旐”，原是“玄武”旗。“蜗牛”既然可以称“玄武”，所以“鲧”字可以从“玄”作“鮌”。而“鮌”就是“马蚿”。《庄子·秋水》篇司马彪注说“马蚿是多足虫”，与本意不合。在《庄子》的原意说：“夔怜蚿，蚿怜蛇，蛇怜风，风怜目，目怜心。”这是把一种连贯的事实想象化了。“夔”就是“高辛氏帝喾”，“蚿”就是“嬴”，“蛇”就是“已”，“风”就是“凤鸟”，“目”就是指“纵目”的“豺虎”，“心”就是暗射“往来侁侁”的“有莘氏”。这是一贯的史实。庄子用来讽喻他的哲理而已。上文已经说到“嬴”可以作“熊”，或省称“能”。《尔雅·释鱼》：“鳖三足曰能。”张平子《东京赋》说：“能鳖三趾。”又是《行论》篇“能以为城”“能以为旌”的绝好证据。古人不了解“赢图腾”就是“蜗牛”，说作介虫之长还可以。有说作龟，说作鳖的，都是为“龟蛇交”一观念所误。我们现在说古代宗族远源于“夔族”，由“巳图腾”到“匽图腾”，由“匽图腾”到“赢图腾”，不是独创的异说。班固《幽通赋》早已说到了。他说：“黎淳耀于高辛兮！芈强大于南汜；嬴取威于伯仪兮！姜本支乎三趾。”这四句话，正是作者在上文所立的系统，整个给说出来了。中国的古代民族，原是苗黎族。“高辛”，就是“高祖夔”。“芈”是“楚”，“南汜”就是“南巳”。见《鬲攸从鼎铭》：“省事南巳，即虢旅。”是南方的“蛇图腾”部族。“嬴”是“秦”，原于“伯偃”，这是“赢族”出于“匽族”的证据。“伯仪”就是“伯偃”。姜是齐姓，三趾就是“能鳖”。本支，就是《诗经·文王》篇“本支百世”的意思。虽然齐不是这一图腾系统，可是都渊源于嬴。现在大家可以相信图腾层创是原于部族化分的关系吧？

作者在这里再提醒一句，“嬴”的古名是“辰”；后来写作从虫的蜃。这一图腾，恐怕是海疆民族最早的图腾。《夏小正》说“雀入大海为蛤”，这蜄蛤，就是东海之滨的“蒲嬴”。《夏小正》又说：“雉入于淮为蜄。”那末淮海之间是这“辰图腾”的发祥地了。《左传》昭公十七年梓慎说：“宋，大辰之墟也。”并且齐、鲁、陈、郑间有地名辰陵，名嬴，名狸脤的，屡见于《左传》。宣公十一年“盟于辰陵”，是陈地。又如哀公十一年“壬申至于嬴”；这是齐邑。再如成公十七年“公孙婴齐卒于狸脤”，这是鲁郑之间地。都在东方。“狸脤”一名，更可以显示“辰”，仍旧是“狸族”的祀典。所以《周礼·天官》鳖人的“狸物”，《地官》掌蜃作“蜃物”。郑司农正是说：“狸物：龟、鳖之属。”可见“蜃”就是“能鳖”了。

古书上“鲧”字也有从玄作“鲂”的。杨宽先生的文章里说到过“鲧”就是“共工”，“共工”就是“玄冥”。童书业先生也赞同这一说。这是很对的！照上文所说的一番话，又可以证明“鲂”为什么是“玄冥”。说“玄冥”就是“鲧”，还不离于北方的部族而言。在南方的呢？还有《淮南子·说山训》所说的“媒但”。“蜑”之可以作“但”，如同“羸”之可以作“倮”。所以称“媒但”，正同以“玄鸟”为“高禖”的例子。这是“羸图腾”民族与“鸟图腾”民族的不同祀典。“但户”或“但民”，就是“蜑户”或“蛋民”。东坡诗所谓：“蚁舟蜑户龙冈窟，置酒椰叶桄榔间。”足见在宋代，闽粤以南，依然很多这种古民族。至于《山海经》《淮南子》诸书所见的“倮民”或“裸国”，更普通了。“但”，就是“袒裼”；“倮”，就是“裸裎”。原本都是从人的字，可以称“但人”或“倮人”。改为从衣，正是表明这种人原先都是不穿衣的捕鱼民族。《淮南子·人间训》说曹君欲见晋文公骿胁，“使之袒而捕鱼”。假定不是一种典礼，一个国君，岂有使贵介公子“袒而捕鱼”之理？现在的《左传》就不是这样说。可是，依旧弥缝不住这一消息。隐公五年“臧僖伯谏如棠观鱼者”，就是观这些裸者呢。《淮南子·说林训》：“使但吹竽。”高注：“但，古不知吹人，音如燕。”足见但人仍旧同匽部族有相关。“但人”“倮人”，都是“攻鳦族”；换而言之，“羸图腾”从“伯世”以来就有的。还有一名词虽然见于晚世，其意义也很古的。黄山谷诗：“可怜远度帻沟娄，适堪今时褦襶子。”这里“帻沟娄”一名，见于东北高句丽。“褦襶子”见于西南。范成大《桂海虞衡志》中有此名，也是“椰叶桄榔”间的“蛋户”。“褦襶”可省衣作“能戴”，正是“能鳖戴甲”的意思。在上引许多古文字中，如辰字、嬴字，都有戴甲形。《天问》里也正有说到“鸱龟曳衔，鲧何听焉？”正是像蜗牛戴甲曳尾而行。作《天问》者说作“鸱龟曳衔”。甲就是“蒲卢”。《庄子》说“蓬累而行”，也是指这一件事。“蜗牛”的蜗字，就是“女娲”的娲字。也如同羸可作嬴。娲字见于甲骨文，作“妦”，在《后编》卷下二十一页。为什么知道“妦”就是“娲”呢？金文中，如《虢文公鬲从鼎》作“[illegible]”，可是《鬲攸从鼎》作“[illegible]”。正是从鬲、从丰。《说文》有融字，读若过。足证丰、鬲二字原本都读见母。如过，如隔。所以鬲，古必读“胶鬲”之鬲。因此知道“妦氏”就是“女娲”。《说文》娲字古文正是从女、从融，作娇。照此说来，“有鬲氏”必定是“嬴图腾”的部族。而“羿”呢？是“匽图腾”部族，正是出于有鬲。这一部族，周初已沦为奴隶。《盂鼎》里就说：“鬲，千又五十夫。”在上文已经说到，“妦氏”一部族的故事中出了“鲧”，同“女娲”；而“易旅”中也出“羿”与“女匽”。这都是后人根据一点事实所演绎出来的。传说上以为禹是鲧之子，并且说“禹生于石纽”。诸家把“石纽”这个名词作地名看。说来说去，越说越远。其实，“石纽”是指“鸱龟”所戴的“甲”。如果硬要说在什么地方，作者以为就是辰字上面的一画。例如[illegible]形。鲧就是辰嬴，已经知道了。那末禹呢？禹字，《秦公毁》作[illegible]。古玺中作[illegible]。《禺邗王壶》禺字作[illegible]。这[illegible]、[illegible]、[illegible]三个字，都可以代表蛇、蟺一类的两栖动物。而[illegible]形，正是叉鱼的钩。“鲧”是“嬴图腾”的代表，“禹”同“益”，都是“匽图腾”的代表，所以鲧能生禹。

嬴就是“能鳖”。因为，在字形方面看起来像“熊”。但是为什么又像“龙”呢？这也得说明白。金文里的“龙”字，一方面继承甲骨文的“[illegible]”形，变作“[illegible]”。又加上一条“[illegible]”，保存“蛇图腾”的遗迹。旁边又立一“[illegible]”形。其字形如[illegible]这里的“[illegible]”字，并非“父兄”之“兄”。就是“[illegible]”字、“台”字中的“[illegible]”字，当作“巫祝”的祝字用。祝之作[illegible]，如同妃、祀可以省作巳。龙一观念，殷周之际的人大都不知道是如何形状。大半由巫祝口里相传而知。所谓“恐龙”，在古人心目中就是“兄龙”或“虬龙”。如《毕狄钟》的[illegible]，《颂毁》的[illegible]，上一字存兄形，下一字存[illegible]形。又如见于《大克鼎》的字形，简直从[illegible]、从音、从[illegible]，作[illegible]。这三个字，就是“龚”字。从[illegible]，例如彝字从鸟、从[illegible]。可见“虬龙”，古人是用来作图腾的。“共工”所以就是“鲧”，原故从这里而来。“工”就是“工祝”。巫字也是从工、从[illegible]。古文“为”字作“[illegible]”。而古文“巫”字加从[illegible]、从[illegible]，作[illegible]。所以小篆的写法也都另有所本。“龙”与“龚”两字说明白了。可以说“嬴图腾”之变为“龙图腾，”是从“熊图腾”间接而来。由“嬴”而“熊”，是这一图腾从南方迁到北方，因而与“熊”及“龙”的观念合并的关系。“蜃”或“嬴”，都是南方或东方的海滨动物。“熊”或“龙”，都是北方大泽中动物。在初期，不过把“庚嬴”变作“庚熊”。而“熊”同“罴”，又时常分不清。所以晋平公梦“熊”似“罴”。所谓熊似罴，就是“熊图腾”又支分出一“虎图腾”来。这是由“庚熊”又变为“庚寅”了。《离骚》说：“摄提贞于孟陬兮！惟庚寅吾以降。”“摄提”就是“寅庚”。寅就是虎。九旗中“熊虎为旗”，也是说“熊”与“虎”的关系，如同日月的关系，及龟蛇的关系。以熊作图腾的，上文已经说到刘、范二族。以虎作图腾的部族不多，大概是虢鄗二族。溯其渊源，都是出于“嬴图腾”。所以《淮南子·说林训》："上骈生耳目，桑林生臂手，此女娲所以七十化也。"可见"袒而捕鱼者"，就是伯世"骈胁者"。所以名之曰上骈，同时又可以令我们知道"蜗"一图腾，支分之多，才有"女娲七十化"之说。于是龙、蛇、龟、鱼与嬴都有关系。所以《精神训》也有"视龙犹蝘蜓"一说。《管子·枢言》篇也说到"一龙，一蛇，一日五化之谓周"。至于"鱼龙变化"以及"鱼龙漫衍"的说法，更普通了。我们现在先说"鱼"与"龟"的变化。《庄子·外物》篇："宋元君夜半而梦人被发窥阿门。曰：'予自宰路之渊，为清江使河伯之所。渔者余且得予。'元君觉，使人占之。曰：'此神龟也。'君曰：'渔者，有余且乎？'左右曰：'有。'君曰：'令余且会朝。'明日，余且朝君。曰：'渔何得？'对曰：'且之网得白龟焉，其圆五尺。'君曰：'献若之龟？'"这件故事，在《史记·龟策传》说得更长，原文不能引。大略说："宋元君二年，江使神龟于河。至于泉阳，鱼者豫且举网得而囚之。""余且"就是"豫且"。可是《说苑·正谏》篇同是说这一件事，却不说是龟，原是龙。"吴王欲从民饮酒。伍子胥谏曰：'不可！昔白龙下清冷之渊，化为鱼，渔者豫且射中其目。'"薛综所见，多"白龙不化，豫且不射"两句。豫且既是余且，白龙就是指白龟。再从上综合起来看：龙、蛇，龟、蛇，鱼、龙，鱼、龟，所指的都是"嬴"，也就是"辰"。这是中国最早的图腾。所以"娠"字从女、从辰，表明一切都是"辰"所产生的。此外如农字也从辰，表明这最古的图腾，还存于民间呢。所谓"深山大泽，实生龙蛇"，原是如此说的。这件事，东周以前的人都很明白的。东周以后，才从"嬴"与"龙"的观念转化为"鲧"与"禹"的故事。到了战国以后，才产生"黄帝”一观念。于是“黄帝”称“有熊氏”，又有骑龙上天的故事。足见“黄帝”一观念，是从“鲧”一观念蜕变而来的。蛇、易、羸三个图腾，属于一个系统。大概事实上是“羸图腾”最早，“易图腾”“蛇图腾”又次之。可是见之于文化史上的，是“蛇图腾”最早，“易图腾”“羸图腾”又次之。就是“羸”姓，甲骨里到现在还没有找出来。并且《潮旧志》（林语堂先生引）里说：“蛋家神宫奉有蛇像。”又“蛋人中有五姓的蛇种”。可见“蛇图腾”比较普遍而行之又久远了。

刘知幾《史通·杂说》篇引扬雄《蜀王本纪》说：“杜魄化而为鹃。荆尸变而为鳖。”《蜀王本纪》是否扬雄作，当然要研究。不过扬雄蜀人，又作过《蜀都赋》，料想对于蜀中的史实必定大有贡献。并且刘知幾所引这两句话，同许慎、应劭的说法也相合的。足见这两句话相传一定很早。“杜魄”，现在人看来，当然认为是“杜宇”的魄。若照《墨子·明鬼下》篇的说法，应该作“杜伯”的魄。但是还不对。“杜”就是“相土”，这才是最早的意义。《诗经·商颂·长发》：“相土烈烈，海外有截。”又说：“莫遂，莫达，九有有截。”这截字，小篆正是从戈，雀声。《大雅·常武》又说：“截彼淮浦，王师之所。”在这几句诗里，我们又可以得到一种消息，“鸟图腾”是从“相土”的时代才起来的。上文已经说过，“相土”是“昭明”的儿子。“鸟图腾”正是“昭明”以后才开始。《天问》里也说到这件事：“昭后成游，南土爰底；厥利维何？逢彼白雉。”这“昭后”，在《竹书纪年》及《左传》里都说作“周昭王南征不复”那件事。其实“昭后”一名很古，并且是对音字。起源甚早，不一定指周昭王。尤其是“逢彼白雉”这件事，决不是周昭王的时候才发生的。《宗周钟》的“邵王”，孙诒让先生用《孟子》“绍我周王见休”一句作解，很有意思。可是还没有把根源找出来。“昭后成游，南土爰底”两句，作《天问》的人也只知道是周代的事。可是同《墨子·兼爱中》篇的“注后之邸”一句比证，就使人领悟“昭后”，就是“注后”；“底”就是“邸”。孙先生说“后之邸”就是“昭余祁”，非常之对。但是把注字作动词看，又不对了。即使照毕沅的说法，“北为防原泒”的“泒”，是“雁门泒水”。那末，在嘑池河的上游，也不注入昭余祁。应该说“入嘑池，注昭余祁”。昭余祁在邬。因为泒水先入嘑池，才能注昭余祁。否者，源委倒置。并且下文“洒为底柱，凿为龙门”相去绝远。所以“注后之邸”，虽是“昭余祁”，却别有说。说“后”字是“召”字之误，还不如说注、昭双声。“昭余祁”原当作“沼余祁”。作动词用是“注”，作名词用是“沼”。燕召公是从很古的“召后”一族而来的。这种部族，都住在“氐”之上。前面已经说过，“氐”与“氏”，是一个语根。后来“洲”字、“渚”字，都从此而出。“邸”字加邑。祁乃祇字之借；改氏从邑，与邸字之义相同。这一部族，同夏部族的氏族组织相近，所以都称“后”，例如“夏后氏”。“昭余”，实即“昭禹”。《淮南子·氾论训》“伯余作衣”，就是“伯禹作衣”。《吕氏春秋·贵因》篇：“禹之裸国，裸入衣出。”正是“伯余”就是“伯禹”的证明。“禹族”，就是“豫族”，下文还要详说的。“昭后成游，南土爰底”者，原来是说“召后”到南方去，使南方的文化都变作“氐夷”的文化。所谓“底定”的最初意思是如此。“氐夷”或“氐羌”，原不是“鸟图腾”。自从在南方逢着“白雉”一图腾之后，才获胜利的。于是“召后”一族，也改为“鸟图腾”。这同“截彼淮浦”及“海外有截”“九有有截”，都是相应的。足见“雀入大海为蛤”“雉入于淮为蜃”，原都是一面之词。在“鸟图腾”的部族说来，是“截彼淮浦”“海外有截”。在非鸟图腾的部族说来，是“雀入大海为蛤”“雉入于淮为蜃”。但从“杜魄化而为鹃”一句话上看来，“鸟图腾”还是后起的部族。这种争执，不止周昭王的时候还存在，直到春秋中叶，依然存在。《左传》文公二年、《国语·鲁语上》，都说到“海鸟曰爰居，止于鲁东门之外三日。臧文仲使国人祭之。展禽曰：‘越哉！臧孙之为政也。夫祀，国之大节也；而节，政之所成也。故慎祭祀以为国典。’”孔子也说“臧文仲有三不知”，“祀爰居”是其中的一个。在这里，我们知道周、鲁民族是反“鸟图腾”民族。虽然反“鸟图腾”，可是也并非“伯世”的“蠃图腾”或“匽图腾”。从臧僖伯谏如棠观鱼者一件事上，可以看出来。不过观钩取鱼鳖一件事，在周代还是很普通的。《静段》有“射鱼于大池”一事，直到《淮南子·时则训》，还说到“天子亲往射鱼”一典礼。从上述禺、禹两字的构造上看来，“句鱼”或“叉鱼”，乃至“钩取两栖类”，都是殷代以前的重典。《夏小正》的作者，大概是很明白古代的事。其中说到“獭兽祭鱼”在二月；“豺祭兽”在十月。“豺”就是“豸”。“獭”就是“貉”。正合《孟子》“大貉，小貉”之说。所以《埤雅》有“豺祭圆。獭祭方”的说法。金文中有“左豸戈”，甲文中有“豸羌”，见《前编》《后编》各条。又有“豸方”，见《前编》《后编》各条。所以“祭兽”“祭鱼”都是祭其类、祭其祖。这些，都是“伯世”就留下来的风俗。至于“中世”呢？是“鸟图腾”盛行的时代。《天问》里有好几处说到“鸟图腾”的事。传说里都说简狄吞鸟卵而生契。《天问》也说："简狄在臺，喾何宜？玄鸟致贻，女何喜？"这"臺"字当即"台"字。在台，就是在"台桑"。也就是"有台"族之在东方的。《天问》又说："昏微遵迹，有狄不宁！何繁鸟萃棘，负子肆情？""昏微"，就是"上甲微"，殷的祖先。"有狄"就是"有易"，这一族，原是从东方迁到西方来的。所以说"繁鸟萃棘"。"棘"就是"启棘宾商"的"棘"，正是从"台桑"迁来的部族。"台桑"一名，也出于《天问》。"台桑"就是"桑林"，或作"空桑"，原本是"有台氏"的地方。"鸟图腾"的产生，本是"有台氏"与"有娀氏"并合的结果。《殷本纪》正说："简狄是有娀氏女，为帝喾次妃。""帝喾"就是高辛氏。说"鸟图腾"原出于蛇、匽、嬴一系统是不错的。这件故事化分不少。在《吕氏春秋·音初》篇这样说："有娀氏有二佚女，为之九成之台。饮食必以鼓。帝令燕往视之，鸣若谥隘。二女爱而争博之，覆以玉筐。少选，发而视之。燕遗二卵，北飞，遂不反。二女作歌。一终曰：'燕燕往飞。'实始作为北音。"这段故事，实在就是告诉我们"邶"同"燕"都是"鸟图腾"。正是"召后南游""逢彼白雉"的同类事实的化分。"鸟图腾"的部族在东方、南方、北方都有了。在西方呢？不止是有，并且很发达，比之北方发达的多。《史记·秦本纪》说："秦之先，帝颛顼之苗裔。孙曰女修。女修织，玄鸟陨卵，女修吞之，生子大业。"下文又说："大费生二子：一曰大廉，实鸟俗氏。"据说"飞廉"也是秦的祖先。《孟子·滕文公》篇却说："周公相武王，诛纣伐奄。三年，讨其君，驱飞廉于海隅而戮之。灭国者五十。"可见秦的祖先，也是东方来的。所以《师酉毁》中有"秦夷"，《左传》鲁有"秦台"。自从秦民族得势了之后，关中称“雍州”。“雍”字古文作“雝”。其实是从甲文的“淮”字而出。甲文“淮”作[illegible]，金文中如《曾伯霥簠》作“[illegible]”，从[illegible]、从淮。甲文的“雝”字作“[illegible]”，或作“[illegible]”，也是从[illegible]、从淮；或从[illegible]、从淮。可见“雍”字就是“淮夷”。小篆“雝”字，应该说从淮、从邑。但是秦是嬴姓，这又证明上文所说的“鸟图腾”原是从“嬴图腾”而出。大概从“中世”以后，“鸟图腾”已很发达了。自从周人兴起之后，“鸟图腾”才衰败了。《公羊传》僖公十六年：“春，王正月，戊申朔，霣石于宋五,六鹢退飞过宋都。”“鹢鸟”就是“鷖鸟”。“六鹢”，实指“殷民六族”之类，象征“鸟图腾”的失败。否者，鸟何以会退飞呢？说到这里，可以解释“荆尸变为鳖”的缘故了。《左传》庄公四年说到“楚武王荆尸”；又宣公十二年“荆尸而举”；杜预说：“尸是阵。”我以为说作阵，大概是不错的。但是先要说明“尸”就是“夷”。“荆尸”就是“荆夷”。这种是“荆夷”的阵，也可以说是“荆夷”所组成的阵。《左传》昭公二十一年：“丙戌，与华氏战于赭丘。郑翩愿为鹳，其御愿为鹅。”杜预也说：“鹳与鹅，皆阵名。”说到这里，读者大概还没有忘记掉上文所说的“鹳”与“鸹”是“鸟图腾”的两支吧？“鹅”就是“雁鹅”。“鸹”可以化为“鸿鹄”，也可以化为“雁鹅”。而“鹳”与“鸹”的结合，就是“雉”。所谓“逢彼白雉”，原是遇到了这些为阵的“荆尸”，因此打了胜仗。如果说作“昭王南征不复”，还有什么“厥利”可言呢？《诗经·大雅·崧高》《常武》《江汉》三首诗说尹吉甫、召穆公、申伯、南仲一班人平定江、汉、淮、浦的事很详细，都是周人经略南方，使东夷、南夷归化于周人。周人的图腾是“玄鼋”，或说作“天鼋”，或说作“大黾”，就是

“荆尸为鳖”的缘故。

“鸟图腾”的化分及其渊源说清楚了，原是出于嬴、匽、已一系统。现在再来解释《幽通赋》“姜本支乎三趾”一句话了。姜姓的渊源是“麦羌”，就是甲骨文中的“来羌”。《诗经・周颂・思文》：“贻我来牟，帝命率育。”“来牟”《说文》作“来麰”。这是后起的形声字。这“牟”字，原是代表一种艺麦的部族。“牟”字并非“牛鼻中出气”；本意是从已、从牛，表示“来羌”与“已羌”的相结合。所以相合为“牟”，不相合为“不牟”。《史记・周本纪》：“后稷名弃，其母有邰氏女，曰姜原。”《正义》说：“邰，天来反；亦作斄，同。”《集解》引徐广曰“今斄乡在扶风”。《索隐》：“邰即斄，古今字异耳。”三家都承认“斄”就是“邰”。“有邰”就是《诗经・生民》篇“即有邰家室”的“有邰”。《禹贡》“祗台德先”的“台”，其字从已、从𠙵，也是国族名。从邑的邰字，是后起字。“有邰”是姜姓在西方时所居住的地方。“已羌”与“来羌”的结合，是很早的。《大雅・绵之诗》就说到“爰及姜女，聿来胥宇”。这一族，原本也是在东方的。《吕氏春秋・首时》篇说：“太公望，东夷之士也。”《史记・齐世家》也说：“太公望吕尚者，东海上人也。”又说：“其先尝为四岳佐。本姓姜氏，从其封姓，故曰吕尚。吕尚尝穷困矣！年老，以钓鱼奸周西伯。西伯将出猎，卜之。曰：‘所获霸王之辅。’于是周西伯猎，果遇太公于渭之阳。与语，大悦！曰：‘自我先君太公曰：“当有圣人适周，周以兴。”子真是耶！吾太公望子久矣！’故号之曰太公望。”这段话，是积极的附会太公望是东方人，其实，姜姓原是从东方来，并不必如此费事才说明白。后来武王伐纣，誓师孟津：“师尚父左杖黄钺，右秉白旄，以誓曰：‘苍兕！苍兕！总尔众庶，与尔舟楫，后至者斩。’遂至盟津。诸侯不期而会者八百。”在这里，吕尚大叫“苍兕”，到底是什么意思呢？这“苍兕”，却是与西伯所梦“非龙，非彨，非虎，非罴”的却很相合。“苍兕”就是“青牛”。“牛”原是姜氏的图腾，所以“有部”也名“犛乡”。这是很早的事。太公吕望，原是周人的同族。犛本是牛名。这一图腾，起来本是很早的。甲骨文中就有“获白兕”一件事。《说文》“兕”字注云：“如野牛，青色，其皮坚厚，可制铠。”《尔雅·释兽》说：“兕似牛。”用“苍兕”作图腾的部族，羌人中还有。《后汉书·西羌传》：“西羌之本，出自三苗，姜姓之别也。其国近南岳。”而西羌之中正有参狼羌、白马羌、犛牛羌三大族。所以关中的“羌人”，始终保持“祀青牛”的典礼。《史记·秦始皇本纪》：“三十三年，禁不得祠。”日人藤田丰八以为是“佛图祠”。这一对音字，可不对了！“不得祠”，就是“犻特祠”。《史记·秦本纪》文公二十七年：“伐南山大梓，丰大特。”这也是禁“犻特祠”的事。“大梓”，就是“大牸”。《诗经·小雅·角弓》：“骍骍角弓。”石鼓文作“牸牸角弓”。《论语》“犁牛之子骍且角”。这“骍”字，也应当作“牸”。“犁牛”就是“牦牛”。“丰”是社树。《说文》丰字古文作[illegible]，正像是社树。“大特”，就是“特牛”；或可作“扑牛”。《易传》：“犕牛乘马。”《尔雅·释畜》：“犦牛。”徐铉本《说文》：“扑特，牛父也。”《玉篇》“犦”训“特牛”。都是指这一种牛。郭璞说：“犎牛也。领上肉犦胅起，高三尺许。”这同“青兕”的形状，更相似了。“不得祠”是“扑特祠”，大概可以无疑问了。《集解》又引徐广说：“今武都故道有怒特祠，图大牛，上生树本，有牛从木中出。后见于丰水中。”

《后汉书·郡国志》“武都郡”下引干宝《搜神记》：“有奴特祠，秦置旄头骑起此。”“怒特”，就是“奴特”，都是指“扑特祠”而言。《正义》引《括地志》：“大梓树在岐州陈仓县南十里仓山上。”又引《录异传》：“秦文公时，雍南山有大梓树。文公伐之，辄有大风雨，树生合不断。时有一人病，夜往山中。闻有鬼语树神曰：‘秦若使人被发以朱丝绕树伐汝，汝得不困耶？’树神无言。明日，病人语闻。公如其言伐树。树断。中有青牛走出，入丰水中。使骑击之，不胜。有骑堕地复上，发解。牛畏之，入不出。故置旄头骑。汉、魏、晋因之。”所谓“朱丝绕树”，也是有原因的。《山海经·海外北经》：“欧丝之野在大踵东。一女子跪树欧丝。三桑无枝在欧丝东，其木长百刃，无枝。”于是我们更明白了。丰，大梓，原就是桑梓。以朱丝绕树欧丝，就是使蚕食于桑树吐丝的意思。所以三桑树都是无枝的。这样子，就可以把牛神破掉了。因此说“汝得不困耶？”桑树就是“叒木”，也作“扶木”，或作“榑木”。本是东方的植物，这同“来羌”原从东方来的一说，也是相合的。披发者是羌人。古代民族不外两种：“披发左衽”，如西羌行国；“椎髻左衽”，如东南方的苗民。齐人虽是渊源于“来羌”，但是太公、管仲一流人对于中国文化都有特殊贡献的。孔子说：“微管仲，吾其披发左衽与？”所以这一族的“族神”，对于“披发者”，认为是敌对的。这样说，或者有人以为这些证据都是后代的，不算数。在《诗经》《左传》里也有证据否呢？不止有，并且很确实。《诗经·小弁》篇：“维桑与梓，必恭敬止！”就是承认“桑梓”是社树。这或者有人说，是“桑林”的“桑”。但是《信南山》篇说：“祭以清酒，从以骍牡，享于祖考。”这是特别提出“骍牡”来了。

就是“以物享”，“其至之日亦其物也”的意思。可是还不如《鱼藻》一首诗说得更明白。“鱼在？在藻！有莘其尾。王在？在镐！饮酒乐岂。”“莘尾”就是“骍旄”。“镐”就是“丰镐”。周姜两族，就在这里结盟的。《左传》襄公十年瑕禽曰：“昔平王东迁，吾七姓从王，牲用备具。王赖之，而赐之骍旄之盟。”杜预说：“骍旄，盟赤牛也。”“举骍旄者，言得重盟，不以鸡犬。”“莘尾”“骍旄”，都应当作“犙旄”。在周人是重盟，正是秦人所禁的。姜姓是“牛图腾”，也是远源于“来羌”“已羌”的集合，已经说明白了。但是《索隐》又说：“苍兕”，或作“苍雉”。那末姜姓是否有过“鸟图腾”呢？这件事《左传》里也有说到。昭公二十年晏子对曰：“昔爽鸠氏始居此地，季荝因之，有逢伯陵因之，蒲姑氏因之，而后大公因之。”“爽鸠氏”就是“来鸠氏”，上文已经说过。太公到齐，正是先与“莱夷”争国。“莱夷”如同“荆夷”，从“来羌”转化而出。大概后来用“苍雉”作图腾。“牛图腾”维持相当久远。后来用“伏羲”作族神。而“伏羲”同“女娲”的关系，闻一多先生已有见及此。据作者看来，“伏羲”同“女娲”的关系，就是从“已羌”与“来羌”的关系转化而出的。

从上文综合起来看，中国古代的氏族图腾，以嬴、匽、已一系统作中心。其余如“熊图腾”“龙图腾”“玄鼋图腾”“牛图腾”“鸟图腾”，都是从这一系统支分出来的。《逸周书·作雒解》所谓：“殷、东；徐、奄；熊、盈。”可以分作三组：殷、东是一组，属于“鸟图腾”；徐、奄是一组，属于“匽图腾”；熊、盈是一组，属于“嬴图腾”。后两组，时有分合。前一组中，“殷人”是直接从“已图腾”一系统转化为“鸟图腾”的。“东人”，恐怕中间有转变的一阶段。作《夏小正》的人，大概明白这件事。就是说："东人"之中，不一定全是"鸟图腾"。《夏小正》："五月唐蜩鸣。"传云："唐蜩者，匽也。"在上文已经从旧说作"蝘"，如郭璞的主张。但是"唐蜩"或作"螗蜩"，也名"良蜩"。这是"昆虫"一类动物，旧名作"羽虫"。"匽"虽然可以作"蝘"，可是别有说。又云："匽之兴五日翕。望乃伏。"传又说："而伏云者，不知其死也。故谓之伏。五日也者，十五日也；翕也者，合也；伏也者，入而不见也。"都是按着昆虫类由"幼虫"经过"蛹变"，至于"成虫"的说法。所以诸家都以为"匽"就是"蝉"。这同以"蟺"为"蝉"的道理是一样的。不过有"昆虫"与"两栖类"的不同而已。现在就要问："东人"中是否有用昆虫类作图腾的呢？作者的答复是"有"。甚嚣然于甲骨学者的笔墨中的有一问题，就是"不踟蹰"。甲文作"[illegible]"。时常刻在甲骨的角落里，表示厌恶这样东西。"东人"到了东周时代，以"大邾""小邾"作代表。而"邾"字，正是从黾、从朱。例如《邾伯鬲》作"[illegible]"。在从前的动物学家，大概用"黾"作昆虫类的代表。所以"蜘蛛"作"鼅鼄"。更有味的是《论衡·无形篇》的话："蛴螬化为复育，复育化而为蝉。"这里的"齐"是"殷、齐，中也"的齐。"曹"字从棘、从[illegible]。二东合组的国族是曹。可是把"幼虫"说作"蛴螬"，表示"蝉"是从曹、齐两国族的图腾而出。从这，可以看出来殷代的齐、曹是用黾类作图腾的。黾类图腾多半是很有勇气的。殷、齐虽然同出于嬴、易、已一系统，都是会飞的动物。一是黾类，一是鸟类。而鸟、黾交恶，所以有"不鼅鼄"的说法。《天问》作者还看得见这种图。他说："会鼂争盟，何践吾期？苍鸟群飞，孰使萃之？"又说："闵妃匹合，厥身是继；胡为嗜不同味，而快鼌饱。”现在人把“鼌”字写作从旦、从黾，释作朝字。其实“鼌”也是国族名，从黾、从𠙵。与上举台、湝诸字相同。此外如鲁字从𠙵、从鱼，曹字从𣗥、从𠙵，晋字从臸、从𠙵，都是一样的例子。“会鼌争盟”与“苍鸟群飞”并举，正是“黾图腾”部族与“鸟图腾”部族相争。换而言之，就是殷、东相争。“鸟图腾”的部族，有郯子所说的那么多分枝。“黾图腾”，也是一样。所以说“会鼌”，又说“快鼌饱”，“嗜不同味”。我们总可以知道，现在还有一种人喜吃“蚕蛹”，吃“蚱蜢”的哪。照这样说来，“黾图腾”中除“鼅鼄”同“蝉”以外，还有什么呢？据作者研究，《诗经》中《鄘风》的“蝃蝀”，《邶风》的“静安”，《唐风》的“蟋蟀”，《曹风》的“蜉蝣”，都是有所暗示的。《诗》里虽然用“蝃蝀”比“虹”，但是《方言》说：“鼅鼄，自关而西，秦晋之关，谓之鼄蝥。”郭璞说：“今江东呼‘蝃蝥’。”可见“蝃蝀”是暗指“鼅鼄”的。所以说：“蝃蝀在东，莫之敢指。”《静女》是咏东方女子的诗。所以说：“静女其姝！俟我于城隅。爱而不见，搔首踟蹰。”也是用“踟蹰”说“姝”。《唐风》的蟋蟀，是告诉人不可以逸乐亡忧。所以连着说：“无已大康！职思其居。”“无已大康！职思其外。”“无已大康！职思其忧。”蜉蝣就是“蚍蜉撼大树”的传说所本。于是说：“蜉蝣掘阅，麻衣如雪；心之忧矣！于我归说。”《庄子》里也有说到“螳螂奋其臂以当车辙”的事。凡是关于“黾”一类的故事，总是感叹其有勇气，而又责备其佚慢的。所以诗人警戒人佚慢的，总以“螗蜩”作比。《荡之诗》就说：“咨女殷商！如蜩，如螗。”《庄子·山木》篇说：“睹一蝉方得美荫，而忘其身；螳螂执翳而搏之，见得而忘其形；异鹊从而利之。”因此，更进一层明白，“羿”的图腾虽然是“匽”，还不是一般的“偃姓国”。原来是“黾”一类的“蝉”。《大戴记·帝系》篇正是说：“穷蝉生敬康。”“穷蝉”，是从东方来的“有穷后羿”；“敬康”，就是“康谋易旅”的“少康”。“螳螂在前，黄雀在后。”“黾图腾”到北方的，正如昙花一现。可是很有勇气，后人总是感叹其才之美！《淮南子·氾论训》又说到“羿除天下之害，而死为宗布”。太史公作《史记》，这样歌颂“项羽”的本事。可是把“羿”的事，忘记掉一句也不提。

古代的图腾中最晚出，而传之最久的，并且很普遍的，是“犬图腾”了。《国语·周语》《史记·周本纪》，都说到“周穆王征犬戎树敦，得四白狼、四白鹿，以归。自是荒服者不至”。前举《管子·兵法》篇的九章中，就有狼章、韓章，都可以说明古代有以狼、鹿作图腾的。后世匈奴、乌桓、突厥，更不必说了。《史记·赵世家》就说“代”是用“犬”作图腾。“犬图腾”与其他图腾的关系，大概就是《山海经·大荒北经》里所说的：“黄帝生苗龙，苗龙生融吾，融吾生弄明，弄明生白犬，白犬有牝牡，是为犬戎。”这一套，要照作者上文所说的去解释，才能合理。但是“犬图腾”不止行于北方，南方也很普遍。《博物志》说：“徐君宫人有娠而生卵，以为不祥，弃于水滨。孤独母有犬‘鹄苍’，衔所弃卵以归。复暖之。乃成小儿。生偃。故宫人闻之，更取养之。及长。袭为徐君。后鹄苍临死，生角而九尾，化为黄龙。”总是没有同龙脱离关系，就是没有同嬴脱离关系。越到后来，“犬图腾”的故事反而越古了。《后汉书·南蛮传》里说到“盘瓠是高辛氏女与畜犬盘瓠所生”。这里的南蛮，是当时长沙的武陵蛮。虽然没有说到

“龙”，可是说到“高辛”。“高辛”一名，是从甲文“龙”字中的“丫”形而来。《山海经》说作“苗龙”，也指这一物，仍旧与“嬴”发生关系。总之“犬图腾”虽然最晚出，还是与巳、匽、嬴一系统不能分离。可是“盘古”，在传说里占了上古史的第一页。前面所说，还只限于书传中所说的动物植物一类的图腾。若就甲骨、金文所著录许多人造物的图像来说，话还多得很。其中在经传上有据的，就是作酒的“醜图腾”。在亚形之内，绘一漉酒的人，其形如“醜”。这是“鬼方”的图腾。《诗经》里所谓“执讯获醜”，就是说获这图腾。《史记·周本纪》也说：“小醜备物，终必亡。”但是这一族的文化却很高的。暂不详说。

第五章　氏姓派衍

图腾的层创关系，上面已经说过。严格地说来，姓氏有很大区别，其渊源都在古代的图腾。姓是血缘的关系，氏是地缘的关系。我们在前面三章里，都已经提到过。《禹贡》里所谓“中邦锡土姓”，就是说古代人所谓“锡”，原是送人以图腾，等于后来的“赐姓”。至于氏，本是指所住的地。如同上文所说的“某彝”，“某彝”，也是说所住的土地。这是姓与氏的概括意义。姓与氏的起源，说者很多。真能得两者正确意义的，却不很多。姓字从女，生声。虽形声，也兼有会意。古器古籍中都有用“百生”代“百姓”的。如“里君百生”或“里居百姓”之类。可见“生”字是“姓”字一义的根源。女生为姓，又可以暗示我们中国古代社会中有过女性中心一个时期。不只是上文所说的“后”，原本是作“毓”一个字上得到消息，并且凡是古代的大族姓，都有著名的“女毓”。这些“女毓”中，有些都给黄帝承受了去作元妃或次妃。如嫘祖、嫫母之例。据作者的看法，“嫫母”与“虞幕”，一定同属一族姓。又如“娲氏”，甲文作“舛氏”。女娲必定与有鬲同属一族姓。又如“女匽”一定与“伯偃”同属一族姓。《诗经》里《长发》篇所谓："有娀方将，帝立子生商。"就是说"简狄"是"有娀氏"的女毓。《生民》篇所谓："厥初生民，时维姜嫄。"就是说"姜嫄"是"有郃氏"的女毓。此外如"修巳"，就是"女修"，也是"巳图腾"的女毓。中国古代有母系社会，大概不成问题。所要解决的，是在什么时代？甲骨文从女的字有四十余，其中大半是古代的姓。并且有许多字在金文及小篆里都没有了的。又有些在小篆里另有别解，不作姓氏用的。这是非常重要的史料，表示古代有许多族姓亡掉了。因此这个字就不见了，或者变更意义作为别有一解。再来看金文里从女的字，凡三十余，其中有与甲文相合的，又有些是甲文所不见的，尤其重要的，是与甲文相同而后世所没有的字。甲文金文相差的年代并不十分久远。但是专就从女的字来说，其差别相当大。这是非常可注意的。至于《说文·女部》所著录的共有二百三十八字。其中有与甲文金文相合的，而许慎都用这个字的引申义。从女的字从甲文金文里看来，大体上都是族姓。因为有许多字，虽然是姓，往往可以省掉从女一旁，而失其形态，或者换一偏旁从"邑"，或从"人"，于是无形中把本义亡掉的。后人就不知道这个是姓氏了。古代人往往因犯罪而失其姓氏的，又有因赐姓而失古姓。至于新添的姓，也有许多门路。例如：由于南方或北方许多新兴的国族，因而添入新姓的。其中大概有三条途径：出于赐姓的，如《国语·周语下》说："皇天嘉之，祚之天下，赐姓曰姒，氏曰有夏；祚四岳国，命为侯伯，赐姓曰姜，氏曰有吕。"《左传》隐公八年也有说到"天子建德，因生以赐姓，胙之土，而命之氏"。最合于"锡姓"的原始风气的，还是《尚书·禹贡》里所说的："中邦锡土姓，祗台德先，不距朕行。""台"就是"有郃"，是很早的“已羌”。所以说“德先”。解者都说“台”字作“予”字用。不知古代的族姓，凡是自称，都是用他们的族姓。例如攻鮺族之称“吾”，豫族之称“予”，戎族之称“我”。这是另外一个问题，又当别详。现在要说的，是“台”确否是最早的族姓？这在上一章里就说到。“已图腾”是中国古代很早有文化的族姓。这一族，原先本是“攻鮺族”。“来羌”还在其后。《吕氏春秋·君守》篇说：“昆吾作匋，夏鲧作城。”“夏鲧作城”，是原于“能以为旌”“能以为城”的故事。“昆吾作匋”，同“有虞氏上匋”有关，上文也已经说到。所以我们认为“昆吾”就是“攻鮺”的对音。现在就要说，“昆吾”是否为“已”姓了。高诱注正是说：“昆吾，颛顼之后，吴回，黎之孙，陆终之子，已姓也。”后来韦昭注《国语》也是如此说。《郑语》本是说：“已姓：昆吾、苏、顾、温、董。”王符《潜夫论·志氏姓》作：“已姓之班：昆吾、籍、扈、温、董。”苏、籍，大概形近之误。顾可作扈，正与作者上文的说法相合。所以在姓氏上说来，是“已姓”最先出现；从图腾上看来，大概“嬴图腾”先出现。因此说《禹贡》的“中邦锡土姓”，是最早的赐姓方法。再从另一途径上说来，便是《国语·周语》所谓：“更姓改物。以创制天下。”“物”，就是图腾上的“物”，也就是“锡土姓”时所锡的“物”。图腾可以创化，姓也可以改。这种改姓，不一定是出于“赐姓”。所以更姓改物，又当别作详论。在赐姓、更姓以外，还有“定姓”的方法。《潜夫论·志氏姓》篇说：“故有同祖而异姓，有同姓而异祖。亦有错杂，变而相入。或从母姓，或避怨雠。夫吹律定姓，惟圣人能之。”《白虎通·姓名》篇也说：“古者圣人吹律定姓，以记其族。”《易是类谋》也有说到“圣人兴起，不知姓名，当吹律听，以别其姓。黄帝吹律定姓是也”。这些都是说中国古代有“吹律定姓”一件事。到底有什么人试验过呢？《汉书·京房传》：“房本姓李，推律自定为京姓。”这是有人作过试验的证据。在古代母系社会里，知有母不知有父，于是很简单，从母姓好了。所以就姓的本身说，已经足证古代中国有母系社会而有余了。到了男系社会起来之后，其中知其母不知有父的人，便不能了。于是有“吹律定姓”的方法。《孝经·援神契》也说：“圣人吹律有姓。”似乎是说古代的圣人，都要“吹律定姓”。作者以为“吹律定姓”的“姓”字，当读为“性”。因为同姓、异姓，本有同德、异德的区别，父子之间，其音带有相同之点，可以作性格相同的表征。用律管来测定声音相协的，必是这一姓人的儿子。这件事，在《国语·周语上》也有说到“司商协民姓”。韦昭说：“司商，掌赐族授姓之官。商金声清，谓人姓吹律，合定其姓名也。”《潜夫论·卜列》篇：“凡姓之有音也，必随其本生祖所出也。虽号百变，音形不易。”这种办法，最早必定有相当限制的。到后来，照理应该有“姓音对照表”之类，才能行得通。可见古代从母系社会转入父系社会时，其“定姓”一道，是如何的困难了！《国语·晋语四》：“司空季子曰：同姓为兄弟。黄帝之子二十五人，其同姓者，二人而已。唯有青阳与夷鼓，皆为已姓。青阳，方雷氏之甥也；夷鼓，彤鱼氏之甥也。其生而异姓者，四母之子，别为十二姓。凡黄帝之子二十五宗，其得姓者十四人，为十二姓。姬、酉、祁、已、滕、箴、任、荀、僖、姞、儇、依，是也。唯青阳与苍林氏同于黄帝，故皆为姬姓。同德之难也如是。”又说：“异姓则异德，异德则异类。异类虽近，男女相及，以生民也。同姓则同德，同德则同心，同心则同志。同志虽远，男女不相及，畏黩敬也。”在这两段文章里，漏洞甚多；可说的话真不少，应当别作讨论。但是可以从这里得到一些姓氏学的见解。第一点，同父为什么可以异姓呢？同父既可以异姓了，第二点，便是同母为什么又可以异姓呢？第三，青阳既是姓“已”，为什么又是姓“姬”呢？于是说者纷纷。作这篇文章的人，既非在母系社会，即使在父系社会，也是别有限制的。这是定姓制度所以起的原因。并且作这篇文章时，必定已经有同姓不婚一制度存在，一切观念都是由此立论的。在这里面，最可研究的是黄帝之子青阳，是方雷氏的外甥，夷鼓是彤鱼氏的外甥，而黄帝是姬姓。那末青阳、夷鼓，是不是都从母姓呢？因此知道说这段话的人，有许多牴牾。这些史料，都是杂凑而成的。姓的起源，虽然出于母系社会，但是甥的观念，一定要在父系社会里才有。可是舅甥同姓，又非一般的父系社会原则。《左传》中以甥为名的很多。如弥甥、聃甥、骓甥、养甥。《尔雅·释亲》，又以“姑之子为甥”“舅之子为甥”“妻之昆弟为甥”“姊妹之夫为甥”，其可解释处很多。而“舅之子为甥”一义，与“舅甥同姓”一观念合观，更可证中国古代有与宗法社会不同的男系氏族社会，大概没有问题可以争辩的吧？

在上述司空季子一段话里来决定中国古代的姓氏制度，一定不可以。并且这段话里，有许多自相矛盾处。我们现在还是从文字上去推考吧！恐怕还有实在情形可以发现的希望！姓与氏，是互相有关系的。往往古代的姓，后来变作氏；古代的氏，反而变作姓。下文各有说明。现在先拿姓来说。从女的字，固然大体都是姓。但是有许多从女旁的字，亡掉之后，也可以从人旁、邑旁、水旁的字里去推求古姓。又有许多没有带暗示性底偏旁的，也是姓。当然，这是就古姓立论的。如原字，如彭字，如井字，虽然不联着女旁，可是有嫄字、嬄字、妌字在那里。这件事非凡重要！因为这样，可以发现古代的族姓原始情形，与古代种族问题的真相。比如上述黄帝十二姓中的儇、依、任、僖、已诸姓，原本应作嬛、妶、嬉、妊、妃。这几个姓并且是很古的姓。比之其中酉、祁、荀、箴、滕诸姓早得多。又如"有侁氏"就是"有姺氏"。古代还有"姯姓"，见于《吕氏春秋·遇合》篇。"邳"，就是古代的"妚姓"；"侄"的原义，也是族姓。鄢陵的"鄢"，就是古代的"嫣族"。《国语》又作傿，《汉地志》也作隝。《吕氏春秋·当赏》篇就作焉。又如"鄀"，就是"婼"；"郐"，就是"嬒"，或作"桧"，省作"会"；庸、鄘，就是嫞；井、邢，就是妌；鬼、隗，就是媿；酆就是妦，也省作丰。这些，都是比较普通，大家都知道的。总而言之，姓氏的派衍与图腾的层创是有直接关系的。假定图腾层创关系与姓氏派衍途径不相应，两面必定有一面是错误，或许两面都有错误。古器古籍中所见的姓氏太多了，不能都在这里说。我们专取最早，又最普通的，并且与前一章又有关系的来说。就是妃、好、姒、妊、姬、姜、姞、姚、妫、嬴、匽，几个最普通的姓；以及始、嫆、奶、𪥶、姝、媿等很重要的姓。在这几个姓里：如姚姓、妫姓，照传说都是很早就有的姓。可是甲文，就没有这两个姓。但是照我们的说法，这两个姓是晚起的，与史实相合了。又姬姓、娍姓、嬴姓、姞姓，甲文里也是没有的。原来是字形变了，因为更姓改物的原故，事实上还是有这几个姓的。下文都要说到的。就中最重要的，仍旧是妃、好、始、姒一个系统。我们就从这几个姓说起。上文已经说过：妃、好、始、姒，出于一个语根。就是在声音上、形体上、训诂上，同是一个根源。这本源是“已”字。甲骨文里既然有从女，已声的妃字。可是在《续篇》卷五页二片二又有“己卯卜贞令多已族云云”一条。这“已族”的“已”作“子”。这就是“好”字的省文。殷人是“好姓”，“多已族”就是殷人的同族。当殷人改作“鸟图腾”时，其同族恐怕还有许多是“已图腾”的。就从殷人的“好姓”上，可以看出其为原先的“已族”。在这一期内，“妃姓”的，又分出“姛姓”。而“鸟图腾”的族姓，又改作“嬺姓。”《后编》卷下二十五页：“丁酉王卜贞嬺毓。”照甲骨文的字形，作，写成楷书，应该作嫿。就是《诗经》“和鸾雝雝”及“肃雝和鸣”的“雝”字，加一女旁。甲文从口，不从邑。因为从，已经表示是国族了。可见“鸟图腾”起来，还是在殷代以前的。所以殷代保存了“妃姓”“好姓”“姛姓”之外，已经又有“嬺姓”了。《诗经》中屡说“淮夷来求”“淮夷来铺”，又说“徐方既来”“徐方既同”。而甲文淮字从川，从隹，作，或作。这“嫿姓”，似当作淮夷的姓。《夏小正》说“雉人于淮为蜃”，也正与淮夷有“鸟图腾”相合。在《左传》里，“徐”已经是“嬴姓”。换而言之，已经用蜃作姓。可是甲文有“姓”，从女、从途。足证古代的“徐方”，可能是“嵞姓”。这里便显出图腾与姓氏的关系了。我们在上文已经说过，中国古代民族以貊貉族作中坚。那末姶姓、姳姓，应该是很古的。甲文中就有“嫆姓”。甲文作“”，或作。金文中也有子姳壶，字作。照字形看来，正是从女，各声。姶字虽然未见于甲文，但是“归白于大丁”一条，就可以说明“白”乃“姶”之省。如“妃”可以作“已”之类。这姶、姳两个字无疑的是貊、貉的对音。始姓女既然可以归于大丁，其为“已族”，大概也可以相信。那末“已族”中的姓也不一定非属好姓不可。这也是“已族”是比较早的族姓，其中已经有化分的缘故。据作者研究，不止于“已族”中的族姓起有化分，并且似乎有好几度化分了。例如：“妊姓”，是从“始姓”而出。上文说过。《庄子·天下》篇“以此白心”，《经典释文》作“以此任心”。甲骨文“𡈼”字作[illegible]，正象已形倒垂于地的形状。小篆作“𡈼”，是从[illegible]字演变出来的。任、妊都应当作从“庭实旅百”的[illegible]。也可以写作𡈼，原来是说“𡈼实旅白”。所以《尚书·立政》篇的“常伯，常任，准人”，乃是伯人、任人、准人。《史记·高祖纪》有地名“柏人”。《左传》昭公二十二年有地名“任人”。所以“常伯，常任”也当作“常白，常𡈼”。《说文》以为：“𡈼，象物出地挺生。”（金文廷字合于《说文》第一义，又当别论）这还是引申义。任读若孕，原本是从“巳”字一语根而出。至于甲文作“工”的“壬”字，金文作壬，本是兵器。甲文从女、从壬的[illegible]，以及金文的妊字，小篆的妊字，虽然都从壬癸的“壬”，这是又有别种原因。就照《说文》训妊为孕，也应当是从𡈼。《说文·邑部》，“郢”或省作“邘”，正是从𡈼。《明堂位》“南蛮之乐曰任”，就是指“郢”而言。所以妊、任、邘，本同是从𡈼。换而言之，都出于“已”字一根源。“有仍”国，其实“妊姓国”。段玉裁说：“仍，孕字乃声，而在第六部。嬴字嬴声，而在十一部。”以为是合韵。他当然不知道巳、孕，壬、妊，辰、娠，源头是一个呢。所以“𡈼”在十一部，“壬”在七部。《诗经·宾之初筵》的“有壬有林”，也应该是“有𡈼有林”。𡈼声之变孕声，是定母颚化为喻母的关系。那末壬字是如何而来的呢？

并且甲文金文的妊，为什么都从[illegible]呢？作者认为[illegible]是一种兵器，其形状如[illegible]。《说文》作“象人褱妊之形”，是说“[illegible]”字。“象人胫”：“胫，任体也。”是说“壬”字。否者，小篆的“壬”字连一点褱妊之形也没有。甲文金文的妊字，是从妓字、娀字、娥字的连带关系而来。段玉裁说：“姒姓本从‘以’，春秋亦用‘弋’字为之。”说妣字原本是从始字而出，是对的。说春秋时亦用弋为之，便不对了。甲文妓：从女、从[illegible]，这[illegible]形是否同小篆的壬？并且甲文的妊字作[illegible]。而壬字金文作[illegible]，妊字作[illegible]，不过把[illegible]形的一画缩短，或成一点，或省去而已。并且娥字从[illegible]，娀字从[illegible]，这两字中的[illegible]形，或[illegible]形，都就是[illegible]字。说到声音：“弋”“戎”与“始”“姒”的声类都很相近；“我”字稍远，与“戈”字又是同韵的。甲文的“妓”字，就是金文的“妣”字。从弋与从戈，意义相同。壬、弋、戈、戎、我，都是一种兵器的演化。在字形与字音各方面都说得通的。最重要的观念是任、妊、邘三字都是从“[illegible]”，才能与字义相合。甲文金文中的“壬”字，或从[illegible]，或从[illegible]的字，都是[illegible]字的派衍。换而言之：这种兵器，是从已族而出的。于是把从[illegible]的字，都变作从壬，而保存[illegible]字的语义。古代文字中像这种关系很多，于是在字形字音上都起了很大纠纷。

《庄子·人间世》篇说：“虚室生白，吉祥止止。”这两句话，虽然有哲理，但是也根据一项事实在里面。我们在上一段说：“任”字与“白”字有关，这里就要说“各”字与“止”字有关。甲文中的嫆字，或姳字，作[illegible]，或作[illegible]。这是从女、从客，或从女、从定。此外又有作[illegible]的，是从女、从夂。又有作[illegible]的，是从女、从足。又有作[illegible]的，是从女、从各。不论作[illegible]，或[illegible]，都是止形的正反二式。可以这样说：姶字从白，⿰女各字从止，也无不可。“白”，是首；“止”，是足。一上，一下，都是形容这种人。妊字既然原于姶字，而⿰女途字正是从女、从止、从余。甲文如[illegible]。这样说来：姶、⿰女各、妊、⿰女途，都从妀、好、姒、始、姛一系统派衍而出的。我们现在还可以想得到，当这个民族在“已图腾”时，其姓可能还是姶、⿰女各、妊、⿰女途诸字。这个民族改为“鸟图腾”时，于是妀、好、姒、⿰女弋，都成为族姓了。不过这还只是一种“格式”或“系统”，以说明其关系而已。殷代的姓，当然还很多。妊、⿰女途、⿰女離，同殷人比较接近。姶姓、⿰女各姓比较古，在“中世”时代就有的。郳姶鬲，就是小邾的器。而⿰女各姓，当周代也是很小的国族。在中世，恐怕都不是很小的。姶、⿰女各二族是很接近的。《诗经·周颂·振鹭》篇：“我客戾止。亦有斯容。”《毛传》说：“客，二王之后。”郑《笺》说：“二王，夏殷也。”又《有客》篇说：“有客，有客！亦白其马！”郑《笺》说：“成王既黜殷命，杀武庚，命微子代殷后。既受命，来朝而见也。”毛、郑的说法有一部分是对的。二王，应该说殷、东，不是殷、夏。这件事，似乎很古，不是成王的时事。“我客戾止，亦有斯容。”上句说“足”，下句说“首”。“有客，有客，亦白其马！”也是上一句说“⿰女各”，下一句说“姶”。“客”就是后来的“奴客”，或“客家”。“白”就是后来的“白丁”，或“白衣”“生曰”。可是渊源很古，《商颂·那》篇有说到“我有嘉客！亦不夷怿。自古在昔，先民有作；温恭朝夕，执事有恪”。这种“客”，不只是“周人”的“客”，并且还是“商人”的“客”。也就是“宋人”的“客”。这种“客人”，在天文学上用“敖客”一名词指射他。下文还要说到的。姶姓、⿰女各姓虽为“已族”，还不能认为是“殷人”的直接系统。现在就要说到甲骨文里没有姬、姜两姓了。这是“周人”的姓，可是都渊源于殷代。甲文有“羌”字，并且有“羌方”。从人，同从女是一样的。此外还有“婞”字，从女、从宰，作。这等于从女、从羊。不过，在殷代，“姜姓”自然不是大姓。所以从宰与从牢相同。姬字在金文里才有。但是甲文有“娀”字，从女、从戎，就是“有娀佚女”“有娀方将”的“戎人”。“任佚”是连绵字；等于说“淫逸”。所以“佚女”就是“任女”。周人自称为“西戎”。姬字从姒字、始字派衍出来的。自从把从的妃字，变作从的姒字或始字，于是说象乳形。而𦣞就是颐字。《易经·颐卦》初九爻辞“观我朵颐”，就用颐字形容女性之美。比之用作图腾的来作姓，已经是很大的进步了。《诗经》“江有汜”，《说文》引作“江有洍”。《楚辞》“兰茝”可作“兰芷”。青阳己姓，又是姬姓。这就是从“已”字，可以变为从“𦣞”、从止，与从已仍有关系的明证。姬姓从姒姓而出，而姳姓与妃姓也有渊源，于这里得到确实的证据了。古代的姓：如风姓、彭姓，都不从女。可是在甲骨文中，也可以找到了渊源。《楚世家》：“三曰彭祖。”《世本》说：“彭祖者，彭城是。”虞翻也说：“彭姓封于大彭。”作者的看法，彭就是古代的“亘人”。所谓“夷鼓氏”，也就是“彭姓”的“亘人”。甲骨文里有从人的，又有从女的嬉。《国语·郑语》：“彭姓：彭祖、豕韦、诸稽，则商灭之矣！”所以甲骨文中又有从的字。到了小篆里变作“嬉姓”。至于“风姓”，《左传》以为须句的姓。鲁僖公母“成风”，正是须句女。甲文风作，那末从女、从的字，就是飒姓的正字。《说文》古文风字作，从⊙、从凡。这日字，恐怕也是从，或从之误。为因古代国族名，有许多是从，或从的。小篆从虫，凡声。正是暗示给我们，这是东人的姓。在“黾图腾”一系统的“风”，是古代“蜂蚁”的“蜂”。《天问》说：“中央共牧后何怒？蠭蛾微命力何固？”前一句是说共工头触不周之山，下一句是说“防风氏”。《国语·鲁语》：“昔禹致群神于会稽之山。‘防风氏’后至，禹杀而戮之。其骨节专车，此为大矣。”《招魂》里也说：“赤蚁若象，玄蠭若壶些！”《山海经》作“人蠭”。《左传》哀公二年有“蠭旗”。这是东方“黾图腾”中的大族。后来“伏羲”作了东方的族神，于是说伏羲是风姓了。殷人用凤鸟作图腾，恐怕也是受这“大风”的影响。《续编》卷二页十五片三：“甲戌，贞其𬻮乎凤。三羊，三犬，三豖。”𬻮就是灌字，与𡨦祭相同。可见“殷人”对于“凤”的重视，同时也见出“殷人”与“东人”的密切关系了。所以甲骨文中又有祭东神的卜辞。如《续编》卷一页五十二片六：“尞于东，五口，五羊，五口。”又五十三页片一：“甲申，卜宾贞尞于东，三豖，三羊。”这都是殷人祭东神的证据。

“东人”就是“中世”的人。在晚周是以“大邾，小邾”作代表。西周的人称为“大东，小东”。《诗经·小雅·大东》篇就是咏东人为西人所迫的诗。所以说：“小东！大东！杼柚其空？”自从殷亡之后，“东人”总是处于奴隶地位。看春秋时“大邾，小邾”的情形，便可以明白了。“邾”字，是说其国邑。从人的侏，与从女的姝，都是说其族姓。不过甲文又没有从女、朱声的姝字。但是有从二东的𣝣字，就是曹字。可见二东的国族，是很古的国族。甲文虽然没有姝字，可是有妹字。《续编》卷四页三十七片四：“贞妹其至，在二月。”其字从木、从女，如𡛥。也有作从未、从女的。足见从木与从未义同。并且甲文中的未字，就有作[illegible]的，亦有作[illegible]的。作[illegible]的朱字，仅一见。恐怕甲文中木字、未字、朱字，可以通用。“贞妹其至”一条，若与屡见于甲文的“至嬗”及“鼓三至”相比，都是说“某姓女至”的意思。而且《易经·归妹卦》及《泰卦》六五爻辞都说：“帝乙归妹。”与其他屡见于甲文的“归婐”“归好”“归姘”等等相比，“归妹”也是“归某姓女”的意思。殷人并没有姐妹的观念；兄弟就是姐妹。《诗经》里还有这样说法。如“燕尔新婚，如兄！如弟！”据作者看：“归妹”就是“归姝”。传说中的“夏桀宠妹嬉”，就是甲文中的“妹嬉”。这两个字的声音读如“侏儒”。正说东人的女子。“夏桀”指的是“羿”，也正是中世的人。上文已经说过：中字、朱字、东字，都是在丨形成或[illegible]形之中，作一标志，表示正中。作一，作口，作日，其意义相同。“东人”，甲文有作“秉人”的，就是《周公毁》里的“秉人”。《续编》卷六页二十六片七：“庚申，今秉人[illegible]。”可见从禾与从木，又是相同。那末“委”字，就是“娄”字。使我们明白《国语》所谓“秃姓舟人”的“秃姓”，原就是委姓。从人与从女也是相同，如羌之作姜。这不是“委姓”就是“妹姓”了。韦昭正是说：“秃姓，彭祖之别。”又是证实了妹、嬉的关系。宋人所著录的《晋姜鼎》，有“委姓”，其字作“[illegible]”。这才明白，金文为什么把“妹姓”变作“嫊姓”。因从黍、从来与从禾、从麦还是一样的。例如《郳友父鬲》作[illegible]，从女、从二来相叠。而《杞伯鼎》作[illegible]，就如同从女、从黍了。《杞伯壶》作[illegible]，也是在来与黍之间的形态。小篆摔、餑两字，说者都认为就是从[illegible]。是，大概会是的。不过，形态又变作[illegible]了。看摔餑两字都读重唇音，也可以推想到麥的古音如麦。不只是《晋姜鼎》的“委”字作从女、从𠂔。并且甲骨文中就说“嬉姓”为“来嬉”。《续编》卷四页三十一：“丙戌，允㞢来嬉。”页三十二：“其㞢来嬉三至。”“来嬉”，如“来鱼”“来羌”。𠂔就是麦穗。这样说来，从木、从禾、从黍、从麦，是一贯相承的意义。作者在上文已经说过：“爽鸠氏”就是“来鸠氏”。因此知道经典及古器上的成语“妹爽”，原就是“妹嫊”，也可作“妹婡”。还是从“貊貉”“牟来”一语根而出。但是东人的姓不只是一“姝”字，还有“媪”字。其形态如[illegible]，从女、从[illegible]，所以也作[illegible]。这[illegible]形，就是上文已经说过的“鼄鼀”，又可作“鼀蝥”。正是姝、媪两音。或许古音黾字中，就含有鼀蝥两音。必定是东方“黾图腾”中的族姓。而妹姓那时大概是仍用“巳图腾”的族姓。为什么呢？这从杞国用巳作氏，而姓姒；而邾国欲用鼀作姓氏，而姓嫊。因此可以知道古代不只有“来嬉”，并且还有“来己”。十二辰中的“己”字，也从“巳”字演变而出。所以《经典释文》巳字有祀、纪二音。而杞、纪两字都是从巳改为从己，如《纪侯钟》，就作己。说杞是姒姓，原是其“锡姓”。说纪为姜姓，是说其“改姓”。说邾是曹姓，是说邾是从二东的姓。古本无曹姓，曹是氏。用《左传》“杞即东夷”一件事上看来，杞可能是中世的妹姓国，而邾是媪姓国。但是殷代的这两个姓，到周代，都变作嫊姓了。而邾字欲作从黾、从朱。如《邾伯鬲》作[illegible]，《邾友父鬲》作[illegible]，《杞伯𣪘》作[illegible]，而《邾公牼钟》作[illegible]，都是从黾、从朱。在殷代，曹是二东。在周代，邾是二东。其国族就是合邾、黾而成的。这种痕迹，还保留在后世的地名中。《汉地志·江夏郡》有邾、鄳两县。师古说：“邾音诛。”苏林说：“鄳音盲。”仍旧保存鼀蝥二音。古代的“妹”，就是后来的“姝”。《尚书·酒诰》里说：“明大命于妹邦。”《盂鼎铭》说：“妹辰有大服。”辰即侲。《大鼎铭》：“王在盠侲宫。《后汉书·杜笃传》：“虏儌侲。”侲，《方言》亦作娠。妹辰，即妹娠。并是古部族名。想来，殷人大概以东人作妹邦的。

甲骨文中还有很多古姓，后来都变作不从女字偏旁而保存着。姘姓，就是周代邢氏，这一国族散布非常之广。飨姓，就是《食仲盨》《食生殷》的食氏。都是从姓改作氏的例子。此外如嬗姓，就是姞姓的丰氏，丰姞殷。又《方言·二》：“豐人伃首。”《仪礼》有豐侯。甲文豐、豊虽有别，以《散盘》“豐父”证之。[illegible]，似当作嬗。“豐豊”也是“貊貉”同一语根。从亡、从卜、从丰的是豐；从玉的是豊。原先当是娟姓，在妘姓一系统中。㛄姓，就是《国语·郑语》“邬蔽、补舟、依𫘗、历华”的“依𫘗”。这八个字，韦昭说是八邑。《史记·郑世家》把虢、郐加上去称为十邑。但是《郑语》并没有透露给我们一点消息，说应当作八邑。据作者研究，八邑实只是四邑，或者说四族。原文是说“若克二邑。邬弊、补舟、依𫘗、历华，君之土也”。作者仅仅承认虢、郐二邑；其余的，还不能得一确切的说法。司马贞引作“鄢蔽、补丹、依𨸏、历莘”。与虞翻说相同。史伯提出这八个字，不一定就是八个邑。鄢与邬相同，因为焉就是乌。丹字，恐怕不对，应当作舟。𨸏与𫘗，大概也可以互用。华与莘二字也是形误，当从虞翻说作莘。那末这八个文字，当作“鄢弊、补舟、依𨸏、历莘”。而㭬人、侜人、依人、侁人，正是殷、周之间的国族，恐怕鄢蔽，就是㭬；补舟，就是侜；依𫘗，就是依；历莘，就是侁；都是“郲”称

“郲娄”之例。先说“依喺”是姺姓的国族，就是甲文的“姺姓”。《山海经·大荒北经》说：“毛氏之国，依姓。”《大荒东经》“青丘之国”作“青丘之囦”。“有狐九尾，有柔仆民。”从邑、从口，义同。囦可作㳌字看。那末依、囦、姺，也如同任、邘、妊之例。而这个邑国中正是有柔仆民。囦，《说文·自部》作“天㳌”。《汉志·酒泉郡》有“天依县”。《说文》注正是说酒泉有“天㳌阪”。不是“㳌”可作“依”吗？说“依喺”就是“囦柔”大概不会错的。《尚书·康诰》“殪戎殷”，《中庸》引作“壹戎衣”。殷、衣实是同族。天㳌与㳌，例如天唐与唐，上鄀与鄀，上庸与庸，上蔡与蔡，上巳与巳，下邳与邳之例。古代族姓起于伯世的，称“上”；起于叔世，季世的，称“下”；起于中世的，称“中”，如中牟、中庐、中人。而称“上”的，也可称“天”称“高”。例如“上唐”就是“高唐”“天唐”。这个例子非常重要！下文时常要应用到的。“依喺”既然是连称，其余三个假设，也附带的可以决定了。我们再来说“历莘”。虞翻、司马贞的说法是对的。作“历华”的，恐怕不对。《左传》昭公元年“商有姺邳”，《说文·女部》也有“姺”字，可是甲骨文金文中没有姺姓。在上文已经说到，“大伾”是“虎牢”，原属于虢，后归于郑。因此想到“姺邳”就是周代的“莘伾”，同属于郑。这个国族，是历世很久的。《孟子·万章》篇说：“伊尹耕于有莘之野。”《吕氏春秋·本味》篇“有莘”作“有侁”。《国语·晋语四》引《小雅·皇皇者华》“莘莘征夫，每怀靡及”。《毛诗》作“駪駪征夫”。《招魂》：“豺狼纵目，往来侁侁。”王逸注引，也是作“侁侁征夫”。可见“有侁”就是“有莘”。《毛诗》的“駪駪征夫”，与《招魂》的“逐人駓駓”相比较，知道“姺邳”就是“駪駓”。《左传》庄公三十二年：“有神降于莘。”杜预说：“莘，虢邑。”侁伾既然同属于虢，一定还有其他关系。《左传》文公八年：“且复致公壻池之封，自申至于虎牢之境。”虎牢既然就是大伾，这“申”又是侁莘的同音字了。这样说来，猴虎相冲，就是指这姺与伾的关系了。侁、姺、莘、申，既然同指一族。古代的“有莘”就是周代的“申侯”。《诗经·大明》篇“缵女维莘”，正说大姒是有莘氏的女。而周幽王娶于申，是姜姓。恐怕是改姓的关系。自从有侁氏到申国，经过的时间很久远了，所以称“历莘”。《汉书·古今人表》《史记正义》引《括地志》：“有莘”又作“有㜪”，从女、从新。这也是新郑、新蔡、新丰之例。并且古代就有“婞姓”，见《叔向父毁》。侁人的姓，有姺、婞、姒、姜四个。大概原本是“姒姓”，后来分出姺、婞二姓；姜姓大概是最晚起的赐姓。这一族，不只是历世久远，并且散布也很广。《左传》僖公二十八年：“晋侯登于有莘之墟。”这大概就是“高辛氏”的“辛”。桓公十六年“使盗待诸莘”，也是“陈师于莘北”的莘。杜预说“在城濮”，并非虢邑的莘了。依䰗、历华的问题解决了，就可以把“邬弊、补丹”两个问题也连带解决了。“蔽补”当作“弊补”。《说文》：“焉”是“乌”的异文。声同，形近。鄢邑弊了，而补以舟人的意思。丹字确是误字，所以鄢称“鄢弊”，舟称“补舟”。《国策·秦策》：“神农伐补遂。”舟之称“补舟”，如遂之称“补遂”。焉人也是古代的族姓。《吕氏春秋·当赏》篇：“公子连入塞从焉氏。”高诱说：“焉氏塞在安定。”而鄢弊的鄢大概就是焉。颍川郡有鄢陵，《前志》作傿陵，《后志》作隱陵。注说：“春秋时隱。”引李奇说：“六国曰安陵。”

乌、焉、安，声同。《说文·女部》有嫣字。焉、傿、嫣、隝、鄢，如同依、妶、囨、陈，侁、姺之例。可见侁、姺，伾、邳之外，古代必定还有邞字、妚字。《说文·邑部》的鄸，《女部》的婄，可能是邞、妚两字的变体。于是我进而说“补舟”了。舟就是俰人，上文已经说到。不过俰人的问题，也是很复杂的，语见拙作《诗经中古史资料考释》。这里大略说一说。《郑语》的“秃姓舟人”，《吕氏春秋·恃君览》的“舟人，送龙，突人之乡”，都应当作俰人。《诗经·防有鹊巢》：“谁俰予美！”也是指“俰人”而言。这种人，也是“貊貉族”。《说文·豸部》貈字注引《论语》“狐貈之厚以居”。这“狐貈”，就是“狐貉”。《诗经·北风》篇：“莫赤匪狐，莫黑匪乌。”也是上指俰人，下指傿人。所以《大东》篇说：“东人之子，职劳不来；西人之子，粲粲衣服；舟人之子，熊熊是裘；私人之子，百僚是试。”在这四句诗里，每句说一种人。说东人的，上文已经说过。西人就是周人，自然是“粲粲衣服”。舟人，就是俰人。《周公𣪘》作州人。《荀子·君道篇》：“倜然举太公于州人而用之。”《韩诗外传》“州人”作“舟人”。舟人，以造舟得名；州人呢？以住“戎州”得名。卫有“戎州已氏”。既然称“已氏”，就可以溯源到古代的“已羌”。于是所谓“私人之子”的“私人”，与《大雅·崧高》篇“迁其私人”的“私人”，同为“已羌”的遗族。周人本是“来羌”与“已羌”的混血儿。并且“州人”就是《国语·晋语三》“作州兵”的“州人”。说者以为“使州长各帅其属缮甲兵”。其实，这“州兵”，是源于“州人”的兵。《旄丘》篇所谓“狐裘蒙戎，匪车不东”，也是说这些蒙狐裘的戎州向东边开发的意思。与“舟人之子，熊罴是裘”的说法又是相合的。州人、俜人、私人，都是西人之属。换而言之，是周人一系统。在《大东》篇，西人、舟人、私人，都是与东人相对的。不过这些俜人，或州人，在东方还一样有的。《小雅·鼓钟》篇所谓“淮有三洲”，仍是指东方的俜人而言。所以周、郑之间早就有俜人的邑聚。《说文》俜字训有廱蔽。“补舟”之名或由此而出。古代中原一带有一类贾人：傿人、侩人、侄人都是。《说文》傿字注：“引以为贾也。”其次，侩人也称为“驵侩”，都是贾人。《国语·郑语》：“妘姓：邬、郐、路、偪阳。”正是鄢、郐并称。《说文·女部》有嬒字。这侩、嬒、郐，又与傿、嫣、鄢相当。鄢既然可以作邬，而邬又是晋邑。《淮南子·修务训》：“胡人而知利者，人谓之駤。”驵、駤声类相近。上文已经说过“駤”就是“侄人”。《羌伯毁》中有“伯臷”，《驫羌钟》有“武侄”。同时我们又要知道：“驵侩”可作“伹侩”。那末伹人、侄人与傿人、侩人，都是散布于晋、郑之间，或周、郑之间的商人。曹字不是从二东、从[illegible]吗？晋字呢？从二至、从[illegible]，作[illegible]。金文也有作[illegible]的，古币中的晋字，又有作[illegible]的。古代国族与姓氏的关系，有如此复杂。本文仅仅说其中最重要而与殷人、周人都有关系的而止。《孟子》说：“虽袒裼裸裎于我侧，尔焉能浼我哉！”上文已说过，袒就是伹人，裸就是倮国。甲骨文中正是有婐姓，传说中有“纣王宠妲己”的故事。所以妲、婐，正相当于“伹人”“倮人”。“裼”就是“有易”的“易”。《说文·人部》有“傷”字，《方言》有“婸”字，恐怕相当于“晏”字。因为日字、旦字、易字、昜字在音形义三方面都出于一个语根。从“郢”可作“郅”看来，裎就是郢。而任、妊、郅，也适当于侱、娙、郢。现在从《说文》里已经找不到俣、娛两个字了。上文已经说过“易图腾”就是“匽图腾”。《说文·人部》有偃字，《女部》没有嫚字。而甲文金文作□，作□，作□，作□的，与《说文》晏字相当。这里可以显示出姛、匽两姓的关系，就是姒、偃两姓的关系；正合于“已图腾”与“匽图腾”的关系。这样说来“禓”“禔”，其实就是“郾”“郢”。但，有姐姓；倮，有婐姓。匽姓、妊姓殷代也有。所以《孟子》说“柳下惠不恭”，原是同这些古民族来往，而不厌其烦而已。

西周以后的姓，同西周以前的姓，有一绝大区别。就是古代的姓，到东周以后，都换了一批。如果仔细研究起来，又是从古姓中派衍出来的。先说最著名的姬姓，就是从姒姓而出。在殷代，娀姓、妭姓，都是姒姓的分枝。到了周代，不只是姒姓变为姬姓，并且妣姓可以代姒姓。推求其根源，还是从巳、从女的妃字。但是周代又起了一个新的姓，就是从己、从女的妃姓。如《虢文公鼎》的□字，《番匊生壶》的□字，《梢妃殷》的□字，都是与从女、从巳的□字、□字有别。在殷周之际，必定因为跟着周人改姓的缘故，当时有许多古国把旧姓改作氏，如杞、如纪。又有些改姓作妃。这妃姓，当别立，决非妃匹的妃字。妃字还是从巳的字。不止是姒姓、妃姓，改作姬姓、妃姓。现在要说到姜姓改为姞姓了。这件事，恐怕比姒姓改妃姓晚许多时候。《左传》宣公三年石癸曰：“吾闻姬、姞耦，其子孙必蕃。”这姬、姞，分明是姬、姜两姓。《汉书·古今人表》：“姞人弃妃。”段玉裁以为“姜嫄生后稷，后稷又娶于姜”。王符《潜夫论·志氏姓》也说：“姞氏女为后稷元妃。”旧本姞作台。更可证姜姓是有邰氏，姞姓也是有台氏。《左传》说：“姞，后稷元妃。”这一姓，不只殷代没有，直至西周以后，有很多国族才改姓姞的。王符说："密须，姞姓；南燕，姞姓。"南燕就是匽，杜预说在东郡燕县。若照地名上推求，匽当是郾城，或偃师。可见这一族分布也很广的。《左传》上说郑文公妃燕姞。恐怕是郾城或偃师的匽，与郑较近。匽氏，理论上说原先都是已姓，或许原本就是匽姓。所以《说文》以为"黄帝后伯鲦姓"。《左传》也说伯儵是燕姞的祖，正是应属匽姓。说她是燕姞，实用改姓而言。姜姓本是羌人的姓，所以周人东来之后，有许多古国都不愿意改姓姜，而改姓姞。"姞，吉人也。"姜、姞又是双声。姒、姜两姓之改为姬、姞，原因大略如此。可是周代姬、姜两姓分布很广。一方面固然是分封的关系，但是大部分还是"赐姓"与"改姓"。若从其中考求起来，有许多是古代姒姓的国家，西周以后变作姬姓。例如：成周附近有妃姓的虢氏，宗周附近有姬姓的虢氏；宗周有姬姓的邢氏，襄国一带有姒姓的邢氏；郑有姒姓的曾氏，楚有姬姓的曾氏。这都是最普通的例子。可是很显明的告诉我们，姬姓国中有许多是从妃姓，或姒姓国中变过来的。从前人大都把这一现象看作赐姓。赐姓当然是有的。不过"更姓，改物"也是事实。姬姓是周人特创的姓。甲骨文中已见"周侯""周族"这类的名称，可是没有发现姬姓。这一事实，非特别留意不可。姬姓如何从妃姓或姒姓派衍出来，上文已经说过。那末姒姓或妃姓之变为姬姓，大约在什么时候？作者以为在文王以后。原先的周人恐怕是妃姓。《诗经·绵》之诗所谓"爰及姜女，聿来胥宇"，只能算作姬、姞耦婚的渊源。妃姓的是"已羌"，姜姓的是"来羌"，这"已羌""来羌"，都不能代表那妃、姜两姓。因为氏族社会中本可以在同姓不同氏中选配偶，与姬、姜耦婚制性质大不相似。后稷娶于姜的说法，是从"已羌”“来羌”相结合的事实上所构造出来的“姬、姞必耦制”的根据。《诗经·大明》篇说：“挚仲氏妊，自彼殷商，来嫁于周，曰嫔于京。乃及王季，维德之行。”又说：“大任有身，生此文王。”照这样看来，在王季时，不只是没有“姜、姬必耦制”；并且王季所娶的任姓女，还是从东方来的。又在《思齐》篇说：“思齐大任，文王之母；思媚周姜，京室之妇；大姒嗣徽音，则百斯男。”照《诗》的说法“思媚周姜，京室之妇”，在大任、大姒之间。不能照旧说，以“周姜”是“大王”的配。既称“京室之妇”，周人娶“姜姓”，是特别礼节隆重，与众不同的。但是就《左传》“武王邑姜方娠大叔”一句话去体会来，“邑姜”一名词，并不隆重。因为“邑”就是“俘邑”。姜姓，原是与东方的群羌相等的。以“周姜”称“京室之妇”，这是姬、姜必耦以后的事。而姬、姜耦婚，当是文王与太公结盟以后的事。所以姒姓、妃姓都改作姬姓。而羌女也有姜姓了。至于姜姓改为姞姓，更在其后了。妃姓改姬姓，必出于周人。姜姓改姞姓，不一定出于周人。看齐国始终姓姜，便可以明白了。“邑姜”的称呼，是很古的。“京姜”倒是晚出的名称。必定要“邑姜”成为贵族之后，才有“京室之妇”的尊称。而且《思齐》的“周姜”，也非《绵》的“姜女”可比。《国语·吴语》句践请盟时说：“一介嫡女执箕箒以晐姓于王宫。”韦昭说：“晐，备也；姓，庶姓。”这“备姓”的制度，渊源很古，就是《左传》里所说的备“三恪”制。上文已经说过。《国语·晋语》的黄帝四妃，二十五子，十二姓，虽是传说，这种制度也有相当的事实作根据的。《史记·田敬仲世家》：“田常乃速齐国中女子长七尺以上者为后宫。后宫以百数。而使宾客舍人出入后宫者不禁。及田常卒，有七十余男。”田常用这样的方法，仅有七十余男。文王仅一大姒，能够“则百斯男”，令人难于置信。足见“百”字当读为“伯”。大姒的族姓很古，所以生来的儿子可以称“伯”。这就是“则百斯男”的确解。毛公知道“百”字难解，说：“众妾则宜百子也。”《诗》里并没有说众妾呢？百读千“百”，一定不是。虽然没有众妾，但是我们觉得“京室之妇”的“周姜”，还是文王的妃；也是姬、姜耦婚制起于文王以后的一证。以上所说，都是解释姬、姒的关系与姬、姜的关系。铜器中有匽公匜，正是姜姓。可见后来南燕是姞姓，确从姜姓转变而来。《左传》里说：“姞，吉人也。”这一后起的姓，古器古籍中有好多证据。例如，《丰姞毁》《甘姞鼎》《噩侯媵鼎》中有“王姞”。这“王姞”，与《左传》里的“王姬”相比，知道西周以后王族中本有姬、姞两姓。《左传》桓公十一年有“雍姞”，十二年又有“雍姬”，哀公十一年有“孔姞”。《潜夫论·志氏姓》说“蔡、光、鲁、雍”都是姞姓。鲁、蔡是姬姓，大家都知道的。鲁有姞姓，并无其他证据。若以“王姞”相比，也是可能的。金文中有“蔡姞”，与王符说合。从这里，可见同一鲁氏、蔡氏、雍氏，各有姬、姞两姓。与上文所说虢氏、曾氏、邢氏，各有姒、姬两姓的理由相合。并且也是姒姓改为姬姓的证据。王族、鲁族中都有姬、姞两姓；这姬、姞就是姬、姜，更加可以相信了。古代行两姓耦婚制的，不止姬、姞两姓。《左传》哀公三年：“刘氏、范氏，世为婚姻。”范武子从秦回晋以后，其留在秦国的族属，称刘氏，也是刘范耦婚的证据。又庄公二十二年：“有妫之后，将育于姜。”这是后来“姜齐”与“田齐”耦婚的预言。

西周以后新兴的姓有妘姓、嬴姓、妫姓、姚姓。这是直接从古代的妃姓、姒姓、好姓、匽姓一贯的系统下来的。与姬姓、姞姓的情形，大不相同。可以这样说：姬、姞是贵族姓；妘、嬴、妫、姚是平民姓。妘姓也作邧姓，原本应作云姓。例同妃姓、好姓，可以作已姓、子姓。云姓也是古代的已姓。其字从古文上，从已，如云。从女的妘，从邑的邧，都是后起字。《诗》“出其东门，有女如雲”，应作“如云”，指妘姓女而言。如“彼姝之子”“彼美者姝”的例子。“云”就是“上已”。如上都、上蔡、上庸、上虞、上饶、上党、上艾、上洛之比。《左传》昭公十七年郯子说：“昔者黄帝以雲纪。”也应当说“以云纪”。古代有两种关于氏姓的祭。一是祀“高禖”，《毛诗》所谓“玄鸟至之日，以太牢祭于郊”。一是“祓禊”，《韩诗》所谓“郑国之俗，三月上巳，之溱洧两水之上，招魂续魄，秉兰草祓除不祥”。《左传》宣公三年：“初，郑文公有贱妾曰‘燕姞’，梦天使与己兰。曰：‘余为伯鯈，余而祖也。以是为而子。以兰有国香，人服媚之如是。’既而，文公见之。与之兰，而御之。”因此生穆公。这是《诗经》与《左传》又相合的一点。高禖“祀鸟”，上巳应是“祀匽”。所以其祖是伯鯈。上文不是说过吗？已、匽、嬴原在一个系统呢！“上巳”是祀匽，正合“匽图腾”比“已图腾”早的说法。所以称“上巳”。凡是“已族”的人，自称曰“己”。与“有台氏”自称曰“台”，“有娀氏”自称曰“我”，“昆吾氏”自称曰“吾”，“豫族”自称曰“予”，“舒族”自称曰“余”的例子又是相合。中国的语言文字都是这样子积起来的。妘姓的国家，据《国语·郑语》有“邬、郐、路、偪阳”。其中的郐氏，经传古器都说是姒姓，有《会姒鬲》为证。可见妘姓是从妃姓、姒姓一系统出来的。郐之改作妘姓，大概见其国族之早。

郑氏《诗谱》:“昔高辛氏之土，祝融之墟，历唐至周，重黎之后，妘姓处其地。是为郐国。”说桧是重黎，等于说桧是“上巳”。《大戴记·帝系》篇说:“四曰莱言，是为云姓，郐人。”《史记·楚世家》作“会人”。妘可作云，郐可作会。《说文·女部》还有从女的嬒字。但是“莱言”,《系本》作“求言”。据作者的看法,《逸周书·史记解》左史戎夫所说的“古郐国”，倒是姒姓；妘姓的郐，虽说是“上巳”，反是新兴的。因为甲文没有妘姓。金文作从女、从鼎、从○，如《周棘生毁》的[illegible]。或作从女、从贝、从○，如《辅伯鼎》的[illegible]。现在都释作从女，员声。于是“有女如云”，也作“有女如员”了。从鼎与从贝同义。妘字从贝，还是因为嬴字的关系。从○，仍旧是表示国族名。这就是“云”可以作“曰”的缘故。所以小篆的妘字最晚出，却能表示很古的意义。《函皇父毁》也有“娟姓”。“函”或作“阎”。《诗·十月》篇“餤妻煽方处”，《毛诗》作“艳妻”。函氏大概确是妘姓。艳、娟、妘，声同。“艳妻”，也如同“有女如云”的“妘”。娟姓大概是西周以后的姓。姝，是代表东方的美女；妘，是代表南方的美女。于是“阎妻”写成“艳妻”了。此外便是嬴姓，也不见于甲骨文。在《左传》《史记》里，以及《潜夫论·志氏姓》所记的，有“梁、耿、葛、江、黄、徐、莒、六、蓼、英、秦、赵”诸国。这些国家，照史料上考察来，有许多原本不是嬴姓。例如“莒”,《左传》就说是“已姓”。文公七年:“穆伯娶于莒，曰戴己，生文伯；其娣声己，生惠叔。”《释文》说已有祀、己二读。可见“莒”，原本是已姓。徐就是“荆舒是惩”的“舒”。王符也说“舒庸、舒鸠、舒龙、舒共”都是偃姓。《史记·周本纪》《赵世家》都说到“徐偃王”。可见嬴姓的“徐”，是晚出的，原本是匽姓的“舒”。从莒、徐两国中的族姓转变途径上，可以说明已、匽、嬴的关系，确自成一系统。《许子妆簠》有“秦嬴”，其字作从肙、从[illegible]、从女，如[illegible]。这一形态，当是嬴字中之最晚出的。与下举几个“嬴”字都不相同。秦之改姓，恐怕很晚。妘、嬴两姓以外，还有二大姓，也是周代新兴的。便是妫姓、姚姓，都是甲文中所没有的。这两个姓，都渊源于虞。《左传》里说到妫姓的代表，是“陈胡公满”。襄公二十五年子产说：“昔虞阏父为周陶正，以服事我先王，赖其利器用也。与其神明之后也。庸以元女大姬配陈胡公，而封之陈，以备三恪。”襄公十九年：“圭妫班亚宋子。”又知道圭是妫姓。这圭，大约是“上圭”，京兆郡有“下圭”。这两姓，甲文固然未见。古铜器中，也不多见。在经传里，都变成贵族。先说姚姓，金文里有“散姚”，又有“易姚”，又有“虢孟姚”，又有一姚壶，《毛伯翊父毁》又见“仲姚”。“散”也是䜌氏。《散盘》中见“䜌武父”。归纳起来，“虢”是“虞虢”之虢。“易”就是“下阳”，正属虢邑，即河东太阳县。都在河东、左冯翊、右扶风之间。姚姓的虢，与妫姓的虞，原在一处的。所以《说文》就说“虞舜居妫汭，因以为氏”。但照金文里看来，妫姓大半是“陈氏”，或“田氏”，又有一希见的“寡氏”。据作者的见解，虞本是姚姓。有“虞思”妻少康以“二姚”，及“留有虞之二姚”作证。所以妫姓比姚姓还是晚起。《淮南子·说山训》：“羿死桃部。”《诠言训》作“羿死于桃棓”。这“桃棓”，是“桃部”之变。而“桃部”，却是“姚部”之误。虞、虢一区域，古代都是“姚姓”所住。于是有“姚部”之名。例如汉人所说的益部、梁部之类。嬇、郐，既然可作“桧”；姚之作

"桃"，并不算希奇。《诗经》"桃之天天"一语，也是暗指姚女的。古代图腾社会，每一氏族，都有社树。如"桑林"即若木，是殷代的社树。后来的"宋"，就都于"桑林"。所谓"商邱"，也同指一地。而宋字从宀、从木，读如桑声。（心、审声类相近。如相在心纽，霜在审纽；襄在心纽，孃在审纽之例）以桃作姚姓的社树，也是可能的。《后志》任城国有"桃聚"，原本也是姚姓的邑聚。姚姓出现比较早，妫姓又稍晚。陈氏、田氏，是妫姓的基本国族。不过这妫姓虽然后出，但是这一部族可是很早的。也如同"嬴姓"虽然晚出，"嬴图腾"的部族并不晚。古代有以氏为姓的，也有以姓为氏的，上文已经举出许多证据。就《左传》中其他资料研究来，"蔿氏"却是"妫姓"的根源。蔿，在《左传》里又作"爲"。这与康之作"㝩"相同，也是国族名。隐公十一年："馆于爲氏。"又可从邑作鄬，襄公七年："将会于鄬。"这样看来，有妫姓，又有爲氏、鄬氏。《说文·人部》的"伪"字，原来也是但人、傿人、伛人、侁人之类。这一国族，也散布很广。隐公十一年："邬、刘、蔿、邘之田。"襄公二十三年："儋括围蔿，逐成愆。"杜预都以为是周邑。僖公二十七年："子玉治兵于蔿。"杜预说："蔿，楚邑。"孙叔敖正是对于"蔿"，所以称"蔿敖"。此外以蔿为名的，如蔿国、蔿贾、蔿吕臣、蔿掩。蔿氏的部族分布很广。晋国又有士蔿。而妫姓的国家，却很少。金文妫字并且有不从女的，其字作，如《陈孟妫匜》。也有从女作，如《剌艮肇鼎》。妫可以作为，如妃可以作巳，媢可以作会，很普通的事。《说文》训为作"母猴，其为禽好爪，古文作"。并且说这是母猴相对立。真是附会太过了！这象两只手在作事的形状，却是非常确切。若就字形看，不论甲骨文、金文，都是以手牵象的形状。甲文象字作，或作，金文作，都有长鼻。就字形看，是“象”，并不是“猴”。甲骨文“为”字作，作；金文作，作；都是用手牵象。可是也有不作象的，如《公伐郐钟》作，《公伐郐鼎》作，既非猴，也非象，却是豸字之上加一爪形。于是才明白，说“为”象猴，乃是根据“豸”字而来。《说文》：“豸：兽长脊，行豸豸然，欲有所司杀形。”说豸字正在人兽之间。甲文有“豸方”，见《续编》卷三页十二片六。古器中有“左豸戈”。如若我们没有忘记掉“孚”字也是“子”上加一爪形，那末这象字或豸字上加爪的意义，原是孚虏一种古代野蛮人的意思。所以奚奴的“奚”字，也是上有爪形。《说文》训“貉”为“北方豸种”。可见“左豸”就是“左人”。《国语·周语》：“帅象、禹之功，度之于轨仪。”解者大都说舜弟象，鲧子禹。“禹”是传说里有功的人，“象”又有什么功呢？鲧同禹的故事，是有一种基础的，上文已说过。舜与象的故事，也同样有基础，此地约略先说一点。舜就是“夋”，这是大家承认的。但是照甲骨文“夋”字作，正象一足的“夔”。与《庄子》“夔怜蚿”一说相合。南方的民族有称“夔”的，《左传》僖公二十六年：“夔子不祀祝融与鬻熊。”“夔”在南方，“豸”在北方。正是代表南北两大古族。所以舜与象成了兄弟。《淮南子·齐俗训》：“虽重象，狄騠，不能通其意。”“狄騠”就是“铜鞮”，指“狄族”，正是北方；“重象”如“重黎”，即指“象族”。古代象族所住的地方是“豫州”。所以“豫”字从予、从象。“群舒”也是“豫族”的代表。其字从予、从舍。徐又是群舒的后继者，其字从余、从邑，如郐，与徐字相同。这一族有一特征是“服象”。《吕氏春秋·古乐》篇："商人服象虐于东夷。周公遂以师逐之，至于江南。乃为三象，以嘉其德。"古器里也见"象舞"，其字作"敫"。我们从"重象""三象"这两个名词上看来，中原的"豫族"与海外的"豫族"相通的。所以秦有"象郡"，汉有"象林"，唐有"象州"，都在南徼。后世"重译"一语，就从"重象"而出。《汉地志》钜鹿郡有"象氏"，其地望与"群舒"不相近。别一族以"服象"为"服舒族"。在其本族，却以"服豸"为"服狄族"。因此字形不同，所以可以从象，也可以从豸，而都引中作"为"字用。说到这里，又要引《诗经》了。《鲁颂·闷宫》说："戎狄是膺，荆舒是惩，则莫我敢承。"正是上一句说"服豸"，下一句说"服象"。豫族本来散布很广的，后来却专指一部族而言。《孟子·万章》篇说："封象于有庳。"《帝王世纪》说："舜弟象，封于有鼻。"《括地志》说："鼻亭神在道县北六十里。"道县就是后来的道州。王隐《晋书》"大泉陵北部东五里有鼻墟，象所封"。都是出于《汉书·昌邑王传》"舜封象于有鼻"一根源。古代某地有这种人的，称有。如有庳、有莘、有虞、有鬲、有仍、有易、有逢、有扈、有戎。没有这种民族的呢？称无。如无终、无棣、无锡、无为、无已。无锡的锡作"𢆶"，就是易字。《易经·晋卦》："康侯用锡马繁庶。"就是"用易马繁庶"，正是说"康谋易旅"的事。"有易"与"无锡"是相对的名词。如同"有庳"之与"无为"。古器中有"无異毁"，就是"无已"。又有无𢆶尊，就是"无夋"，或可作"无夔"。由这样研究来，妫姓从寪氏而出，寪氏从豫族而出。这种古民族与商人比较接近，就是后来的荆舒。《国语·周语》说："卢由荆妫。"韦昭也说"卢是妫姓"。足证荆妫之中，大概以荆舒为主体。所以妫与匽、嬴一系统还是有关系的。照这样看来，妫姓与南方的部族关系比较深。姚姓呢？与北方部族关系比较深。《世本》说“舜姓姚氏”，《史记》说“舜居于妫汭”，《说文》一方面根据《史记》说“舜居妫汭”，一方面又根据《世本》说“居姚墟”，成为姚姓妫氏的人物。这只能证成姚、妫是一个系统。但是照《帝王世纪》，“姚墟”又在“成固”。照《九歌》中“湘君”“湘夫人”的故事，又在南楚。这当然是部族散布很广的缘故。但是还有时间的原因在里面发生作用。舜如果是“冀州人”，姚墟、妫汭自然在河东。这是指初期到北方的蛮族。在春秋时起来的，是“寘德于遂，遂世守之”的陈氏，妫姓。越到晚期，南方荆蛮又有新兴的起来了。于是姚姓、妫姓，都南移了。其实不是南移，是南方新起的旧族。因为有“敚䜌”一名，我们说敚姚、虢姚、易姚，都是䜌氏。这同《梁伯戈》上的“鬼方蛮”一样性质。《诗经·大雅·韩奕》篇也说到“因时百蛮”，又说“其追，其貊”，这“韩城”也正是在河渭之间。那末这一带有貊族，并非不可能。《尚书·牧誓》篇也说到“敚、卢、彭，濮人”。“敚䜌”既是姚姓，卢又是妫姓；而且微、卢又是貊貉的对音。如此说来，嬀氏或妫姓，虞氏或姚姓，原本还是貊貉族。换而言之，“豫族”或“豸族”，都不能离开貊貉族一个大系统。

既然说到䜌字，金文里就有䜌姓。可是又有称“孌姬”的，如“中伯作䜌姬簋”；也可以省女作䜌。在《诗经》里有两种意义：《邶风》“静女其姝”与“静女其娈”相对的。姝是姝姓女，娈可能也是娈姓女。《齐风·甫田》篇：“婉兮！娈兮！总角丱兮。”与《猗嗟》篇的“猗嗟娈兮！清扬婉兮！”也是婉、娈相对。惟有

《邶风·泉水》篇称“娈彼诸姬，聊与之谋”。这个娈字作形容词用。大概“嬔姬”如“巴姬”“南姬”，这是赐姓的缘故。姝是姓，婉也是姓。宛古申伯所都。《国策·西周策》：“宛恃秦而轻晋。”《左传》僖公二十八年有“宛春”。因此知道“娈”原本也是姓。并且娈有“力沇切”，既然可以省女作䜌，就能读“莫还切”。足见䜌字也是出于貊貉一语根。《广韵》说：“楚人称母曰嬭。”“齐人称母曰䜌。”嬭、嬔又是双声。这都是南方新起的族姓。楚人的祖先是熊绎，其国君名直到战国晚期，还有熊字连在一起的。“楚成王愿食熊蹯而死，不听，遂自杀。”应该也是“嬴图腾”的部族。并且与江、黄、六、蓼时有交涉。可是不姓嬴。足见东周以后新兴的国族，都可以自己造姓。姚、妫、嬔、嬭，是最重要的例子。《国语·周语中》“邓由楚曼”，也是嬔、嬭的双声字。《郑语》又说：“姜、嬴、荆芈，实与诸姬代相干也。”芈就是嬭姓。并且确实说出姬、姜，姬、嬴，姬、芈的关系。金文中有“嬔姬”，就是确据。所以姚、妫、嬔、嬭，都可以说是新起的蛮姓。还是与已、匽、嬴一系统有很密切的关系。又有一个系统，大都是行于北方的姓，就是殷代的“猶族”，周代“狄族”的姓。《易经·既济卦》九三爻辞：“高宗伐鬼方，三年克之，小人勿用。”在《诗经·大雅·荡》篇也有“内奰于中国，覃及鬼方”两句。此外《竹书纪年》《史记》、甲骨文、金文中都有说到。王先生说鬼方、昆夷、狁狁是一族。当然很对！但是我们不能把“鬼方”作“匈奴”一样看待。在殷周之际，鬼方的文化相当高。不过与殷、周两族总是相对抗。《诗经》的“执讯获丑”，《史记》的“备物丑类”，都是指“鬼方”而言。鬼方就是殷代的“猶族”，周代的“狄族”，伯世中世之间的“有易”。晋文公娶隗氏女，就是狄族。金文作媿。《史记·楚世家索隐》引《系本》：“陆终娶鬼方氏之妹，谓之女嬇。”《大戴记》作“女隤”。可见媿、隗，嬇、隤，如同㛄、陎，嫣、隝之例。媿、嬇都是鬼方的姓。《楚世家》说“吴回”生“陆终”，而《鼄公牼钟》也说到“陆终”，这样说来，“陆终”是东南方古部族的祖先。所以《梁伯戈》称鬼方緐。并且“陆终”的“终”就是“螽斯”的“螽”，《山海经·海内北经》也说：“人蠭，其状如螽。”这是鬼方同南方、东方部族有关系的明证。鬼方的鬼字，小篆从厶、从甶，作鬼。这厶形，还是巳字，也未脱去“巳图腾”的关系。但是甲骨文作鬼，或从示，作䰠；金文中《盂鼎》作[illegible]，《梁伯戈》作[illegible]，《陈肪段盖》作[illegible]。小篆的从厶，大概就是甲文、金文的从示。《陈肪段盖》并且从口，也是表示国族名，如曹、晋、鲁、台之例。《梁伯戈》从攴，有驱走的意味。所以称之为“蛮”。原先的人还不知道“鬼方”与“巳族”有关系。梁伯戈是东周以后的器，逐渐有人明白这一道理了。再晚一点，就有“康回”“吴回”这些名词出来了。“康回”就是说“康国”原是南方部族，现在又回到南方来了；“吴回”就是说“虞国”原是南方部族，现在也回到南方来了。王逸说“康回”就是“共工”，杨宽先生说“吴回”就是“康回”，从大处看，可以如此说。下文还要提到的。在这里是说明小篆的“鬼”字为什么从厶，而甲文、金文不然。因为作小篆的人才明白“鬼方”与“巳图腾”还是有关系的。《尚书·尧典》说：“分北三苗。”北方本是有“蛮族”，这是脱离“巳图腾”，向北去的。所以祀字可以改从巳为从異，作禩。如《说文》或体。古器中也有作禩的。汜水又可作潩水。而这一部族所住的地方称“冀方”。金文作[illegible]的異字，从北、从廾，原就是违异的意思。可是《盂鼎》的[illegible]，与从戈、从甲的戎字相同。[illegible]，象古代的胄形。从戎字从甲、鬼字从[illegible]两点上去考求，仅见鬼方与犬戎有关系。所以《史记·周本纪》《竹书纪年》都有“西落鬼戎”。《左传》有“东山皋落氏”。戎与狄本是同族。古器中有《斁狄钟》，《朋仲媵鼎》有毕媿。毕本狄族，而媿姓。《潜夫论·志氏姓》：“隗姓赤狄，姮姓白狄。”又据昭公十二年《穀梁传》范宁注：“鲜虞，姬姓白狄也。”那末狄之中本有姬姓。晋也是姬姓，所以同媿姓通婚。作者认为王符的话是有据的。“姮娥”本是连语。甲文有娥姓，而无姮性。娥是古代狄族的姓，后人说作姮姓。至于媿姓呢？原本也是有娀氏，与姬姓同族，其后分为赤、白两种。所以范宁说白狄姬姓。周人本是从戎狄中兴起来的。媿、嬇两姓与姬雌一样都是狄族模仿其先进部族所创造的。娀姓与妭姓、奺姓的关系上文已经说过；姬姓与妃姓、姒姓的有关系也已经说过；媿、嬇与姬又是双声。所以媿姓与妃姓的关系是间接的。从上文所说的综合起来，凡是中世以下图腾不同的部族，在姓一方面也不过有很远关系。如妹、姝，㚻、𪘩之属于“黾图腾”，原于已图腾而已。此外的大姓，都与已、匽、嬴一系统有直接或间接的关系。古姓多得很，这里所说的都是很普通而重要的例子。

“姓”是血缘的关系，“氏”是地缘的关系。其中递嬗的经过很复杂而有意味。上文仅仅说到几种主要的姓，已经费了那么多笔墨。现在说“氏”了！应该更多。如果把经传同古器上的史料全部归纳起来说，有很多的事实可以发现。留待作《中国古代宗族移殖史》时再说。这种血缘的关系，中国古代学者已有见到。《世本·氏姓篇》："言姓则在上，言氏则在下。"这大概是一种表格式，这种方法如能保留下来，在氏姓学上，必定有很多可宝贵的资料。上文所引《左传》隐公八年"天子建德，因生以赐姓"也是把姓属于血缘的关系；"胙之土，而命之氏"，是属于地缘的关系。有了"姓"与"氏"的配合，才成为族。所以说："因以为族。官有世功，则有官族，邑亦如之。"东周下来的姓氏关系还是这样的。昭公二十九年蔡墨说："夫物物有其官，官修其方，朝夕思之。一日失职，则死及之。失官不食。官宿其业，其物乃至。若泯弃之，物乃坻伏，郁湮不育。故有五行之官，是谓五官。实列受氏姓，封为上公，祀为贵神。社稷五祀，是尊是奉。"这就是"官有世功"的解释。在古代以"方物"为图腾的氏族社会，到东周以后，变成以"职业"为中心的宗族社会。所以甲骨文、金文中有许多以"人造物品"作图腾的。如上述漉酒图腾是一明证。（作者已于甲文、金文中，找到几十种古宗族图腾，别有文字发表）这时候的氏姓制度，比之古代的图腾，其严格性也不相上下。"一日失职，则死及之"，是如何严重呢！若有了"功绩"便可以"列受氏姓，封为上公，祀为贵神"。可以这样说："图腾"的氏族社会，是"命姓受祀"；"职业"的宗族社会，是"命姓受氏"；这两句话都见于《国语·周语》。足见"氏"与"祀"有关系的。古代人亡国语"亡其氏姓"，也说"绝祀"。"姓"之表示血缘关系，大家都明白。"氏"为什么是表示地缘关系？若照文字上研究来，非常复杂。我们先说一句："氏"字与"氒"字，是一个字源。其二：是"瓜"字与"氏"字，虽是两个字源，有时指一件同样的名称。这都就甲骨文而言。在金文里："民"字与"氏"字是同字源。我们照次第说来：甲骨文中有两个字：一作□，或作□。《前编》卷七页三十九：“壬申，卜□□征氏。”《后编》卷下页二十一：“妌氏。”都是姓氏的“氏”。又有从皿作𥁕的，如《前编》卷二页二十七：“壬子，卜贞田𥁕，往来亡灾！”这从皿的“𥁕”字是地名。与“盂方”的“盂”字同例。于是大家都认为写作“□”，或写作“□”的是“氏”字。又有一个作“□”，或作“□”，这应该是“瓜”字。可是《后编》卷下页十三有“来叔氏”；《续编》卷三页二十六“帚姘氏”；卷五页四有“□氏”；都是“氏”字，而字形如“□”，如“□”；又《续编》卷三页四“姘氏”；卷二页十八“贞王氏□”，也作“□”。并且甲骨文中有二成语：“其氏”“弗其氏”。字形也是作“□”。这“□”与“□”两体，都作“氏”字用。这是事实。但是这两个字不出于一个语根。为什么呢？□、□虽稍异，还是相近。与作□或作□的绝异，不能说是一个字根。若从声音方面说“瓜”与“氏”也大异。照字形说“氏”与“氒”确是一个语根。甲文“氒”作“□”，金文作□，或作□，作□，作□。金文“氏”字作“□”，或作“□”，作“□”。都相近。说文“氒”字从“氏”，读若厥。本大于末。隶古定《尚书》“厥”皆作“氒”。《史记》引《尚书》：“厥”皆作“其”。《盂鼎》“尹正氒民”，就是“尹正其民”。氒，居月切，见母；与氏字声音不相近。可是从氏得声的有“祇”字，巨支切，群母。见、群，声相近。古地名中“氏”与“丘”常相代用。如“乘丘”可作“乘氏”。这类例子很多，下文还要说到。金文“丘”字作“□”，象二人并立在地上。小篆也是从北、从一。北字，正是二人相背；一，象地。所以金文丘字是二氏相背。“丘”可以代“氏”，就是这个原因。丘，去鸠切。群、溪，声也相近。从氏、㐲、丘三个字比较研究的结果，因而知道古代人住在某一丘的，就是某一氏。“姘氏”“王氏”“妌氏”“[illegible]氏”，都是说某一氏住在某一丘上。古代氏族社会中如卡米拉罗依式的婚姻方法，当事人的对方，必定不是其自身的父族或母族，而别在第三族。自己所生的子女，又各入别一氏族。从子或女对父母说，也是第三族。在这样的氏族社会中，父族居一丘，母族居一丘，妻族居一丘，夫族居一丘。每一丘就是一氏。以父母作主体，妻族为第三；以夫妇作主族，子女为第三。所以中国第一人称，总是用“部族自称”名。如上举台、我、予、余、吾、己之例。第二人称有三个字：女、尔、乃，都是指“女性”。孕字从乃、从巳。“乃”象包衣，与“妊娠”有关系。《广韵》：“楚人呼母曰妳。”女、尔，双声；都是第二人称而属于“女性”。至于第三人称由“氏”字引申而出。其、氏，双声；厥字从氏字出，都是“及物”的。并且第三人称含有不尊敬的意思。现代南方俗语还有称“妻”为“其”的。原本是“氏”字，读支韵，巨支切。命姓受“氏”，也可以作命姓受“祀”；所以“祀”与“地”有关系。于是称“天神，地祇”。这就是“氏”与“丘”，“氏”与“㐲”的连属关系。“本大于末”非其本义，所以说“氏”与“㐲”同一根源。“瓜”与“氏”为什么不同一语源，而可以通用呢？就甲骨文[illegible]或[illegible]的构造看来，确是“瓜”字。《诗经·豳风·东山》篇：“果蠃之实，亦施于宇！”正像[illegible]字，如屋下悬挂一“瓜瓞”之类。但是屋檐之下黏一蜗牛，也是这一形状。所以“蜗牛庐”可以作“瓜牛庐”，“果蠃”可以作“果蠃”，都是象其形状。照人类学者的目验，古代海疆民族都有“贝丘”。中国沿海各地虽然没有，可是《左传》庄公八年有“贝丘”(《史记·楚世家》作涀丘)，宣公十一年有“辰陵”，都是齐鲁间的地名。“辰”就是“蜄”，而“蜄”就是“果蠃”。上面已经提过。说“辰陵”，等于说“[illegible]陵”。而“丘陵”又是謰语。“辰、氏”，又是双声。古地名中在北方称“氏”的，南方都称“陵”。如“杜氏”就是“杜陵”。这里可以使人领悟到“[illegible]”字、“[illegible]”字，古代都是颚音。到了后来，辰、氏都变成舌音。“贝丘”就是乐安的“贝中聚”。(《括地志》说涀丘在临淄西北二十五里)“辰陵”就是“辰亭”，杜预说在颍川。但齐国又有地名“蠃”。以作者看来，都是“蜃丘”。其意义是很古的。所以殷代人既用“[illegible]”作氏，又用“[illegible]”作氏。这种通用，在经传中还有其他证据。《左传》宣公十五年：“晋侯赏桓子狄臣千室，亦赏士伯以瓜衍之县。”所谓“瓜衍之县”，也是“瓜丘”，或“瓜氏”之类。也可以名之曰“瓜州”。照这说来，昭公九年“允姓之奸居瓜州”，襄公十四年“昔秦人迫逐乃祖吾离于瓜州”的“瓜州”，都是“瓜衍之县”，不一定是敦煌的瓜州。恐怕敦煌的瓜州还是从“瓜衍之县”的“瓜州”递嬗而出的呢！古代的“小州”也称“沚”，也名“坻”。《关雎》篇说：“在河之洲。”《蒹葭》篇说“宛在水中坻”，“宛在水中沚”。《说文》就名“水中可居曰州”。古代北方多沼泽。《尔雅·释地》“鲁有大野，晋有大陆，秦有杨陓，宋有孟诸”，“燕有昭余祁，郑有圃田，周有焦护”，自然到处有“瓜州”。《左传》里有“九州之戎”，就是这“戎州”，或“瓜州”。所以人民皆“群萃而州处”。《国语·郑语》的“谢西九州”，也是这种州。因为是“州”，又可以“防水”。

我们才明白《墨子·兼爱中》篇“北为防原泒”，原是作“北为防原泜”。与从土的坻字相同。所谓“泒水”，就是“泜水”。泒水虽然在雁门，但是《史记·张耳传》“斩陈余泜水上”的“泜水”，出常山中邱县。如果定说“防原泒”是水，也可以说作常山的“泜水”。并且还有其他“泜水”。僖公三十三年：“晋阳处父侵蔡。楚子上救之。与晋师夹泜而军。”注家以鲁阳县的“泜水”当之。其实泒水、泜水，都是一些“瓜蔓水”。于是其中也有许多“瓜衍之县”。“氐”就是“氏”，加点是后起字。从“泒水”就是“泜水”一事上，也可以说明甲文氏、瓜同用为姓氏的“氏”，是确实有意义的。现在说到第三个问题了。“民”与“氏”为什么又是同一根源？金文“民”字大都作，作，作，作，作；而氏字作，作。古文字例：形与形相同。如丁字▼，也可作○。这样例子很多。“民”字与“氏”字，不仅意义上相同，在字形上也相同了。古玺中“民”字从母作“”，更加与“氏”字有关系。这样一个事实，就是说明“氏”字的古音，也是从“貊貉”一语根上出来的。有“民”字，及从“氏”的“祇”字，同用的“瓜”字作证。并且还是“嬴图腾”的文化系统。（古代的氏族约略可考的是召氏，也是二分的家族组织，《史记·夏本纪赞》斟戈氏、斟寻氏，就是《左传》殷氏六族中的长勺氏、尾勺氏。斟、勺，都是说。还有许多话再说。）

王符《潜夫论·志氏姓》，对于氏的派衍，说得比较切实。对于姓的派衍，没有什么发明。他说：“昔圣王观象于乾坤，考度于神明，探命历之去就，省群臣之德业，而赐姓命氏，因建功德。传称民之彻官百，王公之子弟千。世能听其官者，而物赐之姓，是谓百姓。姓有彻品十，于王谓之千品。”这是根据《楚语》立说。下文又说：“昔尧赐契姓子，赐弃姓姬，赐禹姓姒，氏曰有夏，伯夷姓姜，氏曰有吕。下及三代，官有世功，则有官族，邑亦如之。后世微末，因是以为姓，则不能改也。故或传本姓；或氏、号、邑、谥；或氏于国，或氏于爵，或氏于官，或氏于字，或氏于事，或氏于居，或氏于志。若五帝三王之世，所谓号也；文、武、昭、景、成、宣、戴、桓，所谓谥也；齐、鲁、吴、楚、秦、晋、燕、赵，所谓国也；王氏、侯氏、王孙、公孙，所谓爵也；司马、司徒、中行、下军，所谓官也；伯有、孟孙、子服、叔子，所谓字也；巫氏、匠氏、陶氏，所谓事也；东门、西门、南宫、东郭、北郭，所谓居也；三乌、五鹿、青牛、白马，所谓志也。凡厥姓氏，皆此之属，不可胜纪也。”这里面的话，大部分是从《左传》里归纳出来的。若照我们的研究，殷代以前的氏，于地缘中实兼有血缘关系。例如妌氏、姘氏，简直是以姓为氏。这在氏族社会中本是如此的。我们把姓算作血缘的关系，“氏”作地缘的关系，大约在殷周之际。东周以下的情形，就是王符的说法了。古代人于“姓”以外，又加以氏的区别，是因为远古是有氏族图腾作种姓制度的基础，到后来，图腾制逐渐颓败，又因为迁徙更繁，同姓族属散布更广，必定要加以区别，于是把古代表示图腾的“谥号”或“方物”，加在地缘的关系里。这种情形，大概在西周是很盛行的。所以古代的“氏”以国、以居、以事为主。还没有王符所说的那么多种类。后世的“郡望”，与“氏”的最初观念相似。其间演化的过程，很复杂的，王符这几句话，还不足以尽其意。作者现在专就“氏族名”变为“地名”的说其大概。古代人住在丘上，或州上。每一氏居一丘，或一州。所谓“一邱之貉”，就是如此说法。如同现在的某家村、某家庄、某家墩、某家集、某家聚、某家场之类。《左传》里还保存许多丘。例如：葵丘、咸丘、顷丘、渠丘、幽丘、谷丘、楚丘、犬丘、黍丘、揖丘、祝丘、廪丘、雍丘、英丘、平丘、贝丘、乘丘、犂丘、桐丘、牡丘、瓠丘、宗丘、鄟丘、戾丘、邢丘、清丘、壶丘、重丘、于余丘、句渎之丘。此外还有许多陵，也是古代的丘。至于说到氏的，更多了。就中有明白是地名的，也有在《左传》里名丘，而后世名氏的。例如：济阴郡乘氏，应劭云即《左传》“败宋师于乘丘”的“乘丘”，《博物志》也这样说。又如昭公二十六年：“师于尸氏。”《后志》河南郡有“尸乡”，注云：“即古之尸氏。”颍川郡有“雍氏城”，《史记·田敬仲完世家》：“楚围雍氏。”注云即《左传》襄公十八年之“雍梁”。而哀公九年有雍氏，又如《后志》济阴郡有“已氏”，《左传》文公十四年也有“已氏”，哀公十七年也有“已氏”。《释文》也是祀、纪二读。杜预说是姓。后来的“已氏”，实从“已姓”而出。在甲文，妃可作娰。《前志》东海郡有“司吾”，《后志》陈留郡有“已吾”，证明司姓就是已姓，后来都作氏了。这里保存了古代的许多实在情形。《左传》定公十五年：“郑罕达败宋师于老丘。”杜预说：“老丘，宋地。”这“老丘”，与“老氏”有关系。成公十七年：“至于高氏。”《后志》颍川郡有“高氏亭”。《左传》里屡说“次于某氏”“馆于某氏”的，大都是族名兼地名。如隐公十一年：“馆于寪氏。”宣公十五年：“次于辅氏。”这同甲骨、金文里“在某𩁹”，《左传》里“次于某師”的例子相似。可以证明上文所说𩁹、丘、氏性质相同的说法是对的。又有说“宿于某氏”“将如某氏”的。例如昭公二十六年："王宿褚氏。"定公九年："卫侯将如五氏。"定公十年："伐邯郸午于寒氏。"《后志》济北国有"寒亭"，就是古寒浞国。又哀公十五年："齐为卫故，伐晋冠氏。"杜预说："在阳平馆陶县。"更加有意味的，是哀公二十五年："初，卫人剪夏丁氏。"这件事，已经见于哀公十一年，说："卫人剪夏戊。"杜预说戊是人名。作者以为这与"赤狄甲氏""戎州己氏"的例子相同。"夏戊"，不一定是名。既有"丁氏"，就可能有"戊氏"。古代氏族以十干分隶的事实，在《左传》里还可以找到这些残遗痕迹。在《左传》以外，见于《前志》《后志》的：河东郡有猗氏、皮氏，太原郡有兹氏，上党郡有涅氏、泫氏、陭氏，河南郡有缑氏；《后志》洛阳有"褚氏聚"，有"曼聚"，就是古代的"褚氏""曼氏"。河东郡有端氏，弘农郡有卢氏，颍川郡有纶氏，《后志》作轮氏。《前志》南阳郡有平氏，钜鹿郡有象氏、杨氏，常山郡有元氏，安定郡有乌氏，代郡有班氏、狋氏。《后志》酒泉郡有表氏，辽东郡有沓氏，陈留郡有尉氏。在《史记》里，也有很多地名称氏的。如《秦本纪》昭襄王十一年："五国共攻秦，至盐氏。"徐广作"监氏"。《秦始皇本纪》："九年攻'衍氏'。"《索隐》说是"魏邑"。《吕氏春秋·首时》篇：魏有"茧氏"。综合起来看，这些称氏、称丘的地名，有些确是从古代传下的。有些，也是秦汉人仿制的。但是从保留这一风气上看来，可以见出古代氏族社会的大概情形。氏族社会是从殷周之际崩溃的。东周以后，虽有，也都隐而不现了。《左传》文公十六年："有蛇自泉宫出，入于国，如先君之数。"这是暗示鲁也是原于"已图腾"。事实上已经改姓易物了。例如"六鹢退飞过宋都"，也是暗示"鸟图腾"的没落。古代姓氏制度到了殷周之际，确有大变革。周人首当其冲而已。氏的派衍，以地缘作第一关键，血缘作第二关键，职业作第三关键。手头甲骨文、金文的书全无，但凭记忆所及的说了那么些。当续作更详细的探讨，留待以后再说吧！

第六章　宗族分枝

古代的“姓氏”，与古代的“宗族”图腾及“氏族”图腾，都有关系，上面已经说过。至于“宗族”分枝，又与“姓氏”及“图腾”两问题发生直接联系。中国人说“宗族”，普通总是按照春秋战国以后的“宗法社会”而言。这种“宗法”，当然是“宗族”，留在下章再说。本章所说的是从“氏族”到“宗族”的“部族”，或“种族”。“宗族”原于“氏族”，而“氏族”与“宗族”，都离不开“部族”或“种族”的圈子。中国种族之构成，当另文讨论。现在就文献上的材料，大概的说一说古代初民社会里的中国人，以及古代神话传说中所反映出来的民族问题。上文已提出“四世”与“四代”的名称，就是“伯、仲、叔、季”与“虞、夏、殷、周”。四世的说法是很古的，现在都把本义忘记掉了。四代的名称，很晚才有。若讨论其中先后，大约“虞、殷”二名起来比较早；“周、夏”二名起来比较晚。在甲骨文、金文里所谓康、唐、商三名中，康、唐就是后人所谓“夏”，商就是“殷”。夏代一名词，在历史上出现比周代还要晚。不仅比周晚，而且在西周以前，连“夏”字都没有。“夏”字的出现与“汉”字不相前后。《周颂》不是西周以前人的作品。《时迈》的肆于“时夏”，《思文》的陈常于“时夏”，与《左传》隐公十一年的“时来”语例相同。“时来”是对古代的“来羌”“来夷”而言。“时夏”是对古代的“康”“唐”两族而言。所以“唐”训大，“夏”也训大。《左传》里“汉、夏”两字通用，如“汉水”就是“夏水”。金文里说到“夏”的，是东周以后器。《诗经》的“汉广”，所指的是“夏水”。杨宽先生说，“夏国”就是“下国”。也是古书上常见的事。不过“夏”字还是象形字。“衣冠楚楚”，俨然“华夏之民”。所以《秦公毁》说“虩事蛮夏”。事实上，虞是三苗时代。夏是唐、商或唐、康时代。《左传》昭公元年所说的“虞有三苗；夏有观、扈；商有姺、邳；周有徐、奄”，在原意上是说四代都有敌对的异族。在殷周两代，确是如此。照上文所说，“观扈”与“夏桀”不见得是异族。虞与三苗是异族，也是晚周人的见解。照作者上文所说，及下文所证明的，“虞”不能说是“三苗”的异族。《战国策·魏策》《史记·吴起传》《说苑·贵德》篇都说到三苗的区域。《战国策》说：“昔者三苗之居：左彭蠡之波，右洞庭之水，文山在其南，衡山在其北。”这是作文章的人把地图看颠倒了所说出来的话。《史记》与《说苑》都作：“左洞庭，右彭蠡。”他们都觉得“文山在其南，衡山在其北”太不近情理了，于是便省掉了两句。不知道《魏策》的错误是有原因的。我们现在知道三苗的区域是“左洞庭，右彭蠡，文山在其北，衡山在其南”。这一带是古三苗的区域。这里所谓古，还是战国人眼睛里看出来的三苗区域。其中心人物仍旧是“虞舜”。《九歌》里的“湘君”“湘夫人”还不是说舜吗？照作者的说法，“苗族”就是“貊族”，北至代、中山，南至于闽、桂、粤，西北达陕、甘，西南至巴、蜀，东濒于海；而中心区域却在今山西、陕西，乃至于河南、河北以抵于辽宁。这就是历史上“昆吾作匋”的“昆吾”，本是“攻𠭯族”。适当于考古学上所谓“仰韶”文化。这是“自幕至于瞽瞍”的“虞”，也就是“虞有三苗”的“虞”。说到“夏”，就是“唐”。《国策》上说：“夫夏桀之国：左天门之阴，而右天谿之阳。卢罣在其北，伊洛在其南。”《史记》同《说苑》都作“夏桀之居：左河济，右太华，伊洛在其南，羊肠在其北”。在这里左右也应该换过来。这是说话的人标准不同，或据地图，或就实际说。可是《战国策》说三苗区域的话，在本文并不抵牾。《史记》把洞庭与彭蠡的位置一换，便与“左河济，右太华”冲突了。所以说标准不同。照理应该说：“夏桀之墟：右河济，而左太华，伊阙在其南，羊肠在其北。”正在黄河南北岸。这不是“夏墟”，是“羿”与“少康”活动的区域。与《左传》定公四年所谓“殷墟”却相合的。正是说：“自武父以南，及圃田之北竟，取于有阎之土，以供王职；取于相土之东都，以会王东蒐。”这一区域说是“殷墟”，还不如说是“康墟”。就是古代的“豕韦氏”，后来的“康侯国”，以及《史记·项羽本纪》所谓“洹水上殷墟”，周代卫康叔都曾经在这一代活动过。因为《左传》把“夏墟”北移了。杜预也说“大夏”，今太原晋阳。这本是古代“唐侯国”的活动地带。那末吴起为什么说是“夏桀之居”呢？大概就是根据《左传》僖公三十二年“殽有二陵焉，其南陵，夏后皋之墓也”这三句话，“殽”，就是“函谷”，所谓“有阎之土”正在这里。与“右河济，左太华，伊阙在其南，羊肠在其北”也相合。但是后来所传夏的故事，又有说在东方的。如“羽山”，在祝其县；“夏丘”，在下邳国；虞有空桐，有纶域。这是古少康邑，在梁国。于是“穹桑”也在东郡濮阳了。为什么这样纷然的散在各处呢？作者在上文已经说过：“有扈氏”“有鬲氏”“有穷氏”，本是在东方的。所以说“右河济”与“取于相土之东都”也相合的。这一范围确是“康谋易旅”的地方。战国时候的人所谓“夏墟”，就以《左传》的“夏后皋”，《天问》的“康谋易旅”作根据的。而上文所说三苗区域，又是与《九歌》相应，都不是偶然的。再来看《国策》所说的“殷墟”在哪里呢？吴起说：“殷纣之国，左孟门，而右章釜；前带河，后被山。”《史记》改作“左孟门，而右太行，常山在其北，大河经其南”。这一区域有“洹水上殷墟”，有“纣都朝歌”。臣瓒说：“洹水在今安阳县北，去朝歌殷都一百五十里。”《汲冢古文》说：“盘庚自奄迁于北冢，曰殷墟。南去邺三十里。”北冢当作北蒙。《正义》引作去邺四十里。总之，战国人的心中把虞、殷、夏的活动区域都说在比较南边一点。夏桀之居，照现在的话，是在洛阳左近；殷纣之都，是在安阳左近了；都是根据一部份事实立说。若照我们的考察，说康、虞两国中心区域可以兼黄河南岸及北岸。若说唐、虞或虞、夏，都应该在黄河北岸。这是指中世的情形立说的。“羽山”就是“虞山”，“羽泉”也就是“虞泉”，其地在河东大阳。《史记·秦本纪》：“昭襄王五十三年取吴城。”徐广说在大阳。《括地志》说：“虞城故城在陕州河北县东北五十里虞山之上，亦名吴山。周武王封弟虞仲于周之北，故夏墟吴城，即此城也。”《后志》河东大阳正有吴山，上有虞城。杜预说：“虞国也。”《帝王世纪》“舜嫔于虞，虞城是也，亦谓之吴城。”这里所谓“虞城”与上文所说的“姚墟”，又是相合的。那末“唐”在哪里呢？《左传》昭公十二年：“春，齐高偃纳北燕伯于唐。”经作“于阳”。杜预说：“唐，燕别邑。中山有唐县。”这是《后志》中山国的“唐”。但是太原郡的“晋阳”，也说本“唐国”，就是上文所说的“大夏”了，河东郡、太原郡，同在汾水流域。“夏墟”“虞墟”本是相近。所以《括地志》说：“虞仲封于夏墟。”段玉裁说：“《左传》有六名：曰大夏，曰太原，曰大卤，曰夏墟，曰晋阳，曰鄂，其实一也。”在秦汉之间的人，还知道方言之中有虞、夏之分，也称为吴、夏。《尔雅·急就章》：“羘、羖、羯、羠、羝、羭。”师古注曰“羘，吴羊之牝也；羝，吴羊之牡也；羭，夏羊之牝也；羖，夏羊之牡也。”郭璞注《尔雅》也说：“白者吴羊，黑者夏羊。”《尔雅·急就章》中保存许多古语。郭璞、颜师古的话是有所本的。说“吴、夏”才是羘、羖、羝、羭的本来区别。后来所谓“胡人”实从“吴人”一名而出。这“吴、夏”的分别，是在太原、河东一带。这里正是中世时“康人”“虞人”所活动的地方。照这样说来，伯世的“虞人”，或中世的“康人”，其活动的中心地点比较在北边一点。所以传说中总是说上古有两部族相争。而所争的地点，总在黄河以北。《天问》上说：“洪泉极深，何以填之？地方九则，何以坟之？应龙何画？河海何历？鲧何所营？禹何以成？康回凭怒堕，何故以东南倾？”这件事在《淮南子》里也有说到，可是说法不同。《原道训》：“昔共工之力，触不周之山，使地东南倾。与高辛争为帝，遂潜于渊，宗族残灭，继嗣绝祀。”但是《天文训》《兵略训》都说：“昔者共工与颛顼争为帝，怒而触不周之山。天柱折，地维绝。天倾西北，故日月星辰移焉；地不满东南，故水潦尘埃归焉。”高辛氏是“帝喾”，而“颛顼”是“高阳氏”。“共工”，王逸以为就是“康回”。康、虞本是同宗，所以同“昊回”被人认为是一神。其实“昊回”是“帝喾”。“共工”与“帝喾”争，就是“骀台”与“实沈”相争。“共工”与“颛顼”争，就是“实沈”与“阏伯”争。《汲冢琐语》正是说子产说：“昔者共工之卿浮游，败于颛顼，自沉于淮。”这“浮游”是象征“黾图腾”中的“蜉蝣”。都是暗示中世以来“已图腾”与“黾图腾”相争，而“黾图腾”与“鸟图腾”又是相争的事。“康回”与“昊回”的错乱，原因在此。自从有“康回”“昊回”之名，历史家才知道北方原有古代的“已图腾”，反而说南方新兴的“南汜”是“康回”，或“昊回”。于是“昊回”成了楚的祖先之一了。“不周之山”就是“不屠何”。《管子·小匡》篇就作“屠何”。“使地东南倾”，正是说古代人的活动区域在山西高原。那时候齐、鲁一带还是泽国，所以说“水潦尘涘归焉”。《天问》《山海经》《淮南子》中保存许多很古的见解。我们所以不惮烦的说这地域中心区，原是作为说明古部族分枝的张本。伯世的文化中心区在“山西”，中世的文化中心区在齐、鲁，后来才移入黄河南北岸。大概最初的文化，发生于恒山、太行山一带的丘陵与原隰之间。后来泰山一带的丘陵与原隰之间，也发生文化区域。又向北移。共工就是象征远古的“恐龙”。“共”字可作“龚”。《商颂·长发》篇：“受小共、大共，为下国骏厖。何天之龙？”又说：“受小球大球，为下国缀旒。何天之休？”这里的“共”与“球”，都是影射两种部族。“共”，是太行山盘地以内的伯世部族。“球”，是指东方各丘陵中的“来鱼”“来羌”“来夷”之属。现在《诗经》是先说“大球、小球”，后说“大共、小共”。若照《天问》《淮南子》，“共族”还在其前。《古文尚书》有《九共》篇，就是作者所说的初期貊族。“共工”一音，也是从“昆吾”而来的。但是作《诗经》的人只知道后来的“共国”。我们也先说后来的“共国”。最著名的是《左传》隐公元年：“大叔出奔共。”杜预说：“共国，今汲郡共县。”《水经注·漳水注》：“今河内北共山，淇水出焉。”又说：“共县，本共和之故国。”注家的说法很支离。据作者看，“洪水”，就是“降水”。《孟子》作洚水。“共水”就是“绛水”，后名“淇水”。《山海经·海内东经》：“济水出共山东南丘，绝钜鹿泽。”可见古代的“共国”就是晋国的“绛邑”，正是作者在上文所推求的区域。那末“球”呢，也是国族吗？当然是国族。不过应作“求”。就是《大戴记·帝系》的“莱言”，是为“云，郐人”。《世本》“莱言”作“求言”。金文求作[illegible]，甲文作[illegible]，与来字易误。并且作者在上文说过：“妹”是东方的故国，殷人称之为“妹邦”。这个字的古文有作“录”的，应该是“禄字的古文”。可是《说文》收在《鬼部》彪字下，或体作魅，古文作[illegible]，从彑、从求。这里的“彑”字，就是《说文》的“豕之头，象其锐而上见也”的“彑”。其实是“兽喙”。《诗经》说：“混夷駾矣！维其喙矣！”足见混夷的喙，是很特殊的表征。从彑，等于从口。小篆“逯”字从“录”。金文“𦋦”从“豖”。可见从“录”与从“豖”同义。从口，也是国族名的缘故。“莱言”“求言”的“言”字，得义在此。莱、录，双声。妹字又可作娕。“魑魅”，又是謰语。所以娕、魑之中都有妹、魅的声音。那末为什么“[illegible]”字就是魅字呢？这字籀文又作[illegible]，从[illegible]，从[illegible]。上形是胄，下形是尾。因为在“鬼方”，所以从鬼头。照这样说来，“会人”实在也是西北方的“来羌”。鬼方的名称，也是指戴胄的戎人，字作[illegible]。作[illegible]，也可以。因此，魅字的籀文作“[illegible]”。

又为字形、字音的分歧而有“莱言”“求言”的异说。“录”本是国族。甲文、金文原有作[illegible]，或作[illegible]的。甲文有录氏，及东录氏、北录氏。古器中有录伯戎鼎、录戎卣、录作乙公毁。“大求、小求”就是“大录、小录”。原是东方一个小部族而已。所以《诗经》说：“为下国缀旒。何天之休？”这“休”字，也可以从人、从禾作，指东方的人而言。“录戎”，恐怕是从“来羌”派衍而出的。这样，我们可以明白“大求、小求”是“莱”；“大取、小取”是“郲”。为什么呢？因为“郲”就是“郰”。（说详拙作《辩儒墨》）《说文·邑部》有“邾”字，《玉篇》说：“陈留有邾乡。”正是郲、邾相对，合于成语“诛求”一辞。而“会人”也称“驵侩”。（于邾、赂二字上也可以见其原委）这一部族虽原于东方，也是散处各地的。所以中原也有虢、郤二邑。仔细体会来，这两部族在东南方是“一求，一取”；在西北方的是“一共，一求”。东南的郲、邾等于西北的鬼、魅。东方的“录”就是北方的“巤”。“录”可以作“[illegible]”，“巤”也可以作“鬣”。于是《说文》为什么把[illegible]字作《鬼部》魅字的古文也可以明白了。（不必从段玉裁改字，如果说“[illegible]”是“尾省声”，还不如说从“尾”声。因“尸”字就是“[illegible]”字，“求”有“尾”义，如“摇尾乞怜”，就是“求”；“尾随”，就是“追求”。照段说，要删一“[illegible]”字。其实髟部的“[illegible]”字，也是籀文的繁文）作者在上文已经说过造舟的“貈人”，而狐貈、狐裘、狐貉，都可通用。（详见拙作《诗经中古史资料考释》）现在作者再说一个造舟的人。《说文》：“舟，船也。古者共鼓、货狄，刳木为舟，剡木为楫。”这比《易·系辞》还多出两个人名来。其实不是人名，也是部族名。“鼓”就是古代的“侸人”，或作“彭”。

古代的“共鼓”，就是后来的“货狄”。“彭族”是很古时部族，从伯世以来就有的，因此称“老彭”。在西北方的称“共鼓”，在东南方的称“夷鼓”。“共鼓”是很古代的“共”。“夷鼓”见《晋语》，说是“彤鱼氏”的甥。正合作者所说“来羌”“来夷”原于“来鱼”的说法。古代的“共鼓”：既是后来的“货狄”，所以狄族中有鼓氏。《左传》昭公十五年：“晋荀吴帅师伐鲜虞，围鼓。”后来以鼓子“鳶鞮”归。“鳶鞮”就是“狄鞮”，后来作“铜鞮”。白铜鞮就是白狄的对音字。照作者的研究，不止东南方、西北方有鼓氏。《左传》襄公二十九年有“鄮鼓父”。虽有其他的人名作例，但是可以知道“鄮”也有“鼓氏”。照作者的见解，不论传说或古文字中，到处暗示给我们东南有两部族之争，西北也有两部族之争，而东南与西北又是永远相争的。至于图腾层创、姓氏派衍、宗族分枝，三者原是一件事。因此影响到语言的构造与文化的积累。来牟、婡妹、魑魅，还是与貉貊同一语根而出。“壴”字可变为从彡，作“彭”。“鬼”字也可以从彡，作“彪”。而共、求两字又是与鼓、鬼两字同声类。唯“妹”字可作“姝”，而鼅鼄、朱蒙、颛蒙同一语根。这是东方的氏族神。所以“帝喾”与“颛顼”是相对的。“共工”与“颛顼”也是相对的。“共工”是远古以来失败部族的代表，所以“共水”称“降水”。作者的见解，与《水经注》正是相反。上面所说，是举一个例子，以便解释宗族分枝以前有一中心观念而已。周人比唐、商人或虞、殷人都不同。他们的活动区域，就是《左传》昭公九年詹桓伯所说的话：“我自夏以后稷，魏、骀、芮、岐、毕，吾西土也；及武王克商，蒲姑、商、奄，吾东土也；巴、濮、楚、邓，吾南土也；肃慎、燕、亳，吾北土也。吾何迩封之有？”这到是实实在在的周人活动区域。我们现在就要研究在这一区域活动的人，应该用如何方法去分别其部族渊源。

上文已经说过，作匋的“昆吾”，约当考古学上的仰韶期。所以《国语》说：“昆吾为夏伯矣！”这“昆吾”，就是“虞貊”的“貊”。《诗经·韩奕》篇所谓“其追其貊”，就是这种“貊”。也可以说就是“因时百蛮”的“蛮”。也有“蛮貊”连称的。不过据史料上所保留着的凭证，岂止貊、狸、貃、貉四个名称是说先期的“貊貉”，后期的“苗黎”，名称还是很多的。所谓三苗、九黎，也是说其种类之多。《周礼·秋官》有貉隶、蛮隶、闽隶、夷隶。《职方氏》有四夷、八蛮、七闽、九貉、五戎、六狄。《墨子·非攻中》篇有九夷。《节葬下》篇有八狄、七戎。古本《竹书纪年》有淮夷、畎夷、风夷、黄夷、方夷、白夷、赤夷、玄夷、阳夷、于夷、篮夷。岂止九夷？《左传》上有皁、隶。皁就是白，后人所谓“皂隶”，如同古之“貉隶”，都从“貊貉”一名而出。“蛮貊”的名称，在事实上最早。羌、狄较晚。戎、夷又较晚。夷字，小篆从大、从弓；叔字，从人、从弓。夷、叔两字都是叔世、季世人的称呼。古代没有“夷”，只有“貊”。北方有“蛮貊”，南方也有“蛮貊”。《诗经·鲁颂·閟宫》篇：“淮夷蛮貊。”《荀子·劝学篇》：“干越夷貉之子。”《墨子·兼爱中》篇的“蛮夷、丑貉”。有说南方的“貊貉”，有说北方的“丑貉”。“干”就是《禺邗王壶》的“禺邗”。这是指南方的“攻﨔族”。《山海经》《庄子》里所谓“禺彊”，是说北方的“禺干”。这些名词，越是晚出的，都有颚化的趋势。如“蛮”，可以作“越”，作“粤”，作“扬”，或作“扬越”。所以“越”的种类也是很多的，有闽越、瓯越、东越、南越、骆越、山越。后来的“越裳”，就是“扬越”的对音字。(中国古代的謰语都可以倒读。如今人说“角用”也作“用角”)“越”的种类很多，据《说文》：“闽，东越蛇种也。”大概也是“已图腾”。种落既多，所以“越裳”也散处各地。隋唐以后又有所谓“昆仑奴”，也是散布很广的。原本就从“貊貉”一语根而出。(从各的字有读格，有读落，可以作证)在秦汉间，“貊貉”也称“貙狸”，或称“貙貗”，或“貙膢”的。《尔雅·释兽》：“貙似狸。”《说文》作“貙貗似狸者”。左思《蜀都赋》：“鼯貙氓于葽草。”李注：“貙氓，貙人也。”《博物志》：“江汉有貙人。”这种人行的祀典，名“貙膢”。《礼仪志》：“貙刘之礼，祀先虞。”《逸周书·王会解》有“越沤”。足见“沤越”就是“瓯越”；“骆越”就是“貉越”。在西北方有与“貊貉”同类而异名的，有“豲、狟”两名。这些原始民族，原是从东方西迁的。照“邑有蛮夷曰道”的原则：狄道、氐道、羌道、予道、獂道、僰道，都是蛮夷出没的地方。“予道”就是“豫道”；“豲道”就是“獂道”。应劭说：“豲，戎邑。音桓。”因此我们知道，《淮南子·齐俗训》说：“狟狢得埵防弗去而缘。”高注：“狟，狟豚也。”从豸的“狟”，与从豕的“獂”，从犬的“狟”，本来是一字，都属人兽并称的“貉族”。《说文》：“貆，貉之类。”“貉，北方豸种。”“豸”，已经同人相近了。现代人类学家所谓“原人”，大概是“豲人”一名词上引申出来的。总之，貊、貉，貙、狸，豲、貆，都是古代的“原人”。这些标本，恐怕到现代也还有。如獞、獠、犵、狫、㺊、犽、狚都是。所谓“狆家”，是根据“中人”一名而来；“客家”，是根据“貉人”而出。虽不能说这两种人定是伯世、中世留下来的，可是这两个名称是有所本的。中国的“汉族”，都是逐渐地从貊、貉，貙、狸，貆、貊进化起来的。《史记》《汉书》都说“越人其君禹后”。于是会稽、上虞、余姚，同舜、禹发生了关系。苍梧、洞庭，与舜、禹也有关系。湘君、湘夫人，不必说了！就是假的岣嵝山碑，也託始于“禹”。照作者上文所说舜、禹的故事，应在大河以北。忽然为何又都落在南方的地土上呢？这还不是“貊族”南北都有的原因吗？于是余姚是姚姓。唐初武德年间在蜀南滇北置“姚州”，也因为州内的人都是姚姓。照这样说来，舜、禹真是实有其人了。作者以为，人是有的，不过不能作为特称的人。“舜”与“禹”，都是指一族类而言。至于舜、禹两部族，同貊、貉，貙、狸，貆、貊的关系如何，却是这里正要解决的问题。甲骨文中找不出“舜、禹”二字，仅有“夋”“兕”两个字。《汉书》说：“越是禹后。”《国语》说：“楚是舜后。”所谓：“芊姓夔越，不足命也。”可见“夔”也可称“夔越”。这同“瓯越”“扬越”相连起来的道理是一样的。《墨子·非攻》篇：“越王繄亏，出自有遽。”足见“夔越”可作“遽越”。在战国以后，长江以南，忽然间起来许多“舜、禹”的后裔。而真正“舜、禹”之族，却在大河南北岸活动好久了。这就是甲骨文中的“夋”与“兕”。现在先不说“夋”与“兕”，而说“夔”与“禹”。《说文》：“夔，神魖也。如龙，一足，从夊，象有角手人面之形。”《国语·鲁语》说：“木石之怪夔蝄蜽。”韦昭注：“或云：夔一足，越人谓之山缫。”“或作猱。富阳有之，人而猴身，能言。”这也可作“夔越不足命”的解释，“山缫”，《广韵》作“山魈”，声同。从字形上研究来：“鬼方”的“鬼”字从“巳”；“夔”字也从“巳”字。“鬼者，归也。”所以古书假“归”

为“夔”。《汉地志》“归子之国”，就是“夔子国”。从“已”，正合于江汉间的“南汜”族。“芉强大于南汜”，就是根据“芉性夔越”而来。所谓“山魈”，所谓“夔”，都是古代的“虢族”。扬雄《甘泉赋》：“捎夔魖而抶獝狂。”张衡《东京赋》：“残夔魖与罔象。”这“罔象”，《国语》本是说“水之怪、龙、罔象。而“蝄蜽”与“罔象”，原是同音的謰语。所谓“鱼龙蔓蜒”的“蔓蜒”，也可作“漫衍”。而“獝狂”与“矞皇”，也是对音。所指的都是“玄冥”，或“玄武”。足以证明“夔越”又属于已、匽、嬴一图腾系统。与作者上文所推论的正相符合。《山海经·大荒东经》：“黄帝生禺虢，禺虢生禺京。”郭注：“禺京”即“禺疆”。又《中山经》：“有兽，其状如貉。”郭璞说：“貉古字作貘。”《说文》：“钟鐻”的“虡”字，作“虡”，亦作“鐻”。《庄子·达生》篇说：“梓庆削木为鐻。鐻成，见者惊犹鬼神。”《管子·轻重丁》篇也有“鐻枝，兰鼓”。《史记·秦始皇本纪》：“收天下兵，聚之咸阳，销以为钟鐻金人十二，重各千石。”钟鐻金人，表示在钟上铸有鐻形。《后汉书·文苑传》载杜笃《论都赋》：“椎结左衽，鐻鍝之君。”《吕氏春秋·恃君览》：“缚娄、阳隅、驩兜之国多无君。”《泉屋清赏》中有一器足上正铸有鐻形金人。中央研究院在安阳发掘得石人一个，形状与钟上的“鐻”相似。这“鐻”或“鍝”，就是郭璞所说的“貘”。而“夔、貘”声同。“夔魖”就是“貘虢”。这才明白在古代，“貉”字之音，就在喉颚之间转化为“虢”为“貘”。那末“夔族”与“貉族”的关系也明白了。“禺虢”既然就是“禺彊”，“禺彊”又是“禺邗”的对音。这不是“夔族”与“禹族”，还是一个系统吗？张衡《西京赋》：“猛虡趪趪。”张揖

《上林赋注》作“虞兽”。照《管子》里的例子，《轻重甲》：“禺氏不朝，请以白璧为币乎？”《国蓄》篇：“玉起于禺氏。”尹知章说“禺音虞”。所以“禺氏”就是“虞氏”。可见“禺虢”，实在就是“虞虢”。“夔”之成为“虞舜”，原因是这样的。《山海经·西山经》：“有兽焉，其状如禺，而白耳，伏行，人定其名曰狌狌。”郭璞说：“禺似猕猴。”《大荒西经》“有人反臂”，名曰“天虞”。“天虞”就是“上虞”。如“天唐”就是“上唐”，“天阹”就是“上阹”。再从“有人反臂”一点去搜求，又得到许多相关的证据。《说文·厹部》有禺字，说：“周成王时州靡国献禺，人身，反踵，自笑，笑即唇掩其目。食人，北方谓之土蝼。”这是与《逸周书·王会解》所说大略相同。而《尔雅·释兽》作“狒狒如人，被发”。《说文》又说：“禺读若费。一名枭阳。”郭璞注《尔雅》作“枭羊”。“禺”既可读“费”，“枭羊”必定就是《国语》的“土之怪曰羵羊”，原来“夔”与禺都是指与“狒狒”“狌狌”相近的野蛮人，《山海经》里说到的更多。《南山经》：“有鸟焉，其状如枭。人面，四目，而有耳。其名曰颙。”《西山经》：“有兽焉，其状如禺，而长臂。善投，其名曰嚣。”《北山经》：“有鸟焉，其状如夸父。四翼，一目，犬尾，名曰嚣。其音如鹊。”《海内经》：“南方有赣巨人。长臂，黑身，有毛，反踵，见人笑，亦笑，唇蔽其面，因即逃也。”这里我们可以归纳起来。所谓“枭羊、嚣、枭”，就是“山魈”或“山缫”。所谓“禺、颙”，就是“禺虢”。都是“被发、反臂、反踵，笑即上掩其唇”。狒狒、狌狌、猩猩，是这“山魈”或“山虢”的别名。那末为什么都作鸟形或兽形呢？这是表示各部族的图腾。所以《山海经》里又说：“夔”是牛形。《大荒东经》："有兽如牛，苍身而无角，一足，出入水则必风雨。其光如日月，其声如雷，名曰夔。"所以《国语》说："青阳方雷氏之甥也。""方雷"就是"封豢"。如果读者还记得上文说"牪特"图腾的话，便知道"牛图腾"也是"夔族"。更可以证实"姜本支乎三趾"的话了。"枭"既然有名为"颙"的，而"夔貜"又与"禺貜"有关系，所以越祖禹，楚祖夔。而"夔"又可称"夔越"。足见夔、禹本是一族的分枝。换而言之，"工廒族"是"貊貉族"的分枝。"禺"与"禹"，本是一个字，上文已说过。古代从禺的字，也可以从禹。如齲、齵都是说齿病。《说文》"宇"字古文作"寓"。而寓、寓实又同义。《西山经》："有兽焉，其状如禺，而文臂，虎豹而善投，名举父。"亦作"夸父"。郭璞既说"禺似猕猴"。而这反臂的"夸父"又名"天虞"。张揖注《上林赋》"射游枭，櫟蜚遽"，说："枭是鸟。飞遽，天上神兽。""枭"，大约就是"枭羊"。"飞遽"，就是"天虞"。"夔越"既可作"遽越"，"虡兽"也可以作"虞兽"。这些都是《诗经》的"驺虞"，《左传》的"群驺"之类。可见"有遽"也作"有夔"，就是"有虞"。并且《大荒北经》说："夸父不量力，欲追日影，逮之于禺谷。入，将饮河，而不足也。将走大泽，未至，死于此。"郭璞说"禺谷"今作"虞谷"。与上面"虞氏"可作"禺氏"又是相合。又《海外北经》："夸父与日逐走，入日，渴欲得饮，饮于河渭，河渭不足，北饮大泽，道渴而死。弃其杖，化为邓林。"这一故事，也见于《淮南子·地形训》。而《天文训》上又说"日入于虞渊之汜，曙于蒙谷之浦，行九州七舍，有五亿万七千三百九里。禹以为朝昏昼夜。"而《太平御览》所引有作"隅泉"的。《尔雅·释兽》以狒狒、猩猩都入"寓"属。"寓"

就是“禺”。正同“蔿”可作“爲”，“禹”可作“寓”。而“宇宙”之“宇”，也就是禹城之“寓”。再说“夸父”一名如何讲法的呢。“夸父”在《老子》里作“教父”。正是说：“强梁者不得其死，吾将以为教父。”又说：“是谓盗夸。”《韩非子·解老》篇引作“盗竽”。其实“盗夸”“盗竽”就是“盗跖”。夸、竽、跖、蹠同在一韵部。河东大阳，本是舜、禹的活动中心区域。《后志》注引《皇览》说：“盗跖冢临河。”盗跖的故事，大都在南方。忽然出现一盗跖冢在大阳，正是“盗夸”，就是“夸父”；“夸父”就是“盗竽”，也就是“禺族”的明证。不止“禹”是族名，连“盗跖”都指部族而言。本来“禹族”也是“倮民”的优秀者。“倮入衣出”，不也是“禹”的故事吗？在这里，我们又提到《尔雅》说“玃父善顾”，本也是猩猩之类。从“猩猩”到“夸父”，是一进步；从“夸父”称“教父”，又是一进步。“夔族”是伯世的“虞族”。“禹族”是中世的“豫族”。又从“夸父”与日竞走一故事，同“羿”的射日一故事比较来，所暗示的还是同一件事。后人把“禹”同“羿”都作“夏人”，就是表示这种人才算是“华夏之民”。这一史实，许慎实在是知道的。他把夋、畟、夒、夔、忧、夏都归在一部。这不仅是偏旁关系。“华夏之民”，原是从夋、畟、夒、夔一路进化而来的。先就偏旁说：[illegible]头、[illegible]头、[illegible]头、[illegible]头、[illegible]头，意义虽然各有分别，所代表的对象都是头。页与首，所代表的是人头而已。夂所代表是人足，儿字也是代表人足。“禸”字原是禺、禹两字的下体，本是从[illegible]。小篆截取其半，作兽蹞，是代表兽足了。所以“[illegible]”字上从人头，下从兽足。这个字其实是“禼”字的繁文。而禹、[illegible]、禼、离，又是同部相次的。再来说“夋”字，小篆从允、从夊。畟字，从田、从儿、从夊。上字是形声，下字是会意。据我们看，两个都是象形字。“夋”可以作从、从儿、从夊。畟字就是“后稷”的“畟”。小篆也是从兒、从夊。与下一“夒”字从夊，兇声，原本是一个字。从允，就是“玁狁”的“允”；或“允姓之奸”的“允”，本是已羌。“兒”就是“鬼方”的“兒”。本可以不从“巳”。“夒”就是“九嵕山”的“夒”字。从兇，与从允、从兒义同。为什么说“夋”是象形字呢？这个字在甲文、金文里都有。金文，上面已经举出“无夋尊”作例了。在甲骨文里作，或作，也有作，作的。如第一形，正象猴子；第二形，同“为”字从爪、从象的意义相同；第三形，与“民”字的形态有一部份相近。《洪范》的“俊民用章”“俊民用微”，就是说这种“夋人”；《七月》的“田畯至喜”，以及“后稷”，都是说这种“夋人”。我们不是说“舜、禹”的活动的区域在北方吗？北方古代就有“夋人”。“九畟”“鬼方”“允姓之奸”，都是“俊人”之族属。并且太原郡有“葰人”县。最奇的，这个字读如“璅”，原是从“山缫”的“缫”音而来，从艸，与上举窩字可以从艸作“蔿”是一样的。这种“葰人”“蔿人”，原本是比“夔貜”稍为进步的“筚路蓝缕”以“辟草莱”的古民族而已。自古以来就是“夔”是一足。照第四例看来，确是一双脚。可是“冀方”的“冀”字，就有两双脚了。所以一足之说，是从文字上看来的。王先生已经说过：“帝舜”就是《山海经》的“帝俊”，就是一足的“夔”。渊源在这里。于是我们可以说：“夔族”就是“舜族”；“寓族”就是“禹族”了。“夔族”在北方、西方产生了兒、夒两个同义异形字。在南方呢？也有的。《说文》“夔”字之上有“夓”字。一训母猴。音如“玃”，奴刀切。本来从“首”与从“页”同义。《乐记》：“獶杂子女。”就是“獿杂子女”。郑玄说“獶”是“弥猴”。《诗经·角弓》：“毋教猱升木。”也是这“獿”字。《犬部》又有玃字（《说文》：犹，玃属；陇西谓犬子为猶），训母猴。引《尔雅》“玃父善顾”。今本作貜父。也是从犬、从豸，可通之例。尤其重要的，《左传》有“夒人”，见桓公九年，哀公十八年，在邓南鄾。《后志》南阳郡邓县有“鄾聚”，而“夔子国”在秭归县。足证夓、憂、夔也是一个字的分化，其实是原于一个部族的分化。从甲骨文、金文的“夋”字所支分出来的，有这许多部族，因而孳乳出这许多字。许慎都把它归在一部，是很值得注意的。现在可以说“兕”字了。甲骨文中除祭“高祖夔”以外，又在他处说“賓于兕”。又说“贞，弗賓于兕”。这个字，董作宾先生释作“离”。对极了！他的证据是《国语·鲁语上》所说的“殷人禘喾而祖契”，“祖契而郊冥”。《礼记·祭法》里也有说到“殷人禘喾而郊冥，祖契而宗汤”。契的地位，在殷代先公中的行辈是很高的。可是甲文里既说“賓于兕”，又说“弗賓于兕”，在作卜辞人的心目中，“兕”的地位还不能算是十分高。例如，上文说的“御归好于祖乙”，“勿御归娸于唐”之例。“兕”的地位究竟不能同“夋”比。照字形上说：“兕”就是“兕”。《说文》作“𤉡”，古文作“兕”。就是甲文的“兕”字。而兕、象双声。《国策·魏策》：“白冢疑象。”后世“舜”与“象”的传说，原本是从商代用“夋、兕”作祖宗而来。“兕”可作“冢”，就可以证明其是“象族”之祖，就是上面所说的“爲族”之祖。而“象族”“爲族”就是后来的“豫族”。所有“舒人”“徐人”都在其内。与“商人”本是近族。我们再从“牛图腾”里的族神去究讨其原委。《史记》说“苍冡”，《山海经》又作“夔”。足见“夔、兕”或“夋、象”，本是远古民族所共祖的两支。但是为什么又把“兕”变作“契”呢？《汉书·古今人表》的“卨”，就是“契”。“卨”也可作“禼”，“契”可以从豸作㹷。《尔雅》：“㹷貐类貙。”也可以从人作“偰”。帝舜即帝喾，也可从人作“俈”。《说文》本是说“禽、离、冡，头相似”。因此“兕”可作“冡”，又可作“卨”。而“契”不过是“卨”的同音字。《尔雅》又说：“狐、狸、貛、貉、丑，其足蹯。”“丑”就是“鬼方”的“兕”。换而言之，“鬼落”或“丑貉”的足，可作儿，也可作禸。这就是说在文字的构造上：“[illegible]头”“凹头”“[illegible]头”“[illegible]头”，可以通用；“儿足”“夂足”“禸足”，也可以通用。这就是《尔雅》《说文》所以特别提醒的本意。于是从史实上看来，也可以明白这几个名称的混乱现象是有原因的。前面已经举出《天问》曾经把“后稷播种”说作“禹播种”。《国语·周语下》又把“帅舜禹之功”说作“帅象禹之功”。到了汉朝，一般都是用“卨”代“契”。《子虚赋》：“禹不能名，卨不能计。”窦武疏也作“稷卨伊吕”。不仅“契”可作“卨”，“禹”还是可作“卨”。“禹”之作“卨”，如同“禺”之名“嚣”。《说文》正是把禹、禼、卨几个字同部相次。与夋、罗、㚇、戞、夓、夔的情形是一样的。而这类中最出现晚的是“冠带齐整”的[illegible]字。于是乎“夏、禹”就带在一起了。照实际情形说，“夋、兕”最先出现，后来才有“舜、禹”，再后有“夔、卨”，夔掌乐，契掌教，都是儒者有意把史实雅化了的原故。“契”之代“卨”，于声音之外，或许指用“契刻文字”而言。“夔”之掌乐或许是从古代乐舞而出。“帝夋”既然就是“帝喾”，正属“高辛氏”的系统。“卨”既然是“兕”，可作“颛项”的根源。“凹头”，正象“颛顼”，所以也称“颛民”。“青阳”是“方雷氏”之甥。“方雷”又是“封蘩”的对音。而“颛顼”称“高阳氏”。在文字上，传说上，到处都发现中国远古以来，总是有两部族相争。直到“晋齐争盟”“秦楚争盟”还是没有完。

“夒”与“冢”都在卜辞中有很高的或比较高的地位，这在历史上是很古了。我们把他们算在伯世的时期以内。看卜辞中可以“賓[illegible]”，又可以“弗賓[illegible]”，这两部族即使纷争，不见一定很厉害。到了中世，情形便大不相同。《易经·既济卦》九三爻辞：“高宗伐鬼方，三年克之，小人勿用。”照上文看来，鬼方是早期到西北方的“夒族”，也就是早期在西北方的“貊貉族”。《吕氏春秋·古乐》篇说：“殷人服象，为虐于东夷。”象、为、舒、徐，都是殷人的近族。在“中世”以下，殷人是可以代表“豫族”的，而“鬼方”是代表“猶族”的。“高宗伐鬼方”，实在是“中世”以后“猶族”同“豫族”大斗争的一件史实。在甲文里，“猶”字从犬、从酉，作[illegible]。《续编》卷三页十三片四：“乙丑卜，王贞，余伐猶。”又卷五页二十九片八：“征猶。”都是说“余族”伐“猶族”的事。“余族”“舒族”，都在“豫族”之内。豫古作舒。郑玄注《易》说“豫，喜豫悦乐之貌也。借为舒字。《洪范》豫恒燠若，即舒恒燠若”，是一个很好的例子。“豫”本南方民族，不宜于冬日。“猶”本北方强悍者，常相侵扰。所以《老子》说：“豫兮！若冬涉川；猶兮！若畏四邻。”古代人对于这两族，常分别不清。或许周人厌恶这种人，如殷人厌恶“东人”一样。所以“踟蹰”“犹豫”，都是疑不能定的意思。《离骚》说：“心犹豫兮狐疑。”而“犹豫”也可作“夷犹”。如《九歌》：“君不行兮夷犹。”夷是“东夷”，也是指“豫族。”殷、东人都不免“踟蹰”；鬼方人也不免“犹豫”“徘徊”。所以《诗经·鼓钟》篇说：“淑人君子，其德不回。”又说：“淑人君子，其德不犹。”“康回”“吴回”这两个名称都不是好的。而“康”与“虞”，都是“猶族”，“殷”与“东”，都是“豫族”。“徘徊”者就是“俳优”，“踟蹰”者就是“侏儒”。《礼记·乐记》正是说：“及优、侏、儒、獶杂子女。”因此知道“夔”之作“归”，也是这一原故。《荀子·尧问篇》“中虺”作“中蘬”。《史记·殷本纪》作“中𦉪”。《索隐》云：音如垒。又《楚公钟》铭云：“楚公自作吴靁鈘。”丁山先生以为吴靁即吴回。甚是！吴回楚祖，归于国近楚。古器有[illegible]作宝尊彝甗。以字形观之，亦嬴图腾部族。“豫族”就是“象族”，或作“巂族”。“猶族”就是“康族”。“巂族”的情形，上文已有说到。现在要把“猶族”大略说一说。“猶族”是以“作酒”得名，如同“豫族”以“服象”得名。《吕氏春秋·仲冬纪》《礼记·月令》，都有“大酋”。高诱说：“大酋，主酒官也。”原文正是说：“乃命大酋，秫稻必齐，麹蘖必时，湛饎必洁，水泉必香，陶器必良，火齐必得，兼用六物，大酋监之，无有差忒。”《墨子·天志下》篇也有“春酋”。古器中的“丑图腾”，就是制酒形。《说文》引《史篇》说：“燕召公名丑。”因为“召”与“丑”，都是作酒的形状。甲骨文中就有“召”字，作[illegible]，作[illegible]，象两手握勺，向酉中取酒的形状。金文作[illegible]，下部有垫子，其上有[illegible]，可以作“[illegible]”字，也就是国族名的[illegible]字。与晋、鲁、曹、台、曾、会的例子相同。（闻张政烺先生有《史篇燕召公名醜解》[①]，不知

① 按：张政烺先生文为《〈说文〉燕召公〈史篇〉名醜解》，参《文史丛考》，中华书局2012年版。

与鄙说相同否？）《战国策·魏策》说："仪狄作酒而美。进之禹，禹饮而甘之。遂疏仪狄，绝旨酒。"上文说"货狄作舟"，这里又说"仪狄作酒"。"狄人"就是"猶人"，这种人不止会造舟、作酒，并且还会造车。所谓"輶轩"，就是"轺轩"。（说详拙作《诗经中古史资料考释》）所以"鬼方"的文化是相当高，才敢与大邦相抗。"猶"，六朝以后俗书作"犹"。《淮南子·道应训》："赵襄子攻翟而胜之。取尤人、终人。"《左传》昭公元年："晋中行穆子败无终及群狄于大原。"杜预说"无终是山戎"。"终人"，与"无终"是相对的。"尤人"正就是"猶人"。古从"狄"字也可从"易"。《尚书·牧誓》："逖矣西土之人。""逖"字也作"逷"。又如"逖听"的"逖"，也可以作"逷"。《天问》："昏微遵迹，有狄不宁。"这"有狄"就是"有易"，《尚书》中有好几个"猷告"，唐兰先生以为就是卜辞中的"猷告"。"猷告"，其实就是《左传》的"枚筮"，《伪大禹谟》的"枚卜"。这也是很对的。这件事与狄人造酒还是有关系。"猷告"其实就是"繇告"。《易经》的卦爻辞，本是"易旅"中人的作品。易兴于中古，正是中世的文化之最大的表征。《天问》说："简狄在台喾何宜？"照例"简狄"也可作"简易"。《系辞》又正是说："易简而天下之理得。"这样归纳起来，"狄族"就是"猶族"，"猶族"就是史传中的"有易"，经典中的"鬼方"。"鬼方"的文化是相当高的。所以《国语·楚语上》引史老告诉楚灵王说："余左执鬼中，右执殇宫。"这"鬼中"就是鬼方的史籍。史籍也名"史乘"，为什么称"史乘"呢？《说文》"乘"字从入、桀，作椉。古文作𠅞。这"桀"字，就是《诗经》"昆吾夏桀"的"桀"；《孟子》所谓"大桀、小桀"的"桀"。"乘"本是"桀籍"。

《说文》以“桀”字是从木，而舛在木上。其实是从木、从北。与冀、燕二字从北相同。木是代表东方人，如宋之从木。“大桀、小桀”本是从东方迁来的“徂旅”，或“易旅”。“羿”就是这一族的代表。《孟子》的“大桀、小桀”，就是我们所说的“大侄、小侄”。（古代部族有以大小宗分的：有大貉、小貉，大戎、小戎，大东、小东，大聊、小聊，大良、小良，大解、小解，大共、小共，大求、小求。并渊源于古代耦婚制）晋的史册名“乘”，而晋字正从臸，就是“二至”。《左传》里说晋献公娶于戎人，“大戎狐姬生重耳，小戎子生夷吾”。而晋文公又娶于“媿姓”。晋文化，实在是继承“鬼方”的文化。“鬼方”的文化，实在就是“康国”与“唐国”的文化；或“康国”与“虞国”的文化。“召国”也是“猶族”，同是以造酒著名。墨子说“昭后”，《天问》也说“昭后”，而夏也正是称“夏后氏”。所以从鬼方、康、唐一直到晋，都是后人所谓“有夏”的文化。《诗经》的“大雅、小雅”，就是“大夏、小夏”。《荀子·儒效篇》：“居楚而楚，居越而越，居夏而夏。”在《荣辱篇》却作：“越人安越，楚人安楚，君子安雅。”《左传》齐大夫“子雅”，《韩非子·外储说右》篇作“子夏”。古书上雅、夏相通。今人所编《殷文存》，其中有许多是“夏文化”的遗物。这话要说起来太长了。先说这“猶族”后来为什么同“夏文化”脱节？在《尚书·无逸》篇说：“无若殷王受之迷乱酗于酒德哉！”《酒诰》篇说：“庶群自酒，腥闻在上。故天降丧于殷”。都是说殷人以酒亡国。但是《盂鼎铭》却说“殷边侯甸，率肆于酒”。正合于《酒诰》“毋彝酒”一句话。用造酒形作彝的，以“鬼方”作中心。而造酒的又是“仪狄”。在殷周之际，必定有许多国家亡于酒的。《荡》之诗说“如蜩，如螗，如沸，如羹，小大近丧，人尚乎由行。内奰于中国，覃及鬼方”。“鬼方”原是始作俑者，当然也在亡国之列。从此以后，“猶族”便不振了。在西周初年，还有“唐、魏”两国。春秋时候有“鲜虞”。自从晋继承了“唐”的文化之后，“猶族”变作戎、狄。一般人都不重视这一族了。《左传》僖公四年晋献公欲以骊姬为夫人，卜之，不吉。其繇曰：“专之渝，攘公之羭。一薰一莸，十年尚有臭。”这是多么轻侮啊！照“薞、蔿、蕮”几个字的例子，从艸与不从艸相同。薰、莸，实在暗指獯、猶，或獯、狟。（就是獯育，或薰育的对音）薰、鲜同声。獯族是鲜虞，狟族是赤狄。《左传》里如狐偃、狐毛，也是“猶族”的遗民，还能保留这一族的才性。这一族散布仍是很广。颍川郡有“狐人乡”，临淮郡有“厹犹县”。这“厹犹”，不在北方，就是《小雅·鼓钟》的“鼛”。《荡》之诗是说北方“猶族”如何亡国。《鼓钟》一诗是说“猶族”如何回到南方来。“鼓钟将将，淮水汤汤，忧心且伤！淑人君子，怀允不忘”。“怀允”就是怀“允羌”，不止北方有允羌，原是从东方去的。所谓“沇州”，本是“允羌”的老巢。所以说“怀允不忘”。第二章说：“鼓钟喈喈，淮水湝湝，忧心且悲！淑人君子，其德不回。”这是告诉他们不要反复。第三章说：“鼓钟伐鼛，淮有三洲，忧心且妯！淑人君子，其德不犹。”这是说为什么伐“鼛”的缘故。第四章说：“鼓钟钦钦，鼓瑟鼓琴，笙磬同音；以雅以南，以龠不僭。”这是说不论在南、在北，都要“德音不忘”的意思。“厹犹”本可作“咎由”。而“忧心且妯”的“妯”，“人尚乎由行”的“由”，都是说“伷人”。“咎”可以从鼓，作“鼛”。这与“共鼓、夷鼓”还是同族。北方本有国名“仇猶”。

这是“猶族”之遗民。《史记·樗里子传》“智伯之伐仇猶”，《战国策·西周策》作“智伯欲伐厹由”，《韩非子·说林下》作“智伯将伐仇由”，《吕氏春秋·权勋》篇作“中山之国有㕦繇者”。足证北方有“厹犹”，南方也有“厹犹”。北方有“豫族”，南方也有“豫族”，这才令人“犹豫”难决呢！“猶族”是“鬼方”，“豫族”是“徐方”，这是大家都知道的。但是古史上还有“班方”同“序方”，也是代表猶、豫两族所居之地。今本《竹书纪年》有“彭伯、韦伯，入班方”一条。《潜夫论·志氏姓》篇引《崧高》“于邑于谢”，作“于邑于序”，可见“谢方”，原是作“序方”。寓字可以从宀作“寓”，也可以广作“庽”。所以“序方”实在是“豫方”，或“徐方”的别名。《国语·周语中》：“国有班事，县有序民。”这“班”，就是“班方”之“班”。“序”就是“序方”之“序”。“班”也可作“颁”。《孟子》说：“颁白者不负戴于道路，黎民不饥不寒。”“黎民”就是“序民”。“颁白”就是《荀子·王制篇》的“乘白”。《管子·乘马》篇有“白徒”。“乘马”就是“班马”。《易经·屯卦》上六爻辞“乘马班如”，《贲卦》六四爻辞“白马翰如”，都可以作“乘马”就是“班马”，“颁白”就是“乘白”的证据。“班方”实在是指“冀方”而言。“颁白者”是说古代的“貊人”或“伯人”。“颁”字从分，“冀”字从“北”，正是所谓“分北三苗”。《左传》哀公六年引《夏书》曰：“惟彼陶唐，率彼天常，有此冀方。”也是说唐人居于“冀方”。班方、冀方、鬼方，是伯世以来就是“貊貉族”或“夔族”活动的区域。序方、豫方、徐方，是中世以来“苗黎族”或“禹族”活动的区域。在冀方有康、虞，唐、虞，鬼方、孟方、獯族、狟族的分枝。在豫方呢？有人方、徐方、殷、东，徐、奄，熊、盈的分枝。若照《左传》里的说法，周人是属于“戎族”，就是“冀方”的系统。殷人是属于“夷族”，就是“豫方”的系统。禹族也是散处各方的。在豫方的禹族是“象氏”，在冀方的禹族是“盂氏”。“易旅”就是“鬼方”，“徂旅”就是“土方”。每一族都可以二分。

古代人称“方”，等于称“国”。《尚书·多方》篇：“猷告尔四国，多方。”《诗经·江汉》篇既说“经营四方”，又说“洽此四国”。在古器里“东夷”“南夷”与“东国”“南国”一样看待。在《诗经》里有“东国”“南国”“北国”，没有“西国”。这是周人自居于“西国”之列。在卜辞里有“羌方”“豕方”“土方”“盂方”“鬼方”“人方”，都是在西方，或西北方与东北方，如“人方”，就是东北夷，后来所谓“孤竹君”“目夷氏”，都属于“人方”。“豕方”就是铜器上的“左豕”。“羌方”是指“西羌”，周人都在“羌方”的区域之内。“鬼方”以晋阳以南作中心。“盂方”与“鬼方”相近。照文字构造看来，“盂”字从于、从皿，与“盬”字从氏、从皿，“盩”字从敎、从皿，盬字从雔、从皿，盄字从召、从皿，齍字从齐、从皿，葐字从莽、从皿，盝字从录、从皿的例子相同。“盂方”实在就是“禹方”。《诗经·韩奕》说：“奕奕梁山，维禹甸之。”在河东大阳、左冯翊夏阳之间，都算是“禹方”。“土方”就是《招魂》里所谓“土伯九约”的“土伯”，如“鬼方”之称“鬼侯”。徐广说邺县有“鬼侯城”，就是《周本纪》的“九侯”。而“鄂侯”也名“邘侯”，徐广也说在野王县。但是太原郡有“盂”。《左传》里说“晋侯”为“鄂侯”，见隐公六年。古器有噩侯御方鼎。足见古代宗族总是移动的，不过大体上有一活动中心。在古器里有所谓“蛮方”，如《虢季子盘》的“用征䜌方”。这就是《梁伯戈》的“鬼方䜌”，以及《韩奕》的“因时百蛮”。照此看来，凡是韩氏、梁氏所活动的区域，同“鬼”很接近，就是虢氏，也同“䜌方”很接近。而“鬼方”“䜌方”与“鬼方䜌”的意义相同。梁、韩、虢三国的区域在河东大阳与左冯翊夏阳之间。《吕氏春秋·精谕》篇的“聊、阮、梁、蛮氏”也在这带。都是普通的史实。那末“鬼方”的区域也可以明白了。甲骨文中几个重要的“方”都在西北，而“鬼方”实在是其中的最重要者。古代的“方国”，一到史传里，都变作“有什么”“有什么”。例如：“有扈”“有鬲”“有穷”“有缗”“有仍”“有易”“有逢”“有庳”“有鼻”“有莘”“有侁”“有阎”“有娀”“有邰”“有夏”“有吕”“有虞”之类。这许多“有什么”与那些“什么方”，也应该有相合的。“鬼方”就是“有易”，在上文已经说过了。现在进一步的说明。“易”本是从“匽”字而出。“匽”就是“蝘蜓”，也可以用作“偃蹇”之“偃”。《九歌·东皇太一》：“灵偃蹇兮姣服。”王逸注：“偃蹇，舞貌。”《说文》㫃字注云：“旌旗之游，㫃蹇之貌，读若偃。”可见“旌旗之游”，是取象于“蝘蜓”，说其会飞扬的意思。金文中有“⿸㫃昜”字，从㫃、从昜，字作□。从㫃、从昜，与从㫃、从旦相同。古文字的“昜”字作□，作□，作□；而早字作□，作□；旦字作□，作□。在形义上说来，与“日月为易”之意义相合。在声音上说来，“旦”之与“昜”也是颚化的关系。《驫羌钟》的“□宗”，就是“□宗”。匽族、易族、昜族，原是一个系统。“匽侯”就是“燕侯”。《韩奕》篇说：“溥彼韩城，燕师所完。”这样说来，“⿸㫃昜宗”实在就是“韩宗”。㫃、⿸㫃旦、⿸㫃昜、韩，是从一个语根上出来的。“韩国”，是古代“殷八师、扬六师”所合组而成的国族。“殷”可以作“鄣”。《吕氏春秋·慎势》篇：“汤其无鄣，武其无岐。”足见“韦”可以代“殷”，“軑”可以代“扬”。“韩”，是这两“部族”所组成的“国族”。“扬六师”，在洛、郑之间的有“偃师”，也作“匽师”。其近旁有“鄤聚”，古“鄤氏”，今名“蛮中”。而“梁县”有“阳人聚”，都在《后志》河南郡。在许、郑之间有“郾城”，又有“阳城”，都在颍川郡。《左传》里有“上阳”“下阳”，都是虢邑。“上阳”在弘农郡陕县，“下阳”在河东郡大阳。所以“易旅”或“有易”，同“鬼方䜌”有关系。而“阳人”“偃人”，原都是古代的“扬六师”。其活动区域正在山、陕，豫、陕之间。《晋语七》有“韩宗”，实在就是《驫羌钟》的“阳宗”。“韩”与“晋”有关系；而“晋”，又是合“二侄”而成的宗族。《商颂·长发》篇：“韦顾既伐，昆吾夏桀。”“韦”就是殷、鄣之“韦”，也是古代的“豕韦”之“韦”。“封豕”就是指“象”，“长蛇”就是“巳”。“殷八师”，原是从“象族”而来。“扬六师”，原是从“巳族”而变为“匽族”。所以“殷、扬”就是“韦、易”。古代的“卫墟”在濮阳。徐广又说郏县有“九侯城”，野王有“邘侯城”。这样说来，“盂方”正是“象族”或“韦族”。其在河东者，是“旬梁山”的“禹族”了。而“九侯”就是“鬼侯”，也就是“易族”或“易旅”。“殷”与“鬼方”的关系，原来是如此密切的。“鬼方”原当作“九方”。称“鬼方”，是因造酒图腾出现以后的事。“禹”字从“[illegible]”、从[illegible]。禺字作[illegible]，从[illegible]、从[illegible]。小篆截取其体之下，作“[illegible]”，从九、从厶，就是楷书的“厹”字。照古文字，“九”都象勾形。如[illegible]，如[illegible]。甲文也是作[illegible]，作[illegible]。

都是鱼叉、鱼勾之类。乁，就是“鼍鱼”之类的两栖动物。古文“余”字作𠆤，作𠆤。就是“俞”字所从的亼。从舟筩，加副，献亼，就是“㚸”字。这“亼”，正是古文“禹”字的上体。《逸周书·王会解》有“扬州禺”，又有“俞人”。因此知虞人、禺人、俞人，并是工歔之族。这样，可以明白了。“九方”就是“勾方”，“盂方”就是“亼方”。“鄂疾”可以作“邗疾”，作“鼍疾”。而“勾方”“亼方”，正是永远相连着的。“九侯”在邺，“邗疾”在野王。这一带，古代都是薮泽。“勾方”与“余方”的分离，就是迁“实沈”于“大夏”，迁“阏伯”于“商丘”的故事所从出。所以后来的“鬼方”都在北边了。而《左传》有所谓“九县”。这“九县”，实即“九州”，上文早已说到，原是“勾州”或“勾方”。这一番话，溯源很远，本是用以说明古代的传说神话都有事实作根据的。“勾、余”的关系，在东南方也是一样的。《管子·小问》篇“吴与干战”。《左传》哀公九年：“吴城邗沟通江淮。”这“吴”“干”，就是古器上的“禺邗”。“干”与“勾”相对，“禺”同“禹”相等。原都是“攻歔”一语根上分开来的。《禺邗王壶》说到“黄池”，与“九侯”“邗侯”的地域相近。可见晚周的时候，河内、魏郡、东郡一带还有“禺邗族”。而“昆吾之虚”也正在“濮阳”。在西北方的，就是“虞”与“扬”两族。《诗经·周颂·丝衣》篇的“不吴、不敖”，《鲁颂·闷宫》的“不吴、不扬”，都可以作“不虞、不骜”，或“不虞、不阳”。“吴”与“虞”，是一个字，本不必详说。“吴”可以代“虞”，也可以代“禺”。“虞墟”，就是“夏墟”。在古文字中，有一字象四止之中有一口的，这是最古的“卫”字。而“韦”字，也是上下二止，居中有一口。这口，就是“方”，也可以说是国字的外口。“四卒成卫曰伯。”四止在外，正是有人保护的意思。“虞”也有防护的意义，所以没有防“卫”，称“不虞”。“虞、扬”的关系，实在就是“韦、扬”或“殷、扬”的关系。古代的“康国”，就是“九方”“邘方”，或“殷族”“扬族”的区域。古代“虞国”，就是“韦族”“阳族”的关系。韩侯之国正是“虞墟”或“夏墟”的所在区域。那末“不虞、不扬”为什么可以称“不虞、不敖”呢？就是“遨扬”或“遨游”，古代是一謰语。古代的人，凡是敖者，必定被放逐。其字从放、从出；金文从攴、从[illegible]，作[illegible]。其实“攴”已有放意。“象敖”，所以金文也有“敫”字。“鬼方”，也是被逐的，所以也从攴作“[illegible]”；“桀”是指“羿”，也称“桀骜”。这些“迫逐”者，可称“出敖”。也作“屈骜”。“易旅”本是被迫逐的部族，所以有“偪阳”的名称。《左传》说“秦人迫逐乃祖吾离于瓜州”，也是这种事件。这些“出敖”或“屈骜”的部族，不一定真是作恶。《庄子·人间世》篇：“昔者尧攻丛枝、胥敖。禹攻有扈。”《吕氏春秋·召类》作：“禹攻曹、魏、屈骜、有扈。”这两处所说的是一件事，都是从“启攻有扈”这件事上演变出来的。“屈骜”，就是“胥敖”。“丛枝”，《吕氏春秋·怀宠》篇作“丛社，大祠”。殷人“祭祖”就是“祭社”。后世所谓“祖道”，也是“祭社”。甲文“祖”作[illegible]，作[illegible]；而“土”字作[illegible]。在字形上看来，也是同字。《墨子·明鬼下》篇：“燕之有祖，当齐之社稷。”枝、社声近。“胥敖”，等于说“庶敖”。“丛社”“胥敖”都是说其多。《尚书·酒诰》的“庶伯”，就是多方的“胥伯”。我们既经知道“敖扬”是一謰语，说“庶敖”，等于说“群扬”或“群羌”。既经知道“丛社”就是“丛祖”，说“丛社”，等于说“群祖”或“群狄”。“群扬”就是“易旅”；“群祖”，就是“徂旅”；也是“殷八师”“扬六师”之类。“易旅”“徂旅”在东方的时候，或许有氏族组织。自从“阻穷西征”以后，恐怕早就是家族组织了。《吕氏春秋·恃君览》说：“缚娄、阳禺、驩兜之国多无君。”“缚娄”是“牟娄”的对音，也是二东的国族，适当召类的“曹”。“阳禺”就是“虞扬”，适当于“从社，庶敖”。“驩兜”就是“鹳鹑”，适当于“有扈氏”。因为“有扈氏”原是由“观、扈”两族合组而成的。《诗经》作“韦顾”,《郑语》作“苏顾”，王符引作“籍扈”。以作者考究，“扈”就是“韦”。如“扈从”就是“卫”。观、顾双声。《吕氏春秋·任地》篇作“藿夷”。上面所说的，都是两部族合组的国族。剩下的，就是“魏”了，也是两部族合组的国族。小篆魏字从委，嵬声。“委”就是“秃姓舟人”。“嵬”正是“山鬼”，指“鬼方”而言。这个“魏”，大约是《淮南子·地形训》的“上魏”。我们不要看轻“禹攻曹、魏、屈骜、有扈”一条。在这一条里，隐藏着古代一件大事，就是“氏族组织”与“家族组织”的冲突。这一件事的结果，是主张“家族组织”的一方面被放逐。“羿”是被放逐的一面。“启”是胜利的一面。因为“启”是“禹族”，所以有人把这一件事也算在“禹”的账上去。所谓“康谋易旅”，原就是这一件事。“有扈氏”的“韦、顾”最早，“从社，庶敖”次之，“曹、魏”又次之。在这种冲突中，也有“家族组织”胜利的。最重要，当然是“姬姜”。其次，便是“韩”。古代的钟铭里常用“中諻虘篪”一语表示声音的和畅。“旟”就是“轨”字从“言”，与“莱言”“求言”相同，都是国族名。“虘”也可作“觑,”指“徂旅”。“篪”就是“易旅”。从古以来，“徂旅”与“易旅”，总是在一起的。“羿”是“易旅”，也称“阻穷”。“韩”是周初“戲、旟”二族之合组成功的。可是立国不久。

“敖”字金文为什么从“”？这就是《臣辰盉铭》后的“”字。还有好几件器刻有“”形或“”形的。这个字就是甲文、金文的“先”字所从出。金文“先”字有从止、从人，作，作；甲文作，作。也有不从止作的。如《扬毁》的，《殷虚书契·前编》卷二页二十八作“”。《后编》卷下页二十六作。就作“”的一例看来，实在是字所繁衍而出。使中间一“●”变为长横，就得了。现在就要研究：“先”字为什么有两种写法？一从止，一不从止。在形体上说来，大约是各部族的写法不同。如上文所举的“彝”字就有好多种写法，各不相同。据《招魂》的话：“豺狼纵目，往来侁侁。”这“往来”二字，是说“先”字从止的事实。“纵目”二字，是说“”字之作。这是“省”字的简式。如《盂鼎》的“省”字，作“”；《聃毁》作“”；《辛鼎》作“”。尤其有味的，是“省”可作“生”字、“眚”字用。《尧典》的“眚灾肆赦”，就是“省灾肆赦”。《洪范》“王省惟岁”，《史记·宋世家》作“王眚惟岁”。《曶鼎》《豆闭毁》的“既生霸”，都作“既省霸”。字形如“”。这才明白，“先生”原是一謰语。“先”字有“生”音，“生”字也有“先”音。作“”的，读“先”；作“”、作“”的，读“生”。我们再从“见”字上去研究，也是相合的。甲文“见”字作，与金文作的相同。但是《前编》卷四页八作，《羌伯毁》作。这简直不仅是“纵目”，并且就是人头。所以“生口”“生白”一些名称都从这里而来的。《大明》篇说文王娶于“有莘”，而《诗》上说：“大邦有子，伣天之妹。”“妹”

字的解释上文已经说过。《酒诰》里的“妹邦”“妹土”，原是“殷人”对“东人”而言的。伊尹生于“有侁”，是殷人、东人相关的事件。《大明》篇也是说：“自彼殷商，来嫁于周。”大任、大姒，都与东方的部族有关系。所谓“俔天之妹”，实在就是“侁天之妹”。“俔人”就是“侁人”。“俔”与“侁”的关系是从“先”与“省”的关系而来的。《羌伯段》有“眉敖”，也是古代部族名。“眉敖”与“眉扬”相同。《庄子》影射作“迷阳”。此外如“遨游”“翱翔”“游扬”，都是一个语根。《诗经·载驱》篇：“汶水汤汤，行人彭彭；鲁道有荡，齐子敖翔。”又说：“汶水滔滔，行人儦儦；鲁道有荡，齐子游敖。”《荡》一首诗是说“易旅”的事。“荡”就是“扬”。鲁国有了“易族”，于是齐国也受影响了。因此“齐子”也被放逐了。这些“行人”，就是“往来侁侁”的“[illegible]人”。经典上作“俔”，史传上作“侁”。今本《竹书纪年·河亶甲》五年：“侁人入于班方。韦伯、彭伯，伐班方。侁人来宾。”这一条，必定有所本的。这种人本是豕韦、大彭的同族。韦昭也说：“豕韦，彭姓之别。”所以《诗》说“行人彭彭”，与易族、韦族的关系又是相合。《诗经·角弓》篇：“雨雪瀌瀌，见晛曰消。”《韩诗》作“曣晛聿消”。《荀子·非相篇》用《鲁诗》说作“宴然聿消”。“宴”与“匽”相同。从宀，与从匚义近。《韩诗》作“曣”，就是“匽”之作“燕”的关系。《角弓》本是咏“有莘”族的事。（见拙作《诗经中古史资料考释》）“行人彭彭”与“行人儦儦”，与《招魂》的“往来侁侁”，也是说一样的事。“有侁”就是“有俔”。而“匽图腾”原就是“易图腾”。巳、匽、嬴，是一个系统，不过“易图腾”与“鸟图腾”是冲突的，上文已经说过。《淮南子·齐俗训》：“辟若伣之见风，无须臾之间定矣。”“风”就是“凤鸟”。正合《庄子》“风怜目”一说。高诱注：“伣，候风者。世所谓五两。”许慎作“綄”，也说是候风者，“楚人谓之五两”。“一生能著几两屐”的本义，原是出于“往来侁侁”的“侁人”。这种人因为被迫逐而“仆仆道途”，所以也名“徂旅”。照此说来，“鬼方”“盂方”，“九方”“邘方”，“韦人”“彭人”，“侁人”“伣人”，“易旅”“徂旅”，“有易”“有莘”，“般八师”“扬六师”都是一个种族。因为时代与移徙的关系，分别这么多的名称。就在这里，可以附带的说明“氏”的派衍了。再说洛、郑，许、郑之间既然有“易族”，必定也有“敖族”了。《后志》河南郡荥阳有“敖亭”。《左传》宣公十二年：“晋师在敖、鄗之间。”《史记·殷本纪》：“帝仲丁迁于隞。”都是一个地方。《索隐》说：“隞亦作嚣。亦音敖。”因此我们明白了，“遨扬”还是从“嚣羊”一语根而出。这种族，仍旧是舜、禹的同族。并且“相羊”“逍遥”都有“遨游”“翱翔”的意思。古史上的“夏后相”，殷代先公中的“相土”，都是说这“嚣羊”族。古文“省”“相”通用，“见”“嚣”声近。这些“侁人”，或“伣人”，原从“嚣羊”族进化起来的。现在再需要提一提“土方”就是“徂旅”了。王逸注《招魂》“土伯九约”一句说：“土伯执卫门户，其身九屈，有角觺觺触害人也。”到是与“[illegible]”字、“申”字的形象有点相合。“[illegible]”，就是《散盘》的“[illegible]”。旁二点，表示读两音，就是“[illegible]”有“眉敖”二音。这“[illegible]”，正是“[illegible]”的繁文。与“豺狼纵目”，同“有角觺觺”都相合。“[illegible]”本可以不从“攴”。这“[illegible]”字，与“[illegible]”字，是同字。从攴，表示被迫逐的意思。例如敫即象、魃即鬼、鬳即盧、䖒即虘的原则。敖、鄗之间，就是“土方”，也可以说是“相土”之方。其地正在中原，所以阴阳五行家称中央为“后土”。但是“徂旅”也有在北方，所以“土方”可以在北。如“阻穷”就是“冥穷”。本来古代黄河流域多沼泽。在魏郡、东郡、陈留郡之间有“黄池”。一般人居于“瓜衍之县”，或“瓜州”。唯洛、郑以南，有一大片土地，这就是“土方”。正夹在“相土之东都”及“有阎之土”的中间。所谓“豫州”，以这里作中心。再望西南，便是“序方”；往东南，便是“徐方”了。

“有易”与“佚人”的关系说过了。那末“有阎”又是如何呢？据作者的研究，“有阎”就是“有仍”。杜预说：“有阎，卫所受朝宿邑也。盖近京畿。”这同“函皇父”的地位，也是相合的。《左传》昭公二十八年：“昔有仍氏生女黰黑，而甚美，光可以鉴，名曰玄妻。乐正后夔娶之，生伯封，实有豕心。贪惏无餍，忿纇无期，谓之封豕。有穷后羿灭之，夔是以不祀。”与《天问》“眩妻爰谋”的“眩妻”，《诗经》的“艳妻”同指一族。照《天问》是指浞之妻，《十月》诗是说周代的事。都是“夔族”，或在“有仍”，或在“有阎”。其次，“有仍”就是“有缗”。《左传》哀公元年：“昔有过浇，杀斟灌以伐斟鄩，灭夏后相。后缗方娠，逃出自窦，归于有仍，生少康焉。”杜预也说“后缗”是“有仍氏”女。再看昭公四年：“夏桀为仍之会，有缗叛之；商纣为黎之蒐，东夷叛之。”在十一年又作“桀克有缗，以丧其国；纣克东夷，而陨其身”。“有仍”就是“有缗”，在《左传》本身便可以得到证据。《天问》说：“昏微遵迹，有狄不宁。”从这两句话里把有仍、有缗、有易、有狄的关系都看明白了，原本是一族的异名。“昏”就是“有缗”，“微”就是“眉敖”。经典眉、微通用。《左传》庄公二十八年：“筑郿。”

《公》《穀》二传作“筑微”。卜辞中的“上甲”,《国语·鲁语》作“上甲微”。而卜辞“甲”字作“⊞”。这才明白“⊞”是古代氏族社会中的“一甲”。每甲，十族。《管子·侈靡》篇作“十禺”，都在一方域之中。这种“甲族”，就是古代的“侁人”，也可以称之为“眉人”。就是“[illegible]”与“[illegible]”两字。《竹书纪年》的“侁人入班方”，与《天问》的“昏微遵迹”，是说一件事。“昏”字从氏、从[illegible]，也是国族的称呼。“昏微”，实在就是“先民有言曰”的“先民”。“班方”就是“有狄”，上文已经说过了。《鲁语》说：“上甲微能率契者也。商人报焉。”足证在伯世的时候，中国还没有氏族组织。“上甲微”，是开始创造这种制度的代表部族。这种氏族或胞族，原本是按着十干组织成功的。每十族是一甲，所以卜辞“甲”字作“十”，而“十”字作“丨”，表示是一组。到了金文的时代，才从“丨”变为“十”。“甲”有“先甲”“后甲”。“庚”也有“先庚”“后庚”。远古的家族制（这是罗维氏所说的家族）改为氏族制时，必定是经过几度困难与失败。先甲、先庚，都是失败的。“先甲”，就是相传殷史中的“太甲”；“先庚”，就是相传夏史中的“太康”。《易经·蛊卦》辞：“蛊，元亨，先甲三日，后甲三日。”《巽卦》九五爻辞：“无初有终。先庚三日，后庚三日。”人类的体力，“七日一来复”，往往影响到许多事情。从“甲”到“庚”，正是七日。所以“七”是不祥之数。“蛊”有“惑”义。《左传》释作“皿虫为蛊”。“巽”有“顺”义，象征风，就是“鸟图腾”的“凤”。“先甲三日，后甲三日”，与“先庚三日，后庚三日”，都是每一周的中间。这就是“执中”之训所从出。《易经》六爻中“二”与“五”都是居中。所以说“同功而异位”。“康谋易旅”，就是

《易经·晋卦》"康侯用锡马蕃庶"这件事。"锡"非动词，是名词，就是"易旅"之"易"。这件事之所以成功，也是"昼日三接"。正合于"先甲三日，后甲三日"，"先庚三日，后庚三日"的原则。先甲三日，是"辛"。后甲三日，是"丁"。先庚三日，是"丁"。后庚三日，是"后甲"。"后甲"是指"上甲微"。"庚"是指"成汤"，"成汤"，即"成唐"。唐字从庚，从口。"丁"就是"武丁"，古器里也称为"康祖丁"。"辛"呢？也是成功者，留在下文说。前面不是说过"有仍"的"仍"，金文作蕻吗？而"虞"与"羿"的史事并见《左传》。虞、羿的关系，就是虞、姚的关系。这比较是后起的说法了。我们再来说"有逢"是否与上面这系统有关系。照字音上说，"有逢"就是"有彭"，"彭"就是"共鼓"。所以《閟宫》篇说："为下国骏厖。"《孟子》说："逢蒙学射于羿。"也可以暗示到一点"有逢"与"有易"的关系。逢蒙、厖蒙，是一声之转。"关龙逢"的"龙逢"，实在就是"厖逢"。《国语·郑语》："彭姓：豕韦，诸稽。"《大戴记·帝系》篇陆终第三子："籛，是为彭祖。"《括地志》："彭城，古彭祖国。"古书中所谓"大彭"，如同说"天彭"。本是说东方的"彭"。《左传》昭公二十年引晏子的话："昔爽鸠氏始居于此地，季萴因之，有逢伯陵因之，蒲姑氏因之，而后大工因之。"这"有逢"也在东方。《意林》引尹文子有"彭蒙曰：雉兔在野，众皆逐之，分未定也"。而《天问》正说："彭铿斟雉，帝何响？"苍雉、丹雉，都是"鸟图腾"的部族。逢蒙学射于羿。"羿"反"鸟图腾"，自然有"彭铿斟雉"的说法。远古的"彭"，族类支分很多。魏石经以杀作蔡。而蔡又有"上蔡"，就是"上龙"。其地在《前志》汝南郡。"下蔡"在沛郡，与彭城都相去不远。照这样说来，“有逢”应该同东方的“有扈”“有鬲”并论。上文已经说到平原鬲县有“古有穷后羿国”。杜预也说“有鬲在平原鬲县”。昭公元年：“夏有观扈。”杜预说：“观，在顿丘卫县；扈在始平鄠县。”又文公七年：“公会诸侯晋大夫盟于扈。”杜预说：“扈，郑地。荥阳卷县西北有扈亭。”这还不是东方的“扈”。照杜预说“观”在顿丘，属东郡。而“白马”有“韦乡”，相传是“古豕韦国”。恰恰二地相近，正合于“观、扈”就是“韦、顾”。也是两族相连在一起的，都在东方。又《左传》昭公元年“莒”有邑名“大厖”。所以“大彭”“大厖”“有逢”都在东方，原于“伯世”的“有扈氏”。从声音上说来，“观、扈”或“韦、顾”，仍旧是“攻敔”或“昆吾”的音变。与“攻敔”之变为“沤越”或“越沤”同理。“攻䲣族”就是“貊貉族”。所以从貊貉一音演变的，又有“牟娄”。《左传》昭公五年：“莒牟夷以牟娄及防兹，来奔。”这也是从“中世”留下来的名称。古地名中正是有“中牟”“中庐”。又从“牟娄”一语所衍分的，就是“邾娄”与“侏儒”了。周代人称“侏儒”，就是殷代人所称的“齐、曹”，都是二东族。在殷代时，原是以“姝媸”作姓的。在殷代以前名为“观、扈”，或“韦、顾”；从“鸟图腾”出现以后，东方的古代式家族，到处还有存在者。其中也有受氏族组织影响的，就是“桑扈”，于是有所谓“家巷”了。《诗经》的“巷伯”，就是“家行”之“伯”。《离骚》的“五子用失乎家巷”，就是“扈子用失乎家行”。这种风气，从“中世”以后，也有传到北方去的。所以晋也有“十家九县”，见昭公五年。古代的氏族组织，原本是“十族”，但是“殷八师”“扬六师”，以及“殷民六族”“殷民七族”，都没有整数了。恐怕已经不是古制。惟有“怀姓九宗”在北方，与“十家九县”之制还是相合。所以赤狄也有“甲氏”。但是从“观、扈”及“齐、曹”两名词的意义上去看殷、扬二族，那末远古式的家族制，还有多少成分保存在氏族制度之内了。这是周代的耦婚制所以能够成功的原因。

从周人的眼里看东方各部族，又当如何？这在上文已约略说到一点了。就是《周公段》的“州人、秉人、庸人”，适当于《诗经》的“邶、鄘、卫”。邶国是州人，卫是东人，鄘是庸人。庸字，器中作“𩫖”，就是《郭伯封段》的“郭”。郭音之读为墉，也是颚化的关系。并且“郭墉”一语，还是源于“观扈”。周人是把“东人”“庸人”都算作“殷人”，把“州人”算作“北人”。照我们看，“北人”是前期“观、扈”二族分裂出来的“东人”。这是中世时候的事，所以也称“中人”。“北人”为什么也称“州人”呢？这是前面已经说到的“召后”，就是住在“昭余祁”一带的“州人”。这种人的北迁，也是与“有穷后羿”北迁的情形相同。“有穷后羿”原是“匽图腾”，所以“北人”就是后来的“燕”。“南燕”是“匽”，“北燕”也是“匽”。“北燕”原是古代的“召后”，所以有“燕召公”之称。《春秋》昭公十二年：“齐高偃帅师纳北燕伯于阳。”《左传》作“唐”。可见“北燕”也是“易族”。所以“北人”与“东人”相对，而东人之中最早的分“观、扈”，后来分“殷、东”，分“庸、卫”，分“齐、曹”，分“郲娄”或“牟娄”。再来看北人之中，也有分族没有呢？也是有的。《国语·晋语九》：“新稚穆子伐狄，胜左人、中人。”《左传》昭公十三年：“晋荀吴自著雍以上军侵鲜虞，及中人。驱冲竞，大获而归。”《后志》中山国“唐”，有中人亭，左人乡。《列子·说符》篇：“赵襄子使新穉穆子攻翟，胜之。取左人、中人。”都是说狄人中有两部族：一名“中人”，一名“左人”。卜辞中的“人方”，大约是指冀、燕一带的东北夷。这种人到东北方是很早的。所以《吕氏春秋·慎大览》作“老人、中人”。可见“左人”就是“老人”。现在关外还有“老人山”。这“老人”，就是“伯世”的时代已经在东北方的。所以也称“伯人”，《汉志》赵国有“易阳”，有“柏人”。这“易阳”，就是“中人”；“柏人”，适当于“左人”。这两部族在东北方各地也都是相并出现。但是《淮南子·道应训》作“尤人、终人”。这是就后世的名称而说。“尤人”就是“猶人”，上文已经提到。“终人”，就是“无终”，也作“无棣”。《左传》僖公四年管仲说齐国的四境：“东至于海，西至于河，南至于穆陵，北至于无棣。”杜预说：“无棣”在辽东孤竹。正合上文所说“人方”就是“孤竹”君“目夷氏”一说。并且“左人”就是“左豸”。《说文》序：“四曰佐书，即秦隶书也。”“左”就是“佐书”“左衽”“佐隶”之“左”。《周礼》有“貉隶”，都是从“左豸”“终人”“隶人”一个根源上而出。“孤竹”同“句注”是对音。“人方”的北边正是“豸方”。所以赵国有“柏人”，中山有“左人”，太原有“葰人”。“葰”就是“俊”，原就是“夋人”。夋、左双声。而且“夋人”“左人”，就是《左传》的“子人氏”。其他如“子家氏”“子旅氏”“子氏”，屡见于《左传》。成公十八年又有“伯子同氏”。称“子”等于称“孟”。孟字从子、从皿，与盂字从于、从皿，盬字从氏、从皿的例子相同，都是从[illegible]。其实就是“舟筥”的“舟”字，是古代各方国贡方物时所用的字。“子”字甲骨文作[illegible]，作[illegible]；金文作[illegible]，作[illegible]；《说文》古文作[illegible]，籀文作[illegible]；《宗周钟》作[illegible]；都是象“人”。

并且有从北的，与燕、冀两字从北的意义相同。东方的部族，由“伯世”到北方的，称“子人”或“伯人”，也名“老人”或“左人”。“中世”北迁的，才名“中人”或“终人”。这古文“子”字，实从金文“[illegible]”字而出。远古的海疆民族颈项上都挂两串贝，左右分垂。后来到北方了，挂了两串裘尾。这是“子”字从二幺的原因。这种人原本是古代的“北䜌”。从虫的蛮字，还是后起的形声字。《虢季子盘》《梁伯戈》《晋邦盦》，都有“䜌”字，都不从虫，正是指这种北䜌。钜鹿郡有“南䜌”，也是这种“䜌”。这个字有蛮、娈二音，也是从“貊貉”一语根而出。[illegible]从二幺，䜌字也从二幺。但是照字形看，䜌字从言，子字并不从言。子字所从的是长鬣者的鬣。《左传》昭公七年：“楚子享公于新台，使长鬣者相。”十七年：“使长鬣者三人，潜伏于舟侧。”字皆作“鬣”。《说文·人部》作“儠”。这些壮儠者，就是“[illegible]人”，也可以说是“长狄”，汉人所谓“长水胡”。也可以说是“武侄恃力”的“侄人”。晋字古币作[illegible]，与甲文作[illegible]者如同一字。而晋、子又是双声。这可以说直溯“戎、狄”的最早根源了。所谓“䜌”，也是这种人。就字形看，是从言、从𢆶。照作者研究，不是从言，是从辛、从凵、从二幺。“子人”是早期的“䜌”。那时东方还没有氏族组织。作“䜌”字的时候，才明白“北䜌”是“有扈氏”中的“辛族”。所以易州出土的三勾兵称：“祖日辛，父日辛，兄日辛。”因为是“辛族”，因此祖、父、兄同日祭。从辛、从凵，是最古的“啻族”。从凵，也是表示国族名。因此更明白所谓“求言”“莱言”者，也是这种“䜌”。二幺，就是“裘尾”。“来鸠氏”可以作“爽鸠氏”。《散盘》“爽”作“[illegible]”，又称“爽䜌”。而召公又名“奭”。甲文有[illegible]字，或作[illegible]，作𠬞，都是祭祖、妣时用的字。其根源都是那个“负贝”人形字。《诗经》所谓“赫赫师尹，民具尔瞻”，“赫赫宗周，褒姒灭之”，都是形容其大。“求言”就是“䜌”字。“莱言”是“爽䜌”。“䜌”之作“䜌，”与“康”之作“康”，“禹”之作“寓”，“爲”之作“爲”，都是表示有居室的部族。召、匽，都是古代“辛族”一系统。“昆吾”与“羿”，都是“甲族”一系统。《左传》昭公十八年“昆吾稔之日”，就是“桀亡之日”。原是如此的意思。在甲日生，在乙日亡。“乙日”是“鸟图腾”的日，所以玄鸟称“乙”。大概古代相传有此一说。燕之所以得到姬姓，也是因为周、召同属于“辛族”的原故。《郊特牲》：“郊之用辛也，周之始郊，日以至。”因为周代的远祖是“高圉、亚圉”，并见《左传》《国语》《史记》。照《左传》昭公七年“天有十日，人有十等”的说法，“牧、圉”都是适当于“辛族”。《诗经·公刘》篇：“度其夕阳，豳居允荒。”《桑柔》篇：“哀恫中国，具赘卒荒。”《召旻》篇作“居圉卒荒”。《采薇》篇：“玁狁孔棘。”《桑柔》篇说：“孔棘我圉。”归纳起来，“允荒”，就是“允姓奸”的“允羌”。说“允荒”，等于说“羌方”。这些“允羌”就是古代的“圉卒”，所以也作“赘卒荒”。赘字从敖、从贝，本是说那些带贝的“眉敖”，原属于“已羌”一族。羌、辛声同。辛、幸二字，照小篆，都是从辛。但是甲文、金文辛、辛是一个字；而幸字作𡴘，作𡴘，是从辛字的繁文。汉代的“执金吾”，就执这行东西。所以圉字就是圄字。《说文》：“圉：囹圄，所以拘罪人。”其实是“牧圉”或“圉人”的本字。周人祖“高圉”，表示原也是东方的“辛族”。“甲族”有成功者，是“上甲微”。“庚族”有成功者，是“成汤”。“辛族”也有成功者，是“高圉、亚圉”。照样推求来，“辛族”是古代的奴隶。逃亡到西北方的也有，放逐到西北方的也有。《左传》昭公七年：“纣为天下逋逃主，萃渊薮。”所以名“受辛”。北方的“子人”，是“伯世”时代到达这高原地带。这种人用“鼬鼠”作图腾，后来改作“犬图腾”。所以十二支中子属鼠。而《管子》有“鞟章”“狼章”。《吕氏春秋·达郁》篇：“周鼎著鼠，令马履之。”这就是说“鼠图腾”与“马图腾”的冲突，后来才改为“犬图腾”。《尔雅·释兽》有“鼬鼠”，郭璞说：“似貂。”《说文》：“鼤鼠出胡地，皮可作裘。”又有“鼨鼠”，“豹文鼠也”。“鞟貂”或“鞟鼬”，都是“貂鼠”。“终人”及“无终”，同“鼨鼠”，都是这一图腾。《左传》定公四年有地名“皋鼬”，《史记·秦本纪》有人名“皋狼”。虽不在北方，可以因此明白“鞟”或“鼬”，仍旧是“厹由”“咎繇”“皋陶”“仇犹”的对音字。这些“长鬣者”的“子人氏”，原本是很早到北方的“貊狢族”。所以最早用“貂鼠”作图腾。照《说文》貂、貂实在是一个字。“鞟”字不能作“韬”字解，实在是“鞟鼠”或“鞟狼”之“鞟”。正合于“长鬣者”是“鼠图腾”，后来的“长狄”或“厹犹”是“犬图腾”的说法。《左传》有“东山皋落氏”。这“皋落”，也是“皋狼”或“貊狢”的对音。这样说来，北方的“辛族”是“中人”，也说对了。那末周人的兴起，也是从“中世”开始的。《甘誓》的“有扈氏”，汉代学者都说在右扶风。鄠有“甘亭”，“鄜”有“郃亭”。这当然又是一套的“观、扈”，与荥阳卷的“扈亭”不同。但是甘、观双声。户、扈、鄠，固然是一字。甘、观还是一语。例如“高圉”“亚圉”，以及“孔棘我圉”“居圉卒荒”的“圉”，当然是“西圉”。而《左传》昭公二十二年："单氏伐东圉。"就是洛阳的"圉乡"，与"卷"的"扈城亭"正在一郡。可见周人本来也是从东方迁来的"观、扈"。其实史家所谓"观、扈"，就是"攻敌"，原本是"已羌"与"来羌"，也可以名之为"圉卒"。作诗的人说"自彼殷商，来嫁于周"的"大任"是东方人。这是溯其原始说。又如"有莘氏"的"大姒"，虽称"伣天之妹"；但仔细的研究来，"有莘"与"有侁"，还是有相当分别的。"莘"是表示"筚路蓝缕"的"辛族"，所以从艸。与"爲"字从艸作"蔿"，"俊"字从艸作"葰"，是一个例子。《仪礼·士相见礼》所谓："在野，则曰草茅之臣；庶人，则曰刺草之臣。""观、扈"，是"甘、扈"的对音，也是"昆吾"的对音。"昆吾"就是"有鬲氏"，本来也在东方。可是西方仍旧有"鬲氏"。《麦尊》有"鬲侯"，《散盘》有"焚从鬲"。此外还有鬲攸从鼎、鬲从盨、鬲叔兴父盨。"鬲氏"就是"咼氏"，前面已经说过。《说文》"娲"字，籀文作"嫋"，甲文作"舛"。《韩非子·和氏》篇的"和氏之璧"，《淮南子·览冥训》也作"和氏之璧"。可是《说山训》作"咼氏之璧，夏后之璜"。《缪称训》说："虞公见垂棘之璧，而不知虢祸之及已也。"《管子·揆度》篇："北用禺氏之玉。"楚人说作"和氏"。秦、晋说"虞氏"作"咼氏"，也名之为"垂棘"。这"垂棘"就是"鬲"字旁的"屮"字。可见"虞人"，就是"有鬲氏"，也就是"昆吾氏"，都属于西方的"辛族"，原本也是那些作牧圉的"羌人"。《盂鼎》："鬲千又五十夫。"《大诰》："民献有十夫，予翼。"都是指这些"鬲氏"或"圉人"，不过有贵贱之别而已。从上面所说的许多方面看来，殷、周两族的渊源是相同的。不过因移徙的关系，分为不同的部族。而这些部族的组织，除掉殷人的氏族组织，与周人的宗族组织绝对不同外，其根源还是在远古的“家族制”。缪勒利尔的《家族论》里说：“古代罗马家庭中所有的份子，都是家长的奴隶。宗教、法律、道德，都这样加以认可。家庭这个字的原始意义，比现在更广泛，更有意义得多。它的本质不是亲属，或共同祖先，而是建立在权力与财产上的奴役与主权的关系。”这种情形，与中国的“家”字正相合，从宀，豖声。形声兼会意。（旧友薛声震先生以豖字当读[illegible]音，很对！豖，[illegible]，是方俗字的不同）据说：南洋群岛上的土人，还是如此，人都是住在竹屋的上层，下层养猪，及其他家畜。正如唐诗人张籍所吟咏的：“瘴水蛮中入洞流，人家多住竹棚头。青山海上无城郭，惟见松牌记象州。”原来古代的“緜人”，也是一样的情形。而唐代的南徼还有象州。照经传上的证据，东南方人与西北方人的来往，有两条路线。第一条比较早，是伯世人与中世人的来往途径。就是由太行山脉出井陉口的方向。《诗经·信南山》篇：“信彼南山，维禹甸之；畇畇原隰，曾孙田之；我彊我理，南东其亩。”这是说古代的阡陌，都是往南东走向，以便利戎车。这情形，是就地势设计的。当“禹族”开垦梁山、南山的时候就是如此。《左传》成公二年宾媚人致赂于晋，晋人不可。必使齐之封内尽东其亩。宾媚人说：“先王疆理天下，物土之宜，而布其利。故《诗》曰：我疆我理，南东其亩。今吾子疆理诸侯，而曰尽东其亩，而已！唯吾子戎车是利，无顾土宜，其无乃非先王之命也？”这是表明齐、晋在交通政策上的执争，是按照着古代的交通方法而来的。第二条路径比较稍晚。周人东侵，固然是出“函谷”，向伊、洛那么征服殷人。但是他们与南人的来往，都是沿汉水下来的。《崧高》篇说：“申伯信迈，王饯于郿；申伯还南，谢于诚归。”申伯还南到“谢方”，不是出“函谷”。从“王饯于郿”一句上，可以明白是循着汉水南下的。所以后来楚国的“方城”，就筑在“谢方”。僖公四年屈完说：“楚国方城以为城，汉水以为池，虽众无所用之。”这原是对付秦人而设的。后来楚失方城以外十五城，秦才能灭楚。所以齐、晋，秦、楚所交往的途径，都是按着古代人由东南到西北的旧道路走的。

上古史的传说，都是有事实作根据的。宗族的分枝，从神话上去分析，与从史事上去分析，也可以得到同样的结果。卜辞中的“夋”“兕”“王”“季”“恒”“亥”六个先公，实在是许多神话传说的基础。我们认为这六位先公在卜辞中仍旧还是神话式的王。这六位神话式的王，又是三套。“夋”是代表“夔族”，“兕”是代表“禹族”。“土”是代表“徂旅”。“恒”是代表“易旅”。“季”是代表“周人”，“亥”是代表“殷人”。也可以说“亥”是代表“东人”，“季”是代表“西人”。《易经·既济卦》九五爻辞：“东邻杀牛，不如西邻之禴祭，实受其福。”正是与“季”比“后稷”，“亥”比“豖韦”的说法相合。这是西方羌人变为农业生产方式的周人以后的情形。“夋”就是“夔”，以帝喾高辛氏作代表。“兕”就是“象”，或称“封豖”，后来《山海经》《天问》《竹书纪年》，都说作“殷王子亥”。也可以代表“契”或“禹”，在上文已经说过。因为这一套古代传说越到后来越复杂。各部族都可以自己崇拜他自己的祖先，而不知道这很古的祖先，是各部族所共有。只有一个根源。各部族用他们的方俗，给与这远祖以新的名称，于是“舜”“禹”“夔”“契”成为各别的人物。总之，“兕”一枝，以颛顼高阳氏作代表。我们如果承认卜辞是史实，那末夋、兕是史实。“高辛氏”是代表“夋”的传说，“高阳氏”是代表“兕”的传说。其实“高辛”“高阳”是“夏人”所传的，或者可以说是“晋人”所传的神话。“太皞”“少皞”，是“东人”或者可以说是“齐人”所传的神话。“高辛”的“辛”，是说“辛族”的最高祖宗。其实这个字从[古文字]字而来。甲骨文里凤字作[甲骨文字形]，上面有“𢆉”形；“龙”字作[甲骨文字形]，上面又是有“𢆉”形；都是说“辛族”的高贵。照这些字上看来，造字的人，是接近晋人一系统，与古代“辛族”比较接近。也可以说是“夏人”的系统。“高阳”就是“高唐”，可以代表“易旅”中的“羿”，也可以代表“恒”或“成汤”。《墨子·天志下》篇有“舂酋”。《淮南子·天文训》有“高舂”。甲文“康”字作[甲骨文字形]，本是象捣米的形状。从禾的“穅”，是晚出形声字。“舂”字金文作[金文字形]，也是捣米，其方法已经不同了。古代的“康国”实在是以发明用[甲骨文字形]舂米得名，所以也名之为“高舂”。（古代以发明舂米得名的国族有好几个，这是别一问题，不在这里详说了）“高辛”与“高阳”的成因如此。现在来说“太皞”与“少皞”又是如何。陈梦家先生说：“大皞”就是“夋”，“少皞”就是“契”。对极了！东方人之称“大皞”或“少皞”，等于西方人之说“高辛”“高阳”。这同东方人称“有侁”或“有侻”，等于西方人说“有莘”，是一件事。《左传》昭公十七年梓慎说：“宋，大辰之墟也；陈，大皞之墟也；郑，祝融之墟也。”又：“卫，颛顼之墟也。”这里用“祝融”代表“高辛”。因为传说里“祝融”是“高辛氏”的火正。“颛顼”当然是“高阳”。这套结构，是把在西北方的传说搬到中原来。照上文看来，中原本有“观、扈”，有“殷、扬”，有“徂旅、易旅”，有“九方、邗方”。“高辛，高阳”的系统，本可以在这里用得着的。至于“宋”是“大辰之虚”，正说远古“嬴图腾”的区域。“大皞”之虚在“陈”，“少皞”之虚在“齐”。《左传》定公四年：“封伯禽于少皞之虚。”昭公十七年郯子说：“我高祖少皞挚之立也，凤鸟适至。”（凤就是玄鸟，童书业先生已有此说）“陈、齐”作了“大皞”与“少皞”的后世。这同“有妫之后必育于姜”，是一派的学说。“大皞”在传说里是指“伏羲氏”。又说伏羲是“风姓”，原是“黾图腾”的代表。所以小篆“风”字作[illegible]，从虫、从凡得声。“挚”就是“鸷鸟”，是“鸟图腾”的代表。都在东方。那末为什么说“大皞”“少皞”呢？这“皞”字，王符作“皡”。汉隶从“皋”字，大都从“睪”。《说文》：“睪，目视也。从横目。”但是古玺印作“[illegible]”，古匋文作“[illegible]”，都是从“纵目”。而且从“辛”或从“羊”，正是“豺狼纵目，往来侁侁”的“辛族”或“羌人”。从“白”是“生口”或“生白”的意思。（《易经》的易马。老马识途、探马、头目，以及韩族中在朝鲜的马韩，都是从这一渊源而出。甲文伣字作[illegible]。这是以“伣风”作“探马”的缘故，“有侁”就是“有伣”）所以“大皞”“少皞”，本当作“大皡”“少皡”。《左传》僖公三十二年：“殽有二陵焉。其南陵，夏后皋之墓也。”这样说来，“夏后皋”同“夏后相”都是从这些“先民”的部族里传出来。更加可注意的，还有一个字，就是《诗经·葛覃》“服之无斁”的“斁”字。《毛公鼎》作[illegible]，《静毁》作[illegible]，《师望鼎》作[illegible]。可见从“目”等于从“民”。就是毛公鼎的“[illegible]”，也象“纵目”的人形。王符《五德志》说：“帝挚青阳，世号少皡。”而“青阳”，是“方雷氏”之甥，也可以证明是东方的族神。《左传》昭公元年引子产的话：高辛氏以下分两枝。“阏伯”迁“商邱”，“实沈”迁“大夏”，是商唐二族神。又说：“金天氏之裔子昧为玄冥师，生允格、台骀。”就是“允羌”与“来羌”，或“鬼方”与“盂方”的族神。“金天氏”是“少皞”。而“允格、台骀”都在西北方。又是“西俞”原是“东隅”，“西圉”本属“东圉”的关系。又据昭公二十九年：“少皞氏有四叔：曰重，曰该，曰脩，曰熙。实能金、木及水。使重为‘句芒’，该为‘蓐收’，脩及熙为‘玄冥’。世不失职，遂济穷桑。”这四叔，实在是两个族神的化身。“脩、熙”就是“玄冥”。《左传》本文已经自己透露出来了。“重、该”如同“重黎”，本是一名，但是也作“南正重，北正黎”。都见于《史记·楚世家》及自序。所以“重该”就是“重亥”，本也是一名。“重亥”指“封豕”，“脩熙”指“脩蛇”。东南方的“吴”或“攻獻氏”，本同西北方的“虞”。“穷桑”有说是鲁北的“穷桑”，也可以说是“穷发之北有冥海焉”的“冥穷”。照理“重、该、脩、熙”都应该属于“颛顼”的系统，却又说到“帝挚”身上去。本来“颛顼”也是东方族神，上文已经说过。自从“高辛”与“高阳”算作“帝喾”与“颛顼”之后，东方才又出来了“大皞”及“少皞”。再说“颛顼”变作“帝挚”的凭据也见于《淮南子·览冥训》。所谓：“猛兽食颛民，鸷鸟攫老弱，于是女娲炼五色石以补苍天。”猛兽是指“共工”，共也作“龏”，就是《天问》的“应龙”，《山海经》《淮南子》的“烛龙”。上文已经说过。“共工”与“颛顼”争帝，正是猛兽食颛民的又一种方式。但是“共工”与“颛顼”争，是“共工”失败的。好像兽与人争，总是兽失败的一样。“鸷鸟”是说“鸟图腾”，代表“殷族”。这回胜利了！“女娲”就是“姜嫄”，表示“周族”出来收拾烬余的局面。(《五德志》又说:“黑帝颛顼,其相骈干,身号高阳,世号共工,代少暤氏。”这是“共工”与“颛顼”争帝,又说“共工”与“高辛”争帝的错乱原因)古史中的神话、传说,总是“高辛”一系统的人物与“颛顼”一系统的人物,并时出现的。“鲧”是“高辛”一系统的人物,“禹”是“颛顼”一系统的人物,而“鲧”之子是“禹”。“舜”是“高辛”一系统的人物,“象”是“颛顼”一系统的人物,而“象”是“舜”之弟。“皋陶”就是“高阳”,而高阳就是“颛顼”,本属一系统的人物。《孟子》却说:“舜为天子,皋陶为士。”“尧”的出现,在“犬图腾”发生以后。“犬图腾”与“马图腾”,都在“鼠图腾”之后。《左传》昭公四年:“九州之险也,是不一姓。冀之北土,马之所生,无兴国焉。”《山海经·大荒北经》说:“黄帝生苗龙,苗龙生融吾,融吾生弄明,弄明生白犬。”《海内经》作“黄帝生骆明,骆明生白马”。“弄明”就是“骆明”的对音。而“白马、白犬”,都出于“骆明”。“骆明”就是“貉貊”的对音。最早期的“貉貊族”,用“鼶鼬”作图腾,而“皋陶”又是“鼶鼬”的对音,都是从“攻獻”“昆吾”“干禺”一个根源上出来的。自从“鼠图腾”变为“犬图腾”,所以“厹由”与“仇犹”、“咎繇”与“皋陶”,又都是对音字。《战国策·秦策》:“北有胡貉代马之用。”到处证成“鼶鼬图腾”与“犬图腾”及“马图腾”的关系。后世“中山狼”的故事,实从“韗狼”的图腾中传出来的。所谓“犬”,实在是“狼”。“乌桓”的图腾是“犬”,“突厥”的图腾就是“狼”。北方的“犬图腾”,与南方的“盘瓠”不同。现在就要说为什么“尧”是“犬图腾”出现以后的人物了。《说文》说:“猶,玃属。一曰:陇西谓犬子为猶。”又说:

“玃，是母猴。”引《尔雅》“玃父善顾”。《吕氏春秋·察传》篇说：“故狗似玃，玃似母猴，母猴似人。人之与狗，则远矣。”“猶族”中自有“犬图腾”之后，所以“狗”与“玃”都变为人的象征。“尧”，与“繇”声近，韵部相同。“咎繇”或“皋陶”，也是“獔獟”的对音。本来“舜为天子，皋陶为士”。自从“尧”出现之后，“舜”又变为“尧”之臣，而“尧”终于把天子让给他了。尧称“唐尧”，而舜称“虞舜”。在中山国正有“唐”。而代、中山，据《史记·赵世家》说是“犬图腾”。自从“唐国”北移，晋阳的“古唐国”变作“夏”了。杜预说：“大原”即“大卤”。而《淮南子·地形训》说：“西北方曰大夏，曰海泽。”都是说河东的盐池。而“广阿”“大陆”“钜鹿”，都从“坳堂”或“汪塘”一语根而出。《左传》僖公三十三年：“瑕覆于周氏之汪。”杜预云：“车覆池水中。”《孟子》说到“洿池”，也作“汙池”。汪、汙、洿、阿，都是说“坳塘”。所以“大夏”就是“大塘”或“广阿”的对音。这也可以作“唐、夏”的传说出于“晋”的证据。从前卫聚贤先生说《左传》是晋国人所作。其实古代的史学家有“齐、晋”两派。高辛、高阳一套属“晋”。大皞、少皞一套属“齐”。《淮南子·兵略训》说：“‘黄帝’尝与‘炎帝’战矣。”又是把古代东西两族相争的故事说作南北两族相争的故事。这一套出来更晚了。《说文》“尧”字古文作“兟”，训高。“舜”作“䑞”，训“艸也”。非古义。“䑞”字从“舛”，与“桀”字从“舛”相同。“䑞”当即“𡄹”，亦作“隣”。从匚与从口同义。《趞鼎》云：“噝小大又隣。”《牧𣪘》作“噝庶有𡄹”。《立政》称之为“三有俊”。小大有𡄹，如《顾命》之“小大庶邦”之例。“尧”字的古文到象两个“先”字。于是

“尧”字训“高”。这套方法，与“禼”之作“契”的道理相同。

中国古代的宗族分枝，各部族中不论“氏族组织”，或“宗族组织”，有一种共同的趋势，就是二分法。其根源是“勾”与“禺”两族。但是因为时代久远了，移徙频繁，有各部族的活动中心区域。本章开头已经说过“虞、夏、殷、周”四代的活动中心区域。而这种说法是按着战国时代的历史家所推测的。据我们的研究：有冀州、豫州、雍州、沇州、徐州、荆州。这六个名称，也出于秦汉之间的学者。在“冀州”之中，又当分“冀方”“鬼方”；在“豫州”中，又当分“序方”“土方”；而“徐州”，就是“徐方”；“沇州”的北部，又有“人方”；再北是“豸方”；雍州可以说是“羌方”；“荆州”可以说是“蛮方”。这几个名称，出自甲骨、金文。《楚辞》的《九歌》，除《礼魂》以外，是十首诗，为什么称“九歌”呢？这是同《九招》《九辩》《九代舞》的名称同一性质，都是古代祭各部族神的诗。渊源在北方。“楚人”是用旧有的歌再加入《湘君》《湘夫人》制作成功的。《湘君》《湘夫人》，只能算是一首歌，代表“楚人”的族神。这同吴起用“三苗”代“虞”的原因是一样的。其余八首歌，应当这样分：《东皇太一》《东君》指“二东”，可以说是“沇方”与“徐方”的族神。《九歌》里说东皇太一：“抚长剑兮玉珥，璆锵鸣兮琳瑯。”但又说：“扬枹兮拊鼓，疏缓节兮安歌。”这“拊鼓”的神气，大有东方“夷鼓氏”的作风。王逸说“东君”是“日神”。而《歌》里又说：“举长矢兮射天狼。操余弧兮反沦降。”正是说“羿”的事。“有穷氏”本就是东方的“有扈氏”。《东君》里的话，与作者上文所说又是相应。中国古代民族都从“已图腾”而出，“夔”字、“牟”字、“允”字、

“台”字以及晚期出现的“鬼”字，无一不从“已”。而古始的“始”，可以作“姛”，就是从女、从司。其实是“㚸”字。我们从“司吾”“已吾”这些地名上看来，“姛”字就是“始”字。《九歌》中的“雲中君”“大司命”“少司命”，都是祭“已族”的族神。王逸说“大司命是上台星”，就是“上已”，与“上唐”“上虞”“上蔡”“上鄀”同例。王逸又说：“少司命是文昌第四星。”也可以说是“下已”。“雲中君”可作“云中君”，也可以说是“中已”。北方有“雲中郡”，这也是古代的“中人”，原先是从“已图腾”的部族里迁来的证据。《歌》里面正是说：“灵皇皇兮既降，猋远举兮雲中；览冀州兮有余，横四海兮焉穷。”雲中郡在“并州”，正可以览冀州而有余。“雲中君”是代、中山的远祖。也可以说是“子人氏”之祖。甲文“已”字，作“子”。可见“鼠图腾”，与“已图腾”还是有渊源的。所以晚出的“鬼”字，从“已”。这也是古代学者一种新发现。“君回翔兮以下，踰空桑兮从女。纷总总兮九州，何寿夭兮在予？高飞兮安翔？乘清气兮御阴阳。吾与君兮齐速，导帝之兮九坑。灵衣兮被被，玉佩兮陆离；一阴兮一阳，众莫知兮余所为”。这是《大司命》篇的文章，还是说“已族”与“易族”的关系。“空桑”，这实在是鲁北的“穷桑”了。在“九州”一带有许多“瓜衍之县”，又有“九方、邗方”之类的小部族。正是纷总总兮的情形。“陰”字本当作“侌”，“陽”字本当作“昜”。《左传》里的“陰戎、陽戎”，其实就是古器里的“殷八师”“扬六师”。“侌”字从今、从云，等于说“下已”。“云”本是“上已”。“今云”便成为“下已”了。高飞兮远扬的是“易族”，踰空桑兮从女的是“已族”。这就是“徂旅”随着“易旅”的情形。正合于“一阴兮一阳，众莫知兮余所为”。《九歌》的本文，必定出于古代的“夏人”。其函义极古。经过“楚人”修改以后，辞藻又极美。《少司命》篇说：“与女游兮九河，冲风至兮水扬波。与女沐兮咸池，晞女发兮阳之阿。”“九河”还是“九州”之河，或“九方”之河。取其屈曲蔓衍的意思。“咸池”就是“醎池”，指河东盐池，或濮阳的“咸城”而说。大司命、少司命，大概是说“九方、邘方”，或“徂旅、易旅”；就是古代的“康、唐二国”。“河伯”是说大阳的“虞”。所以也说：“与女游兮九河，冲风起兮水横波。”但是又说：“乘白鼋兮逐文鱼，与女游兮河之渚。”这同“江使神龟于河”是一件事。正合于题名“河伯”。所以与“少司命”有关系。“阳河”就是“阳陓”，或作“杨纡”。《尔雅》说是秦之薮泽。《周礼·职方氏》说在“河内冀州”。《吕氏春秋·有始览》说：“秦之阳华，晋之大陆。”《淮南子·地形训》作“秦之阳纡，晋之大陆”。《汉书·孝成赵皇后传》：“属阳阿主家学歌舞。”师古注：“俗本作阳河。”其实作“阳河”的很古，并不俗。平原郡的“祝阿”“河阳”，是东方的“阳河”。这个“阳河”，却在“中州”。曹植诗：“阳阿奏奇舞，京洛出名讴。”正是指邺下左右的“阳阿”。这样说来，“河伯”确是代表大阳的“虞”。《少司命》里又说：“竦长剑兮拥幼艾，荪独宜兮为民正。”“荪”就是指舜而言。《说文》正是说：“舜，舛也。”王逸说：“旧以河伯为冯夷，其辞荒诞不可稽考。今阙之。大率谓黄河之神耳。”司马彪说：“《清泠传》曰：‘冯夷，华阴潼乡隄首人。’”陆德明也说：“冯夷是河伯。”后两说可信。“山鬼”就是“魏”，本是“鬼方”与“委姓舟人”所组成的国族。王逸以“木石之怪夔罔两”当之，也对的。在《歌》里面看不出什么显著的痕迹。因其余七首，都确切不可移，这一首似乎也可以决定。并且下一首《国殇》，正是说“韩”。《尔雅》：“无主之鬼谓之殇。”王逸说：“死于国事者小。”正是《左传》的“汪锜”之类。为什么说“国殇”是“韩”呢？《史记·楚世家》《大戴礼记·帝系姓》都有的：陆终氏娶鬼方氏之妹女隤氏，产六子：“其一曰樊，是为昆吾；二曰惠连，是为参胡；其三曰籛，是为彭祖；其四曰莱言，是为云郐人；其五曰安，是为曹姓；其六曰季连，是为芈姓。”《世本》说：“昆吾者，卫是也；参胡者，韩是也；彭祖者，彭城是也；会人者，郑是也；曹姓者，邾是也；季连者，楚是也。”宋忠注也说：“参胡国名，斯姓无后。”据我们的研究，这六部族与《九歌》中的九部族相应。“季连”就是“湘君、湘夫人”，正是说“楚”。这是南方新兴的部族。在东方的有“彭”，如“东皇太一”；有“曹”，就是指“二东”。不过《九歌》的“东君”说得更古，在“姝、婳”二姓以前的事。在中原的有“郑”，就是《桧风》的“会”，或者用“偪阳”来代表，都是“上巳”，因为“云姓”，适当于“大司命”。这一部族分枝很多，都是成对的。郳、郐是一对；侁、伾是一对；韦、顾是一对；殷、衣是一对。所以《说文》反身为“㐆”。于是昆吾、云会之后适成郑、卫之邦。还成对的，剩下的就是“参胡”了。这“参胡”，可以说作“三危”，或“三苗”，是“分北三苗”的“三苗”，才能算是“陆终”的后。若用雅一点的名称，可以说作“三吴”，或“三虞”，是北方“唐、魏、韩”三国。《诗经》有《唐风》《魏风》，可是没有“韩风”。仅有《大雅·韩奕》一篇。以“雲中君”代表“唐”；“山鬼”代表“魏”；“国殇”代表“韩”，正合“斯姓无后”一说。春秋的“韩、赵、魏”，是“三晋”，是从古代的“参胡”而来的。《山鬼》篇虽然没有很显著的史迹，但是说：“若有人兮山之阿，被薜荔兮带女罗，既含睇兮又宜笑，子慕予兮善窈窕。”正是影射“魏”是“北人”与“东人”相结合的部族。

比较晚一点的述作，如《礼记·郊特牲》中的“八蜡”，还是说古代部族神的祭。可是已经变质了。“伊耆氏始为蜡。蜡也者，索也。岁十二月，合聚万物而索飨也。蜡之祭也：主先啬，而祭司啬也。祭百种以报啬也。飨农，及邮表畷禽兽。仁之至，义之尽也。古之君子，使之必报之。迎猫，为其食田鼠也；迎虎，为其食田豕也。迎而祭之也。祭坊与水庸，事也。曰：土反其宅，水归其壑，昆虫毋作，草木归其泽。”这中间是八神：一先啬，二司啬，三农，四邮表畷，五猫虎，六坊，七水庸，八昆虫。先啬、司啬，还是说古代“已族”，适当于大司命、少司命。“啬”就是《史记·张释之传》的“虎圈啬夫”，秦有秩啬夫，《汉书·百官公卿表》的“乡啬夫”，正合于《管子·君臣》篇的“吏啬夫任事”一说。《淮南子·人间训》有“鼓之啬夫”。“鼓”，是“共鼓仪狄”的“鼓”。这是合于《君臣》篇的“人啬夫任教”一说。“吏啬夫”如“貉隶”之类。“鼓”是“北狄”，也是“东夷”，不过“啬夫”是说北方的“啬夫”。其实也指部族而说。照字形说，确实是“亩而藏之”，从来，已经够了。“穑”是后起的形声字。《桑柔》篇说：“好是家啬，力民代食。”这“家啬”，有点像家佣的意味。与下文两个“家啬”作“稼穑”用的，不同。为什么说“啬夫”是指一部族呢？《左传》僖公二十三年：“狄人伐廧咎如，获其二女叔隗、季隗。”“咎如”又是与“厹由”或“仇犹”同一语根。隗姓的

“廧咎如”是“赤狄”。与“鼓之啬夫”意义相近。后世从“啬”的字，都有赤义。如“蔷”字、“嫱”字之例。大概从谷麦熟一意义上引申说来的。“共鼓”，是“啬夫”。“俭不遵礼”的“郤”，也是“啬夫”。赤狄又有“廧咎如”。所以“先啬”“司啬”，是从“伯世”以来种麦的部族就有的族神。如周人之于“后稷”。而《郊特牲》正是说：“祭百种以报啬。”这同“有天下者祭百神”，是同样的道理。这两位族神，恐怕是从“大共、小共”两族神中传下来的名称。“农”是“大辰”，在东方，上文已经说到。“邮表畷禽兽”，就是《周礼·春官·肆师》的“祭表貉”，《诗经》的“为下国畷邮”，《左传》昭公元年的“表旗”，都是一件事。这是从“大求、小求”那一系统传下来的族神。所以“农”与“邮表畷”，是东方的“郲、郕”，适当于“东皇太一”“东君”。“猫”音苗，就是“苗龙”的“苗”。《尔雅》“夏猎为苗”。所以“猫虎”只能算一个族神。因为反“鼠图腾”，反“豕图腾”，分而为二。这是属于“邳”或“姺”的族神。上文已经说过，“大伾”就是“虎牢”。而这“姺族”，也必定是周代的“莘”，所以当作“苗虎”。大概出于虢、郑一带的风气。“坊”是“土方”，所以说“土反其宅”。“水庸”，适当于“河伯”。《韩非子·五蠹》篇：“山居而谷汲者，膢腊而相遗以水。”这也是变作楚国的风俗了。“昆虫”是说“黾图腾”的部族。郑玄说：“郊天之月，而日至，鲁礼也。”所以“八蜡”之说与《閟宫》相合的地方很多。这是汉代“齐人”所传的学问，与古说不大相合了。

第七章　移殖概况

前面说宗族分枝的史实，从各方面看来，还是泛论其大体。如活动区域，以及中国宗族有几大派别而已。这一章，要从西周到战国的国别来说。其中有一很大的分别，就是西周以前的宗族，其重要的分枝在西北边。到了东周以后，［全］部[①]换在东南面。就是这样：当殷代的时候，与西北边交往多；周代以后，与东南面的交往多。其中当然有大部分原因是殷人本属东夷，周人本是西戎的原因。还有一部分，是殷代以前的文化，是由东南向西北发展的。周代以后，变作由西北向东南发展了。《吕氏春秋·慎势》篇：“汤其无郼，武其无岐。”《具备》篇：“汤尝约于郼薄矣！武尝穷于毕裎矣！”这“郼”，就是“四卒成卫”的“[illegible]”。“岐”，就是“岐踵戎”的“[illegible]”。而“裎”也是“祖、禓、裸、裎”的“郢”。都是殷、周初起时的同族。一在东南，一在西北。所以后来，他们的部族各自一方面发展起来。东周以后，殷周的部族在中原同化好久了。中国的文化中心已经合殷、周两部族的活动区域而一

① 按：底本此处为“部”，依据句意，“部”前疑有阙字“全”。

之。西北的落伍戎、狄，脱离中国文化圈，别成一部族。如匈奴、乌桓、鲜卑。东南又新兴了许多国族，加入中国文化圈。《左传》昭公二十八年："昔武王克商，光有天下，其兄弟之国者，十有五人；姬姓之国者，四十人，皆举亲也。"若照僖公二十四年富辰的话："昔周公吊二叔之不咸，故建亲戚以蕃屏周。管、蔡、郕、霍、鲁、卫、毛、聃、郜、雍、曹、滕、毕、原、酆、郇，文之昭也。邘、应、晋、韩，武之穆也。凡、蒋、邢、茅、胙、祭，周公之胤也。"这里武王的兄弟之国有十六，成王的兄弟之国有四，周公之胤有六。《荀子·儒效篇》说："周公兼制天下，立七十一国。姬姓独居五十三人焉。"这里的数目都不相合，我们也无法考定。其中有许多国家是因旧国改姓的。总之这是一种趋势，中原换了一群国族，也换了一种空气。那末望东南再看看如何呢？《吕氏春秋·察微》篇有"东夷八国"。《逸周书·王会解》说："三叔及殷、东、徐、奄、熊、盈以略。"下文又说："凡所征熊、盈，族十有七国。"《尚书·费誓》说："徂兹淮夷，徐戎并兴。"不说明多少数目。大约《王会解》的说法比较确实。在初期：邶、鄘、卫，或州人、东人、庸人，可以包括了。后来当越分越多。到了战国，有所谓"泗上十二诸侯"。并见于《战国策》及《淮南子》。《楚策》："一举宋而东指，则泗上十二诸侯尽王之有已。"《齐俗训》说勾践"胜夫差于五湖，南面而霸天下，泗上十二诸侯皆率九夷以朝"。可见十二诸侯的称呼很古，原来是指东夷各国。《秦策五》："梁君伐楚。胜齐，制赵、韩之兵，驱十二诸侯以朝天子于孟津。"《齐策五》："昔者魏王拥土千里，带甲三十六万。其强而拔邯郸，西围定阳。又从十二诸侯朝天子以西谋秦。"这两处是说一件事，所谓十二诸侯，不能算是泗上十二诸侯。《史记》的《十二诸侯年表》，大概根据这一路线而来的。所谓八国、十七国、十二诸侯，在《左传》里没有法子随便充实这个数目，也无法核定一确实数目。东夷、东国的情形如此。南夷、南国又是如何？《吕氏春秋·异用》篇："汉南之国闻之曰：汤之德及禽兽矣！四十国归之。"《文选·东京赋》注引作三十国。而《吕氏春秋·直谏》篇又说："楚文王兼国三十九。"《说苑·正谏》篇作"兼国三十"。可见这些数目都不能作定数的。但是有一趋势要注意，就是春秋战国以后人所注意的国族，不是"东夷"，便是"泗上"；不是"汉南"，便是"楚荆"。我们现在综合起来把周代以前的国族与周代新兴的国族分作几枝，看他们的移徙及发展的情形。大体是取于《左传》上的史料，约略用一点金文、甲骨的史实。可以这样分：宋代表已姓一枝。韩代表匽姓一枝，这是说"韩奕"的"韩"。秦代表嬴姓一枝。楚代表南己。周、鲁代表纯粹的姬姓。晋、郑、邢代表狄族中的姬姓。唐、魏代表鬼方。齐代表姜姓一枝。邾代表二东。陈代表新兴的妫姓。吴代表古攻勮族的后裔。越代表古貊貉族后裔，与楚所代表的夔相近。于是再附上去许多小国。楚一枝中有鄀、邛、鄖、夔、罗、徐、邓。秦一枝中有赵、耿、梁、江、黄、六、蓼、英、葛。纯粹姬姓一枝中有鲁、滕、曹、蔡。其余所谓文之昭也，武之穆也的小国仔细考查起来，都还有问题的。本文不能细论，因为许多甲骨铜器上资料都不在手头。晋一枝有北燕、虢、虞、邢、卫。宋一枝里有曾、杞、郯、鄅、谭、雍。齐一枝中有纪、莒、牟卢、申、许、向、祝。魏一枝中有潞、胡、肥、代、中山。韩一枝中有南匽、阳；陈一枝中有圭、卢。邾一枝里有州、郳。此外吴、越各自成为一枝。共有十二个系统。

我们在甲骨文里看到许多“羌族”，在《后汉书·西羌传》里看到更多的“羌族”。惟有《左传》里不大见“羌族”。除掉“羌戎氏”“允姓之奸”那两处以外，而蛮、夷、戎、狄却屡见。难道“羌族”真的是西迁了吗？迁，当然有迁出去的。《淮南子·俶真训》：“是故槐、榆与橘、柚合而为兄弟；有苗与三危通而为一家。”这桔、柚，是“厹犹”；槐、榆，是“鬼方”或“西俞”。上面已经说过：齐、晋的关系是按着古代的一贯路线而来的。《左传》昭公十五年文伯曰：“晋居深山，戎之与邻。”而周景王说：“文公受之，以有南阳之田，抚征东夏。”昭公元年祁午也说：“晋国再合诸侯，三合大夫；服齐狄，宁东夏。”可见齐、晋的关系是“西夏”与“东夏”的关系。晋与戎狄相处，是大家知道的。齐也是与夷狄相处，大家可不大留意了。至于“有苗”与“三危”的关系，也是“窜三苗于三危”一句话的根源。“三危”这一地名也是说者不一。远者可以到“敦煌县东南三十里”，近的可以“与岐山相连”。这一途径，也是沿着汉水、渭水，望西北迁移的。可是大部分的原因还是留在东方的“羌族”进化了。所有蛮、夷、戎、狄中部有“羌”。在这五个字中，夷戎二字比之“华夏”的文化固然较低。比之从虫的“蛮”，从犬的“狄”，从羊的“羌”，其文化又要高一点。“羌”是代表游牧时代的民族。这个民族离开游牧，到了农业社会时，“羌”的名称自然要解除的。齐是姜姓，表示原从“羌族”进化而起的。所以齐、狄并称。照《左传》里的文章：羌、戎、夷、狄，界限并不是很严格的。一般的看法，戎是“羌族”中文化较高的。但是“戎蛮子”一名，又把“蛮”同“戎”也发生了关系。古书及古器物铭里有说到“戎华”，有说“夷夏”，有说“蛮夏”，又有“吴、夏”的分别与“狄、夏”的分别。“夏”的真正区域，与“狄”最近。其关系与“狄”也最深。大体上说来：“攻歔”“昆吾”“勾禺”，是渔猎社会的代表；“来羌”“己羌”“氐羌”等是游牧社会的代表；都是渊源于“貊貉族”。在声音上看来，好像“勾吴”是出于“攻歔”一语根。“牟娄”是出于“貊貉”一语根。若溯其原始，都属一族。从“逨鱼”与“来羌”两个名词上看，也有相关系的痕迹。“北緐”的“緐”，是颈项上架贝带，这不能不说“蛮娈”二音不是出于“貊貉”。在粗糙地说来：“夔”代表“貊貉族”，“禹”代表“攻歔族”。实际上还是一个根源。这个时代是“伯世”。所以“虞”的祖是“幕”。这番话在上文都已经说过。现在提醒一下，使我们更明白西周以下的国族，与古代仍旧是一贯相承的。

现在开始说一大概：晋、魏两枝是戎狄的系统。齐、秦、宋是夷狄的系统。吴、楚是蛮。陈、韩是夷。周、鲁是诸夏，或诸姬的代表。此外如曹、卫、邢、滕，都不是纯粹的诸姬。先从晋、郑、鲁、周说起，然后逐渐说到别一枝。但是晋、魏、鲁、周，都要从“戎”说起。戎一名称，在《左传》里归纳起来很复杂，分布又很广。《说文》释羌字曰：“西戎牧羊人。”古铜器有羌伯毁，有郑羌伯鬲，有蒻羌钟。在钟铭里又提到“戎氐，阳宗”。可见戎、羌的关系很密切的。古文“允”字可以从女作[illegible]。如《不嬰毁》的“厥安”，足以说明襄公十四年的“姜戎氏”，就是“羌戎氏”。周人就是羌、戎的混合种。也可以说“戎”是较进化的“羌”。其次要说到“戎”也就是“狄”。庄公二十八年：“宗邑无主，则民不威；疆场无主，则启戎心。民慢其政，国之患也。”下文又说：“狄之广莫，以晋为都。”从这两处所说的比较来，所谓“戎”正是指“狄”。庄公三十年：“齐人伐山戎。”杜预也说：“山戎”是“北狄”。《晋世家》：“唐叔之子燮，是为晋侯。”到了春秋的时候，曲沃庄伯作乱。晋人攻曲沃。庄伯复立孝侯子郄为君，是谓“鄂侯”。照《史记》的说法，都还是正统，属于“唐叔”的世系，而用古“唐国”“鄂侯”的名称。直到齐桓公始霸，曲沃武公伐晋侯灭之。周釐王命曲沃武公为晋君。这才成曲沃桓叔的系统。晋献公就是曲沃武公的儿子。庄公二十八年：“晋献公娶二女于戎。大戎狐姬生重耳，小戎子生夷吾。”杜预说：“大戎”是“唐叔子孙别在戎狄者”，“小戎”是“允姓之戎”。这又分明告诉我们“狄”族原本是“允姓”，后有一族改从“姬姓”的。“允”既可以从女作“妴”，就等于是古文“姒”字。也可以证成“姬姓”出于“姒姓”之说。《左传》僖公二十三年：“狄人伐廧咎如获其二女叔隗、季隗，纳诸公子。”（媿、隗就是嬇、隤。《金文》作媿，《左传》作隗，《世本》作嬇，《帝系》作隤）文公娶了季隗生伯儵、叔刘。赵衰娶了叔隗，生赵盾。这里正是说明晋人同“狟、狢”两族都有关系。《诗经·旄丘》篇说：“狐裘蒙茸，匪车不东。”又《北风》篇说：“莫赤匪狐，莫黑匪乌。”都是上一句比“戎人”，下一句比“东人”。也可以说上一句比“狄”，下一句比“殷”。狟是狐戎，姬姓；狢是咎如，媿姓。这样比较的结果，晋人同“狐、狢”二族关系是很深的。所以文伯说“晋居深山，戎狄之与邻”，的确是不可移易的事实。至于“郑”字，原本只作“奠”，从酋、从廾；与龏字从龙、从廾的文例相同，也是“猶族”，本来在京兆。《世本》说：“郑桓公居棫林，幽王以为司徒。”后来平王东迁，郑武公才一同到东方来。始因虢、桧之民而有“新郑”。同时又有迁到汉水流域的，于是又有“南郑”。晋、郑两国都只有“姬姓”，没有他姓。照上面的说法，“晋、郑”与“鬼方”，都有很密切的关系。这两国是诸姬的代表。此外便是周、鲁了。殷、周两族的渊源，上文已经说了好多。现在单说“鲁”。伯禽封鲁，上面也已说到一点。可是金文有《王在鲁尊》。其中说：“王在鲁，龙锡贝十朋。”这“王”当然指“周王”。但是经传里却没有说到周王到过鲁的。惟有指周公东征一事。并且《大诰》篇的“王若曰”，解者有说这“王”是指周公的。证以《王在鲁尊》，很有可能。这件事非常重要！就是在周公以前，已经有“鲁”。其字从鱼、从[illegible]，本是国族名。若照臧僖伯谏如棠观鱼者一说，姬姓的鲁不是攻鱻氏。在姬姓未到之前，或许是攻鱻族。又“伯禽”的“禽”字，《不娶𣪘》作[illegible]，作[illegible]。原本是“寓”字，从宀，从[illegible]，从[illegible]。象在穴中勾取鱼类，或两栖类的形状。假为“成禽”之“禽”。《禽彝》作“[illegible]”，可以说与小篆相同，是从今、从[illegible]。其下体还是与禺、禹同形。顾名思义上说来：“鲁族”是“今禹”。如同“上已”“下已”之例。文公十六年：“有蛇自泉宫出入于国，如先君之数。”也是表明鲁与东方旧族有过关系。“攻鱻族”正应该是“已图腾”的部族。但照史传上看来：周、鲁在文化方面的关系是很密切的。春秋的国族中，除晋、郑、鲁以外，姬姓国还很多。次于这三国的，是卫。从上文看来，卫氏立国很早，本来同殷的关系极密切。照《吕氏春秋·简选》篇所说的话：“中山亡邢，狄人灭卫。”邢、卫与狄的关系又是很深的。卫康叔之封卫，也如同唐叔虞之于晋。到了春秋时候，恐怕都不是本枝了。在

《左传》里看这些小国的迁徙，最能使人领悟到古民族的移殖真相。闵公二年："狄人伐卫。"庄公三十二年："狄伐邢。"闵公元年："狄人又伐邢。""齐人救邢。"这里所说的邢、卫二国俱在我们所知道的濮阳及襄国二地。但是这两个国家，时常搬家。"邢"也不固定在"襄国"。"卫"也不固定在"濮阳"。从庄公到僖公：齐、卫、邢、狄的交往很多。"邢"，原本是殷代的"姘"。"卫"，原本是殷代的"鄣"。所以两国本来都不是姬姓。春秋时虽没有姒姓的"卫"，可是有姒姓的"邢"。在金文里还有姜姓的"奠井氏"，有姒姓的"龏井氏"。这"龏"，就是"大共、小共"的"共"。邢氏小国族，从西方到东方，到处散布着。最后迁到晋，都见于拙作《古邢国考》。从邢、卫屡灭而复兴一点上看来，知道这两国与旁的国家不同，关系最复杂。而其中情形总是邢、卫互争，或卫、狄互争。大都为狄所灭。其迁徙：向南的次数很少，往北移的时候比较多。最后卫国迁到蒲县。当早在闵公二年狄人灭卫时："宋桓公逆诸河。宵济卫之遗民男女七百有三十人，益之以共、滕之民为五千人。立戴公以庐于曹。"这一回事，在古代宗族移殖史上很重要。并且提到共、滕两小国。这回事，又是曹、宋的帮忙。所以南移，更显出卫族与殷族的旧关系。"共"是"大共、小共"的"共"。杜预说："共及滕，卫列邑。"僖公十七年有"卫共姬"，襄公二十六年有"宋共姬"，合上文"龏井氏"一条来看，共、邢、卫、宋的关系确有连系。而"小共"的散处于各地，更加明白了。当殷周之际本是有许多小国渴慕周人文化而改姓的。邢、卫、共、滕的性质不必与汉阳诸姬一样。至少有一部分是相近。所以虽然姓姬，而与姒姓的旧族还保持着很密切的连系。太史公虽把管蔡立为世家。据我们的研究，管、蔡、卫、霍四国与北方的“唐叔虞”一样，真正姬姓的系统，维持不多久。周人到东方来，照经传及古器上的证据有好几次。《明公尊》说：“明公迁三族伐东国。”这三族，就是《班段》上的“吴伯、毛伯、吕伯”。这个时期很早。《逸周书·作雒解》所说的两次封建：在武王时，“建管叔于东。建蔡叔、霍叔于殷”。这回事，是昙花一现的。在成王时：“俾康叔宇于殷，俾中旄父宇于东。”这同“庐戴公于曹”的办法差不多。后来申伯、召伯到“南国”；南仲大祖到“南国”，有说久处，有说不处的。《崧高》诗说：“登是南邦，世执其功。”又说：“申伯还南，谢于诚归。”但是《常武》篇说：“率彼淮浦，省此徐土；不留不处，三事就绪。”原因是“谢方”非殷人势力所及。“徐方”就是“殷人”的大本营所在，不能久留了。管、蔡、卫、霍的失败是当然的。齐、鲁的成功才显出周公、大公的才能。邢、卫之所以屡亡，与蔡的屡亡，情形相同。《左传》昭公十一年：“蔡灭于楚。”十三年“楚平王又封陈、蔡”。哀公元年：“蔡迁吴。”（这个“蔡”，已经不是西周的“管、蔡”）到了哀公二年，“蔡迁州来”，算是实在南移了。《左传》说这一回楚人灭蔡，使“蔡人男女以辨，使疆于江汝之间”。也可以说明“龙、蔡”的关系。“大彭”正是在“彭城”。蔡人南移的原因是如此。与“卫、邢”北移正相对照。还有一个国族便是“北燕”。这个国家之成为姬姓，是很晚的事。《史记》把燕召公算作姬姓的北燕，这是受战国时燕人自撰的世系所影响。如《墨子》所说的燕春秋之类。照我们看：燕、冀两个字在小篆及金文里，都是从“北”。虽然两字都是象形，可是北字的意义依然保存在里面。“北燕”当然是“匽”，但还不如说是“邶”。（小篆燕作[illegible]，正是从北。冀字从北，异声，更不必说了！）“燕召公”自是“匽[illegible]公”。商承祚先生所藏拓片有《小臣[illegible]彝》，其中正有“匽召公”。这个字，金文里可以省作“召”。与“周公”“召公”的“召”虽然是一个字，可是曾经采风于南国的召公，以及“登是南邦”，曾经到过江汉流域的“召穆公”，都是与“南匽”发生关系。如“偃师”“郾城”，都是必经之地。在岐周有“毕裎”，在江汉有“郾、郢”，都可以明白渭、汉之间周人迁徙频繁。与“北燕”的关系大不相同。此外与姬姓有关系的是虢，也是从西方播迁到东方的。或者东方原本也有这一族，如同邢一样。金文中有姬姓的虢，有姚姓的虢，有妃姓的虢。虢并不是纯粹的姬姓国。

《管子·轻重戊》篇，管仲曰：“齐者，夷莱之国也。”夷莱实在就是《禹贡》“莱夷作牧”的“莱夷”，《郭伯封段》的“逨鱼”。《史记·齐世家》：“武王克商，封师尚父于齐营丘。莱侯来伐，与之争营丘。营丘边莱。莱，人夷也。”后来齐桓公伐莒，并见《吕氏春秋》《管子》诸书。莒字从吕。来、吕双声。并且“来氏”“吕氏”的国族散处各地很多。《史记·周本纪》：“封弃于邰。”徐广说：“今斄乡。”在《前志》京兆新丰。杜预说：“古骊戎国。”韦昭说：“戎来居此，故号骊戎。”《尔雅·释畜》：“騋，牝；骊，牡。”甲文骊作騋。足见騋、骊、騚，古实一字。右扶风京兆一带古有“斄侯”，本来是古代的“来羌”。照史传的说法，从大公佐命以后，易“来”为“吕”。《尚书》“吕刑”就是西方的“吕氏”。但是照作者的看法：如“蔿”就是“为”，“葰”就是“俊”，“莘”就是“辛”的例子，“莒”实在就是“吕”。“吕氏”也作“甫氏”。韦昭说：“吕刑是周穆王相甫侯所作。”又河东郡永安（？）

故虢，《博物志》曰："有吕乡，吕甥邑也。"至于东方的"郲"，杜预说是"东莱黄县"。又说："城阳莒县，就是春秋时的莒。""吕侯"既然就是"甫侯"，因此知道《鄘侯小子鼎》的"鄘侯"，就是"吕侯"。这是什么原故呢？"甫吕""膚卢"都是出于"貊貉"或"苗黎"一语根。此外如"牟卢""牟来"，也从这一语根演变而来的。"牟、卢"是中世以后兴国的。所以有"中牟""中卢"的名称。"卢"与"牟"，也是散布于各地。杜预说"庐戢黎"是襄阳中庐县。而成公十七年"高弱以卢叛"的"卢"，又在齐。大概就是襄公二十九年"阎丘婴帅师围卢"的"卢"。桓公十五年有"牟人"。杜预说："今泰山牟县。"此外如"根牟"与"莒牟"，都是一个部族里支分出来的。王符说"卢是姜姓"。足见卢、吕、来是一个根源。但考其渊源，这一族姓，原是姓"已"。《左传》文公七年："穆伯娶于莒，曰戴己，生文伯。其娣声己，生惠叔。"莒原本是东方的"莱夷"，所以仍从古姓。又有好几个国族，把古姓改为氏的。如"纪"就是以"己"为氏。把已字改作己。金文有"己侯钟"，就是"纪侯"。例如"曾"可以作"缯"。桓公九年杜预注说："纪，姜姓。"昭公十九年："莒子奔纪鄣。"杜预说："东海赣榆县东北有纪城。"可见纪、莒原本都是东方的"莱夷"。"莒"始终不改姓。"纪"是改姓了，以姓作氏。这是改物更姓的很显著例子。其他如"向"，虽小国，也改姓"姜"。隐公二年："向姜不安莒而归夏。"这里的"夏"正是"东夏"，指齐、鲁而言。杜预说："向在谯国龙亢县东南。"但是"向"族散布仍是很广的。隐公十一年杜预注："向轵县西有向上。""向上"等于说"上向"。文公七年："盟于向。"杜预说："向，莒邑。东海承县东南有向城。"襄公十一年：“师于向。”杜预说：“向地在颍川长社县东北。”又襄公十四年：“会吴于向。”杜预说：“向，郑地。”这大概就是隐公十一年的“饷”。“向氏”散布在各地的既然这样多，原本一定也是“已姓”一系统。所以同“莒”发生亲属关系，却又姓姜。在姜姓中，又有一小国。金文作“铸”，姜姓。《左传》襄公二十三年：“初：臧叔宣娶于铸，生贾及为，而死。继室以其姪。穆姜之夷子也。”这不是“铸”也是“夷”，又是姜姓吗？与“向”的情形相同。杜预说：“在济北蛇丘县。”《礼记·乐记》：“武王克殷反商。未及下车，封黄帝之后于蓟，封帝尧之后于祝。”郑注：“蓟或为续，祝或为铸。”可能平原郡的“祝阿”，也是古代的“铸氏”。这“铸”字，金文作[illegible]，作[illegible]。形体很多，都不离于冶铸一形。恐怕古代的“鬲氏”“祝氏”，就是周代的“铸氏”。所以也都散布在东方，又是姜姓。姜姓的小国还很多，可是纯粹齐、吕一系统的并不很多。齐、吕以外就是申、许。“许”古文作“鄦”，在颍川，据说是“甫侯”所封。这“甫侯”，与作吕刑的“甫侯”，当是一宗。“鄘”“鄦”与“甫”，也是一个声类。《崧高》篇说：“维岳降神，生甫及申。”又说：“申伯还南，谢于诚归。”“申国”就是“辛族”。“辛谓椒姜。”而《楚辞》作“申椒”。“神州”，实是“辛州”。申、甫二国同虞、虢，侁、伾，观、扈一样性质，总是相连在近地的。在关中当有“古申国”。周幽王娶于“申”，后来又废申后，去太子。“申侯怒。与缯、西夷、犬戎攻幽王。”这“缯”，不能照《括地志》的说法，在沂州承县。大概是“溍、洧”之“溍”，所以与“申”相近。这“申”国当是郑地。“申”与“辛”，如同“巳”与“己”的关系，上文已经说过。僖公四年有“郑申侯”。溍、洧之间原有申氏族。庄公三十年有“申公斗班”，杜预说：“申，楚县。”申、许两国必定不远。“许”在颍川，“宛”在南阳。“宛”就是“申伯国”。《博物志》：“宛有申亭。”这样说来：申、许一枝又有在楚的。这是“谢方”的申、许了。恐怕“申、许”的关系如“刘、范”。有“申族”的地方必定有“许族”，有“许族”的地方必定有“申族”。

《左传》襄公二十七年向戍弭兵之会，晋楚争为盟主。赵孟曰：“晋、楚、齐、秦，匹也。晋之不能于齐，犹楚之不能于秦也。楚君若能使秦君辱于敝邑，寡君敢不固请于齐。”这几句话里，也是暗示一种事实。就是上文已经说过的：齐、晋是代表古代下来的传统关系；秦、楚又是代表一新兴系统。秦本是夷。《师酉毁》中说到“西门夷、熊夷、秦夷、京夷、畁人夷”。“□”楚本嬴姓族，却改为熊氏，而姓“芊”，就是金文的“嬭”字。“秦夷”当然与“楚”是一族。楚君大都带有熊名。如熊泽、熊渠，直到末世，还是有熊元。楚是熊族，秦是嬴族。就文字构造上说：“秦”字像舂米的形状。从午、从□、从秝，作□。“午”就是杵。“艸”象双手捧杵。下面是“禾”。事实上用舂米作“部族”或“国族”名的风气很早。甲骨文中就有了。不止“康”字是舂米形，还有一“□”氏。《续编》卷一页四：“至于舂。”字作“□”。卷五有“舂氏”，也作“□”。其字形：丨象杵，八象两手，下□象臼。金文里的图腾文中，也有□形。这是秦、曾两字的根源。“秦”字的形状已经说过。“曾”字上部有作“□”的，见《曾侯钟》，正是从“□”形简化而成。从□，是国族名。与鲁、晋、曹、会同例。“潧、洧”二水《说文》作“溱、洧”。足证秦、曾古可通用。其根源是“□”字，因为曾、秦都从这个字繁衍而出。《淮南子》有“高舂”，上文已经说过。《尔雅·释亲》称高祖、曾祖，又称曾孙、仍孙、玄孙、云孙、来孙。这仍、玄、云、来四个字都与上古的部族名相同。曾之为“高舂”，也从“[illegible]”字上考求出来。[illegible]秦，是比较早出现的字。曽舂，是晚出的字。甲文无“曾”字，有“秦”字，或许以“[illegible]”作“曾”。足见秦、曾都是古国。太史公说：“秦之先，帝颛顼之苗裔。孙曰女脩。女脩织，玄鸟陨卵，女脩吞之。生大业。大业娶少典之子曰女华。女华生大费。与禹平水土。已成，帝锡玄圭。禹受曰：‘非予能成，亦大费为辅！’帝舜曰：‘咨尔费！赞禹功！其赐尔皁斿，尔嗣将大。乃妻之姚姓之玉女。’大费拜受，佐舜调驯鸟兽。鸟兽多驯服。是为柏翳。舜赐姓嬴氏。大费生子二人：一曰大廉，实鸟俗氏；二曰若木，实费氏。其玄孙曰费昌。子孙或在中国，或在夷狄。”这里又是暗示给我们秦的祖先原是出于“鸟图腾”。所谓“若木”，是东方的木。所称“大廉”或“飞廉”，也正是东方人。《孟子·滕文公下》：“周公相武王，诛纣，伐奄三年讨其君。驱飞廉于海隅而戮之。”“大廉”是“大来”的对音，“大费”是“大彭”的对音，“飞廉”是“牟来”的对音，都是东方的民族。为什么说“费”就是“彭”的系统呢？《尚书》有《费誓》篇。“费”字或作“粊”。《伪孔传》以当鲁东郊地名。司马贞也说是“鲁之费邑”。而誓文中有“徂兹淮夷、徐戎并兴”一句。确是与东方的“费”有关系。《集解》引徐广说：“一作鲜，一作獮。”《索隐》引《尚书大传》作“鲜誓”。而《鲁世家》本文作“肸誓”。于是司马贞解作“行獮田之礼，以取鲜兽”，不知原文是说“伐淮夷徐戎”中的“鲜夷”。“鲜夷”与“牟夷”的性质相同。

“牟”字是“已”字、“牛”字相合，“鲜”字是“鱼”与“羊”相合，都是“攻鱟族”与“牧羊族”的结合。“牟夷”是齐之祖，“鲜夷”是秦之祖，都是先在东方，后到西方去的。这样说来，“秦族”与“鲜虞族”也有关系了。据作者看法，也是有的。《史记·秦本纪》又说：“中衍以后，嬴姓多显，为诸侯。在西戎。中潏生飞廉。飞廉有子曰‘季胜’。季胜生孟增，是为宅皋狼；皋狼生衡父，衡父生造父。善御。穆王以赵城封造父。由此为赵氏。”又说：“恶来革者，飞廉子也。有子曰女防。生旁皋，旁皋生太几，太几生大骆，大骆生非子。非子居‘犬丘’，其后世为周孝王息马。邑之秦。号曰秦嬴。”在这里，又是暗示“秦族”由“鸟图腾”转变而为“马图腾”，与“犬图腾”的氏族发生关系。“鲜虞”是白狄，这是王符以来的学者都共同承认的。《左传》定公四年：“中山不服。”杜预说：“中山，鲜虞。”《赵世家》正是说“犬是代之祖”。大约“犬图腾”与“马图腾”，都在“中山”与“代”一带。秦、赵与鲜虞的关系，诚如《秦本纪》所说。原因是“鲜虞”本是“鲜夷”，是“攻鱟族”与“牧羊族”同化以后的称呼。秦、赵的关系已如上文所说，都是“夷人”。原先是“已姓”的系统，后改从“嬴姓”。这一姓，散布在东南方的，比在西北方的较多。《后汉志》泰山郡有“嬴县”。《左传》桓公三年：“公会齐侯于嬴。”庄公三十一年：“筑台于秦。”杜预说：“嬴，齐邑。”正是泰山嬴县。又说：“秦台为范县之秦亭。”范县在东郡。这都是秦、嬴原本散处于东方的证据。至于东南方的嬴姓国家，王符说有：“梁、葛、江、黄、徐、莒、蓼、六英，皆皋陶之后也。”但是《史记》上说：“嬴姓是颛顼之后。”这与上文所说“皋陶”是“高阳”一事实又相合。

梁不是南方国。桓公九年有“梁伯”。古器也有“梁伯戈”。杜预说：“梁国，冯翊夏阳县。”僖公六年传说：“梁近秦。”僖公十五年：“赂秦伯以河外列城五，东尽虢略，南及华山，内及解梁城。”足见杜预所说的地望不错。但是汉之“梁国”就是秦之“砀郡”，有“阳梁聚”，有“葛乡”，古葛伯国。这才是东方的“梁、葛”。《孟子·滕文公下》篇：“汤居亳，与葛为邻。”《梁惠王下》篇也说：“汤始征自葛始。”逸《汤征》“葛伯仇饷”，这件事是说东方的“葛”。大概“梁、葛”又是相连在一起的部族。东方有“梁”，西方也有“梁”。东方有“葛”，西方有“耿”。梁、葛，梁、耿，都是从“貉貊”的语源上转变来的。《史记·秦本纪》武公十三年：“晋灭霍、魏、耿。”《正义》引《括地志》说：“故耿城，今名耿仓城，在绛州龙门县东南十二里。”引《都城记》说：“耿，嬴姓国也。”这同“解梁城”的“梁”，实在是相连的。王符的说法，与《都城记》相合。东方的“梁、葛”，与西方的“梁、耿”，关系相同。《左传》僖公十七年又说到“徐嬴、葛嬴”，这又证明“葛”确实是嬴姓。但是“徐”就是“舒”。这个国家，是很古的。文公十二年：“群舒叛楚。”杜预说：“群、舒，偃姓。”这里可以证明两个问题：第一个，是嬴姓是从已、偃一系统而出。“徐”原本是“偃姓”，所以有“徐偃王”。“莒”本来是“已姓”。王符也把她归入“嬴姓”一系统。第二个问题，既然同是“皋陶”之后，而“皋陶”是“高阳”的对音，“高阳”就是古代“易族”。“匽”与“易”的关系，上文已经说过。而“易旅”就是“易族”，这个问题也可以得到证明了。再其次说到“英”，《左传》作“英氏”。僖公十七年：“春，齐人为徐伐英氏。”注说：“英氏，楚与国。”其实江、黄、六、蓼，都是楚与国。《曾侯簠》有“叔姬邛嫞”。王符既然把“江”属之“嬴姓”，这显然与“叔姬江嫞”一说不合。“叔姬”，是曾氏的女，有《曾姬无卹壶》作证。如果“邛嫞”同“息妫”的例子一样，那是楚改姓嫞时邛国亦改姓嫞。“曾”本是姒姓，这里的曾改姬姓了，正是汉阳诸姬之一。《曾侯钟》有“楚曾侯”，也是“龏井氏”“卫共姬”“宋共姬”之例。意思是说这是属于“楚国”的“曾氏”。在这里，虽不能确实断定江、黄的姓。可是江、黄与楚的关系，比之与秦的关系还要密切，却是很实在的。这都是嬴姓起于东方、南方，与秦、赵本属东夷的证据。在这里，也可以透视一部分古代民族移殖的情形。

楚的始祖虽是南方的部族，可是从周邦分殖过来的。《左传》昭公十二年：“楚子曰：昔我先王熊绎，与吕伋、王孙牟、燮父、禽父，并事康王。”又说：“昔我先王熊绎辟在荆山。筚路蓝缕，以处草莽；跋涉山林，以事天子。”《史记·楚世家》楚成王恽即位天子赐胙曰：“镇尔南方夷越之乱。”楚人原是沿着汉水到南方，在筚路蓝缕中把楚荆开发起来的。从古文字上看来，“荆山”就是“梁山”。《梁伯戈》的“梁”字作“[illegible]”。《过伯段》：“过伯从王伐反荆。”字作“[illegible]”。《贞段》：“贞从王伐荆。”字作“[illegible]”。《师虎段》“緐荆”的荆，作“[illegible]”。从梁字所从之“[illegible]”，与荆字所从之“[illegible]”看来，两字相同。其偏旁从水，与从井相同。而且荆本可作“[illegible]”。从井、从水，都可省。《梁伯戈》中说到“鬼方蛮”，这梁伯一定就是《韩奕》所谓“奕奕梁山”的“梁”，在左冯翊夏阳。梁山实在可称荆山。凡是草茅未辟的山林，都是荆山，也都可以名梁山。“荆、梁”或“梁、荆”，与“梁、葛”或“葛、梁”“耿、梁”“解梁”，都还是“貊貉”“貊貉”一个语根上出来的。并且由此可以知道“井方”“井伯”的“井”，就是“妌”或“邢”等字所从之“井”。《崧高》里说到“王命召伯，徹申伯土田”，以及《左传》里所谓“筚路蓝缕，以启山林”，都是用“乂”去开辟土疆的意思。以“乂”开辟草莱，然后凿井，于是可以住人了。史传里并未说到西周有那一位王向“东国”走过一蹚。可是《左传》《竹书纪年》《天问》，都说到昭王南征。古器里有好几个器说到“王伐反荆”或“伐楚荆”的。可见东方还是有旧势力弥漫着。楚荆，却是周人自己新开辟的地方。熊绎虽然从周邦而来，可是本属南方部族。所以《史记》说楚是吴回第六子季连之后。自从楚人兴国，南方的群蛮、群舒都给他们统率起来了。其中最著名的有郧、鄀、罗、夔、邓等国。而江、黄、六、蓼，也在其内。周人到东南方来，多半因旧人成事的。如“因商奄之民”，“因是谢人”，“因虢郐之君贪而好利”。太史伯对郑桓公说：“独洛之东土，河济之南，可居。”这个范围，正是晋、楚缓冲地带。郐是妘姓，并见于《国语》及《大戴记》。郐是妘姓古国。由此向南，妘姓的国家便多了。先来说“郧国”。《左传》宣公四年：“初若敖娶于郧，生斗伯比。若敖卒，从其母畜于郧。淫于郧之子女，生子文焉。”杜预说：“若敖，楚之八世祖。”此“若敖”，就是《楚世家》“熊咢”子“熊仪”。楚君称“敖”的，尚有“霄敖”“杜敖”。《左传》桓公十一年有“莫敖”。杜预说：“楚官名。”其实并非官名。“敖”字的问题，上文已经说得很详细，是一种部族的名称。称“熊”、称“敖”，都可以作楚人与“匽族”“嬴族”有关系的证明。郧就是云，也可以从女作妘，就是“上巳族”。后来在南方新兴的称“南汜”。

作者以楚来代表“南汜”，是根据班固“芈强大于南汜”一句话。现在就把这种事实说出来。妘金文作娼，或作嫞，因此知道桓公十一年“郧人军于蒲骚”的“郧”，就是“邧”。杜预说：“郧国在江夏云杜县东南。”正在楚国的区域。但在哀公十一年又有“殡于郧”一语。杜预说是“卫邑”。又十二年《经》：“公会卫侯，宋皇瑗，于郧。”这又是一“郧”。杜预说：“郧，发阳也。”广陵海陵县东南有“发繇亭”。“发阳”之作“发繇”，如同“高阳”就是“咎繇”。妘姓本来是“已族”，所以散布也很广的。其次还有“罗”。桓公十二年《传》：“罗人欲伐之。”杜预说：“罗，熊姓国。在宜城县西山中，后徙南郡枝江。”熊姓，就是嬴姓。同楚的族属相近。再其次是“邓”了。罗姓熊，与楚王名相关；邓姓曼，与楚姓嫞相关。桓公九年《传》：“楚子使道朔将巴客以聘于邓。邓南鄙鄾人攻而夺之币。”杜预说：“鄾在今邓县南沔水之北。”这“邓”，就是《国语·周语中》“邓由楚曼”的“邓”。曼、芈同时出于“嫞”。所以楚人的婚姻制度还是在氏族状态中的。又隐公十年：“盟于邓。”杜预云：“邓，鲁地。”桓公二年：“蔡侯、郑伯会于邓。”杜预说：“颍川召陵县西南有邓城。”这个也不是“邓曼”的“邓”。金文中有“豆闭𣪘”。“豆”就是“邓”字，作“𢍏”，与“龏”字从龙、从廾同义。“豆”就是古代的“佷人”，与“鼓人”“彭人”都有关系。“邓曼”的“邓”，“豆闭”的“豆”，都是把古代的“娃”姓作国族名，所以散处在东南方各地很多。“鄾”就是“夔”，上文已经说过。《左传》僖公二十六年：“楚人灭夔，以夔子归。”又说：“夔子不祀祝融与鬻熊。”可以证明“夔”与“楚”的关系。杜预也说：“夔是楚同姓国。今建平秭归县。”所以作者用楚代表夔族。“邓南鄙鄋人”，就是“夔人”。古代南方蛮族很多的，所谓“三苗”，原是说“黎氓”种别之多。又有胡国，始见于襄公三十一年，是“归姓国”，也是“夔族”。昭公四年：“胡子沈子淮夷，伐吴。”杜预说：“汝阴西北有胡城。”《周礼·考工记》：“妢胡之笴。”郑玄说：“胡子之国在楚旁。”其实这“妢胡”应当作“汾胡”。“笴”就是“楛矢”。《禹贡》：“惟箘簬楛。”徐广说：“一作‘箭足杆’。杆即楛，音怙。箭足者，矢镞也。”郑玄以“笴”是“矢干”。这些解释都对的。但是马融说这“箘簵楛”是“三国所致贡，其名善也”。换而言之，《禹贡》所谓“维箘、簵、楛，三国致贡其名”，是说“箘、簵、楛”是“箭藁”名，也是“国名”，就是以国名名器物的意思。“簵”，《说文》引作“簬”，就是“潞胡”之“潞”。《招魂》：“菎蔽象棊。”王逸说：“或言菎簬，今之箭囊。”这“菎簬”就是“箘簬”；也可以从竹，作“篦簬”。其实“箘簬”“箘簵”“篦簬”，都是说北方“鼓、潞、胡”的狄族。所以说“妢胡”就是“汾胡”。这些地方出“箭干”，出“矢镞”，都用国名名其所产之物。菎之称“菎蔽”，如鄢之称“鄢蔽”。《国语·郑语》：“鄢、郐、妘路、偪阳，姓。”而宣公十五年《左传》“潞子婴儿”之“潞”在北方。足见“胡”有在南的，“潞”有在北的。“归”姓即“媿”姓，“楛”也就是《旱麓》篇“榛楛济济”之“楛”。陆机说：“上党人蔑以为筥箱。”“楛”可省作“苦”。郤犨即苦成叔，见《左传》成公十四年。也是与“汾胡”之说相合。《周礼·职方氏》：“其利金、锡、竹箭。”注说：“故书箭为晋。”《吴越春秋》：“晋竹十廋。”就是“箭竹十廋”。以字形说，“晋”字也有“箭”义。（作者很赞同萧璋先生“释至”的说法，不过又是以国族名名物的例子）“晋”既然可作“箭”，又是证明“汾胡”之说不错。所以《职方氏》说：“冀州”，其浸“汾潞”。楛、枯，柯、笴，可以通用。“斧柯”的“柯”，是柄；“箭笴”的“笴”，也是柄。求其根源：“箟簬”或“潞胡”，都是“豽貉”“昆吾”一语根上所派衍出来的。这又是“夔族”晋、楚都有的明证。现在再来说一个国族，就在楚国近傍的“随”，也是晋、楚都有的。《左传》隐公五年：“翼侯奔随。”杜预说：“随，晋地；在平阳绛邑县东。”桓公六年：“楚王侵随。”杜预说：“随国今义阳随县。”桓公八年：“楚子伐随，军于淮汉之间。”桓公十一年：“郧人与随、绞、州、蓼伐楚师。”照《左传》说：“汉东之国，随为大；随张，必弃小国。小国离，楚之福也。”随是姬姓，本属汉阳诸姬之一。这是改姓的原因，原本不是姬姓，是很古的部族。“随”可以作“隧”。《荀子·非相篇》引《角弓》“莫肯下随”作“下隧”。也可以作“遂”。《说文》：“随，从也。”“遂，亡也。”《仪礼·燕礼》：“遂祭酒”“遂卒爵”“遂拜”。《聘礼》：“遂命使者”“遂受命”。郑玄注：“遂，犹因也。”这是“遂”字可以引申作“从”字解的明证。但是《聘礼》：“使者入，及众介随入。”又与“遂”稍有区别。“随”之可以作“遂”，如“隋”可以作“隊”。《左传》襄公十一年：“隊命亡氏，踣其国家。”“隊命”，就是“隋命”。因此觉得昭公八年“寘德于遂”的“遂”，就是“随”。庄公十三年“齐人伐遂”，《战国策》“神农伐补遂”，都可以作“随”。庄公十七年：“夏，遂因氏、领氏、工娄氏、须遂氏，飨齐戍。醉而杀之。齐人歼焉！”这条非常重要！从这里可以看出古代氏族的残遗痕迹。传说里的“燧人氏”，就是“遂人氏”。《左传》定公四年：“王使执燧象以奔吴师。”杜预说是“烧火燧，系象尾”。《吕氏春秋·至忠》篇：“射随兕中之。”《说苑·立节》篇作射“科雉”。高诱说：“随兕，恶兽名。”这里高诱、杜预的说法都不很对。“燧象”“随兕”“科雉”，都是照着一种“兽”形或“鸟”形的图腾旗射。如《史记·齐世家》太公誓师时所执的“苍兕”旗，也作“苍雉”。足见《天问》“逢彼白雉”，也可作“白兕”。原是指“鸟图腾”的“遂人”，或“兕图腾”的“遂人”而言。《仪礼·大射仪》：“距随长武。”郑玄说“随”是“物横画也”。这是引申义。实在是“巨遂长武”。原说用一种“巨人”的步武作标准。这样说来：“遂国”或“随国”，都是古代的“爲族”。《左传》说“士蔿”之孙“士会”封于“随”，谓之“随武子”。《国语·周语下》：“帅象、禹之功。”就是说“象族”与“禹族”。“爲”本是用爪执象的形状，这在上文已经说过。古代的“象族”，就是后来的“易族”，到了周代，就是“遂国”，也作“随国”。《考工记》的“鉴燧”，《淮南子·览冥训》作“阳燧”，《周礼·秋官·司烜氏》的“夫遂”，据我们看，都是从“遂族”里的人传出来的。“阳燧”，就是“易燧”。“夫遂”，就是“补遂”。“遂”之称“补遂”，如同“脩”之称“补脩”。钻木取火一件事，是古代“遂族”的发明，所以有“燧人氏”的传说，再从“寘德于遂”的后裔“陈胡公”是“妫姓”，又可以证明“遂族”就是“爲族”。《周礼·地官》“遂人”“遂师”“遂大夫”，《左传》襄公七年的“隧正”，也是“貉隶”“啬夫”“田畯”“舂酋”“驺虞”一类性质，都是用一种部族作一种专门的官职。

春秋以后与楚关系最深的莫过于“鄀国”了。僖公二十五年：“秦、晋伐鄀。”文公五年：“秦人入鄀。”杜预说：“鄀本在商密，其后迁于南阳鄀县。”“鄀”可以作“婼”，原本是族姓。照此看来，“汾”之作“妢”或“邠”，也是古代的族姓。又在鄀氏器中见“鄀妫”。而《世本》说“婼”是姬姓。这与“随”的情形相同。照理说来，最早的“鄀”，是“嶌族”，而婼姓。后来以姓作氏，变作鄀氏，而妫姓。周人起来以后，改从姬姓。金文中有“上鄀氏”，与楚同姓。这是不改姓姬，而改姓嬭的鄀氏了。“上鄀”以外，在楚附近的，还有“上庸”。文公十六年：“使庐戢黎侵庸，及庸方城。”这是“上庸”。又成公十七年：“楚人灭舒庸。”这是东方的庸。所以杜预说他是东夷国。此外还有“邶、鄘、卫”的“鄘”，这是殷代的庸。就是《章伯封段》的“章”，或释作“郭”。《尚书·牧誓》：“及庸、蜀、羌、髳、微、庐、彭、濮人。”这里的“庸”是“东人、庸人”的“庸”。古代部族变作国族有迟早。如“邶、鄘、卫”的“鄘”，是早期成国族的。在同时，还有许多未成国族的“庸人”。等到这些“庸人”也有成国族的了，于是“上庸”这个名词出来了。上鄀、上蔡、上党、上唐、上程等等名称的出现都是同一方式。“庸、蜀、羌、髳、微、庐、彭、濮人”，原是说人，不是说国。这是务必先要弄清楚的。“庸”已经说过了，“蜀”也是“蜀人”。甲文中已经有“蜀”，不见得是“巴蜀”的“蜀”。《左传》宣公十八年：“楚于是乎有蜀之役。”成公二年：“公会楚子婴齐于蜀。”下文又说：“楚师侵卫，遂侵我师于蜀。”这蜀地在鲁。杜预说：“泰山郡博县西北有蜀亭。”可见楚、蜀的关系不一定同巴、蜀相连带。“羌”，作者在上文已经说得很多。殷代的羌，种类也有好几种，大都散布在东方。髳、微、庐同楚的关系也很密切。古书里所谓“皮卢”，就是“皮肤”。所谓“胪陈”，就是

“铺陈”或“敷陈”。“吕刑”，就是“甫刑”。所以“髳、微、卢”三名与“箘、簬、楛”三名同性质。就是说，“髳微”可以成一謰语，“微卢”也可以成一謰语；如同“箘簬”可以成一謰语，“簬楛”可以成一謰语。《诗经·角弓》篇“如蛮，如髦”。《郑笺》“西夷别名”，字又作“茅”。可见“茅、髳、髦”，是一字的异体。古器中有“微䜌”，等于《牧誓》的“髳微”。两者不必同是一个人，可以说同是一种人。“微卢”更加与“苗黎”“貊貉”一语根相近。“髳、微、卢”，其实是一种人。因为传世久的原因，三者各自成部族。先来说“茅”。《左传》成公元年《经》：“王师败绩于茅戎。”《传》云：“刘康公伐茅戎，三月癸未，败绩于徐吾氏。”这“徐吾氏”，当在周、郑之间。因为《左传》里郑大夫有徐吾犯，见昭公元年。又文公十七年：“秋，周甘歜败戎于邥垂。”这件事与上面一件事有关系。杜预说：“邥垂周地，河南新城县北有垂亭。”这是成周一带的茅戎。又襄公二十六年：“卫人侵戚东鄙，孙氏愬于晋。晋戍茅氏，殖绰伐茅氏，杀晋戍三百人。”这“茅氏”，又在卫、晋之间。“茅”也是“北䜌”之别，当然有在晋的。《左传》文公三年：“秦伯伐晋，遂自茅津济。”《史记·秦本纪》：“秦穆公伐茅津。”《括地志》：“茅津及茅城在陕州河北县二十里。”这也是晋地的“茅”。此外“茅”也有在东方的。《后志》山阳郡高平西南有“茅乡亭”。《水经注》也说：“茅亭，茅戎号。”这“茅戎”就是鲁之茅夷鸿。《左传》哀公七年：“秋，伐邾。及范门。犹闻钟声。大夫谏不听。茅成子请告于吴，不许。曰：‘鲁击柝闻于邾、吴二千里，不三月不至，何及于我？且国内岂不足。’成子以茅叛。”杜预就说是高平茅乡的“茅”。本来茅、髳、髦都是蛮、苗的声变。所以“茅”同楚也是近族。“茅氏”之中也有姬姓的，也是改姓的原因。僖公二十四年：“凡、蒋、邢、茅、胙、祭，周公之胤也。”这里的“茅氏”，或许就是周、郑之间的“茅”。《牧誓》的“髳”，或许是“茅津”的“茅”。古代“眉”与“微”声同相通假。《仪礼·少牢馈食礼》：“眉寿万年。”郑玄说：“古文眉为微。”《崧高》“王饯于郿”，是右扶风的“郿”。《散盘》：“即散用田眉。”这大概是指“郿人”。“田眉”如“田畯”。这是《牧誓》的“微”。不过《散盘》眉、微分用。又有“敉父”，也作“敉武父”。《尒伯段》：“王命益公征眉敖。”这“眉敖”，与楚的“莫敖”“若敖”等例相同。所以“眉”与楚也有关系。眉又作“衅”。《颂鼎》：“颂其万年衅寿畯臣。”正与作者“田眉”如同“田畯”一说合。畯就是“夋民”。又合于楚代表“夔族”的说法。“眉”也有在东方的。庄公二十八年《左传》“筑郿”。杜预说：“郿，鲁下邑。”古器中有“盨盨敖。”这鲁、眉两字都从皿，与盄字、盂字等的例子一样。可见“眉敖”是一謰语。金文敉作[illegible]，作[illegible]。敖作[illegible]。据作者的看法，古敉、敖同字。所以后世“眉”“敉”通用，在古代反而有别。照上文的说法，“郿人”就是“易族”，也就是古代的“伣人”，或称作“侁人”。自然各地都有。不止“鲁”国有，“齐”国也有。定公九年：“齐侯致禚、媚、杏于卫。”杜预说：“三邑皆齐西界。”颜师古注“扶风郿县”说：“音媚。”古代地名与姓氏名相通。从女、从邑，其义也相通。《左传》哀公十五年：“齐为卫故，伐晋冠氏，丧车五百。因与卫地，自济以西，禚、媚、杏以南，书社五百。”这也不是“筑郿”的“郿”。再其次说“卢”，或作庐。上文大略已经说到一点。卢有姜姓的，现在要说的是蛮氏卢。《左传》桓公十二年："楚伐绞，大败之，为城下之盟。""伐绞之役，楚师分涉于彭。罗人欲伐之。"次年，"楚屈瑕伐罗。及鄢，乱次以济。遂无次。且不设备。及罗，与卢戎两军之"。这里的"彭"，才是《牧誓》"彭濮人"的"彭"。杜预说："彭水在新城昌魏县。""罗"，上文已经说到过，是熊姓国。所以说这"卢戎"也是蛮氏。襄阳中卢县，恐怕是"卢戎"的故居。上文所引文公十六年的"庐戢黎"，大约就是"卢戎"。在这一年，"楚大饥戎，伐其西南，至于阜山。师于大林，又伐其东南。至于阳丘，以侵訾枝。庸人帅群蛮以叛楚。麇人率百濮聚于选，将伐楚"。这里的"百濮"，又与《牧誓》的"彭濮"相合。《牧誓》中的"卢"，就是"卢戎"的"卢"，大概是可信的。一般都说是弘农卢氏县的"卢"。又济北国也有"卢县"，这是《左传》隐公三年"齐、郑寻卢之盟"的"卢"。都与《牧誓》所说无关。卢县有敖山，因此想到"卢敖"一名。《淮南子·道应训》："若士谓卢敖曰：吾与汗漫期于九垓之外。"又说："卢敖游乎北海，经乎太阴，入乎玄阙，至于蒙谷之上。""汗漫"与"卢敖"的关系，正是影射"遨扬"的意义。《史记·秦本纪》说卢敖是燕人。由"卢敖"一名与"眉敖""莫敖""若敖"相比较，"眉、卢"都是楚的近族，又得一明证。《牧誓》的"卢"，《史记·周本纪》引作"纑"。这与"曾"之作"缯"相同。《正义》引《括地志》说："房州竹山县及金州，有古卢国。"这一族自然散布很广。"敉卢"与"苗黎""貊貉"，都是同一语根。《国语·周语中》"卢由荆妫"，这是"敉卢"的"卢"，正同"随"有"妫姓"，"鄀"有"妫姓"一说相合。照上文说来，《牧誓》中的"庸、蜀、羌、髳、微、卢、彭、濮人"，大半与楚有关系。这就是说楚是由周邦分殖过来的。周人的兴起，因南人之力为多。

上面所说的国家，以散布在江、汉之间的作中心。并且连类讲到同一氏姓的国族，散布在他处的。这里面多半是“已图腾”“嬴图腾”的系统。现在要说“匽图腾”的系统以内的国族，散布在北方的。这一枝，并不很盛。从其国名上看来，有许多在殷代都已经立国的。大都分布在河、渭之间，或伊、洛以南，及东方的易水流域。这些国家渊源比较古，不像“南汜”一系统都是新兴的国族。先从东方的“北燕”说起。上文约略提到几次，现在把这个国族放在“匽图腾”系统里再来讲明白她。“北燕”就是“匽昭公”的“匽”，殷代称为“邶”。金文中有邶伯鼎。“召”也作“昭”。《天问》所谓“昭后成游”，虽指周昭王，但是“昭后”的名称，同“夏后”相应。并且同“州人”有关系。《周公殷》的“州人”，就是《诗经》里的“邶国”。《战国策·楚策四》：“庄辛同楚襄王说：‘君王左州侯，右夏侯；辇从鄢陵君与寿陵君。’”这里的“左州侯，右夏侯”，与《国语·楚语上》史老所说“左执鬼中，右执殇宫”同意义。作者上文已经说到“鬼中”是鬼方的史册，“殇宫”是易旅的史册，易旅就是“匽图腾”。并且说到鬼方的文化就是后来所谓夏文化。“州侯”等于古之“召后”，“夏侯”等于古之“夏后”。这是说燕、冀原是文化相对等的部族，都是从南向北的。到了战国时候，“寿陵君”是代表古“州侯”了；“鄢陵君”代表古“夏侯”。《庄子·秋水》篇：“且子独不闻寿陵余子之学行于邯郸与？”成玄英正以“寿陵燕邑，邯郸赵都”作解。“鄢陵”虽然在颍川郡，可是“邬”就是“鄢”。《左传》昭公二十八年有“邬大夫”，就是“太原邬县”。《吕氏春秋·当赏》篇：“公子连去入翟，从焉氏塞。”都可以证明秦、晋都有“焉氏”或“鄢陵”。所以“左执鬼中，右执殇宫”，与“左州侯，右夏侯；辇从寿陵君与鄢陵君”，都应是北方的故实，却在楚人的口里说出来。足见燕、冀的部族南方也是有的。杜预说：“随、绞、州蓼”之“州”在南郡华容县东南。而鄢水在“襄阳宜城县入汉”。吴季札本封“延陵”，后封“州来”，称“延州来”。而“州来”是楚邑。并且“延陵”与“寿陵”，意义相通。“郾、郢”二地相近。《荀子·议兵篇》作“鄢、郢”。这样，便可以明白古代的“州侯”“夏侯”，就是后世的“寿陵君、鄢陵君”。北方有“州人”，南方也有“州人”。北方有“夏姬”，南方也有“夏南”。这一对比，非常重要！就是说，“北燕”与“南燕”，是一个部族的分离。而周人与匽、嬴一系统关系非常密切。北燕后来改作姬姓，是有很深厚的渊源的。燕召公与召穆公虽同为“召氏”，可是召穆公是周人直接的系统；燕召公可不是直接的系统，是间接的系统。与“北匽”性质相同的是“韩”。（韩族传播最远。朝鲜之辰韩、弁韩、马韩三名皆很古。辰是龙图腾。弁字是廾上一𠃌字，是蛇图腾。所以弁韩又名弁辰。马韩就是“伣风”）上文也已经约略说到。《韩奕》诗说：“溥彼韩城，燕师所完。”这韩城就是《左传》僖公十五年的“韩原”。《括地志》说在“同州韩城西南一十八里”。《诗》里又说“韩姞燕誉”，这是“燕姞”嫁给“韩侯”的证据。但是又说：“韩侯娶妻，汾王之甥，蹶父之子。”这“汾王”就是“豳王”。又是说出“南匽”与西人的关系。“南匽”之改为“南燕”，是比较晚的事。因为“北匽”是早就称“燕”。因为燕、冀都在北的关系，“南匽”本没有称“燕”的必要。《史记·秦本纪正义》引《括地志》说："南燕虚在滑州胙城县。"可见"南燕"一族也是散布很广。现在要说到与"韩"相近的"阳"了。中国古代地名称"阳"的，多不可胜计。除掉那些某山之阳、某水之阳的不必说，专说单称"阳"或"阳人"的，也不少。《史记·秦本纪》："秦以阳人地赐周君。"就是河南梁县的"阳人聚"。《左传》定公八年："公侵齐，门于阳州。"这是东方的阳。襄公二十九年："虞、虢、焦、滑、扬、韩、魏，皆姬姓也。"这里的"扬"，正是"扬八师"的"扬"，后改作"阳"。扬、阳，都是指"易族"。杜预说："扬属平阳郡。"又文公十六年有"阳丘"，在楚。《史记·秦本纪》："与赵王会中阳。"《地理志》西河郡有"中阳"。最重要的莫过于"上阳""下阳"了。《左传》僖公五年的"上阳"，是虢国都。僖公元年的"下阳"，是虢邑。这一带，是古代"阳人"最盛的地方，都在河东郡。我们已经知道"唐"可以作"歅"。"匽族"就是"燕族"。所以说"北燕"是"匽族"。这些部族从中世以后才产生。其实原本都是"象族"，也可以说是"嶌族"，因此分布很广。闵公二年"齐人迁阳"。杜预以为是"齐人偪徙之"。似乎说这个"阳"是"偪阳"。其实"阳"都是"偪阳"。定公八年的"阳州"，就是昭公二十五年"公孙于齐，次于阳州"的"阳州"。杜预说是"齐、鲁竟上邑"。此外国族中有"阳梁""阳樊"；人名中晋有"阳处父"，鲁有"阳虎"。匽、阳、韩，是一个系统，都从古代的"匽图腾"而出。这一批国族都比较古。与齐、晋，秦、楚的系统不同了。而与这一系统相近，也是从周代以后改姓"姞"的，便是"雍氏"了。这"雍族"，从殷代以来就有。甲骨文"雍"字从淮、从口；或省水，从隹、从口。所以说“雍族”就是“淮夷”之一种。原先“匽图腾”中有许多部族变为“鸟图腾”。殷人、雍人，都是“鸟图腾”中之一部族。《禹贡》：“阳鸟攸居。”《吕氏春秋·恃君览》：“其鹿野、摇山、阳鸟、大人之居，多无君。”又说：“缚娄、阳禺、驩兜之国多无君。”又说：“舟人、送龙、突人之乡，多无君。”都是暗示这些部族是氏族社会，没有国族组织。“大人”，就是《国语·鲁语》所谓“于周为长狄，今为大人”的“汪芒氏”。“阳鸟”一定是部族名，作“阳岛”者误。“阳禺”，就是“禺人”中的“易族”，正合于作者所说的“匽图腾”。“阳鸟”也是“易族”中的“鸟图腾”。所以“雍氏”与“殷、阳”两族都有关系的。《史记·殷本纪赞》里有“稚氏”。《索隐》说“《世本》子姓无稚氏”。作者疑“短氏”就是“氏”。《夏小正》“雉入于淮为蜃”，更可证“雉氏”应该是“雍氏”。后来周人兴起了，改作“姞姓”，正与“匽族”的改法相同。后来的宋国有“雍氏”。“郑庄公娶于宋雍氏，曰雍姞。”见桓公十一年。东方人姓雍的很多。周有“雍纠”，鲁有“雍廪”，齐有“雍巫”。地名中以雍名的也很多。最重要的是襄公十八年郑邑“雍梁”。杜预以河南阳翟县东北“雍氏城”当之。其次是《史记·秦本纪》“秦德公初居雍城”，就是右扶风雍县。这是“雍族”在西方的大本营。后来“雍州”的名称，实从这一中心区域扩大的。又陈留郡“雍丘”，本杞国。又“燕”本“南匽国”，有“雍乡”。又是“雍族”古本与宋、杞、匽有关系的证据。“雍州”的名称，从一极小的地名扩大为州名。“冀州”的名称，也是同一方法。《左传》僖公二年：“冀为不道，入自颠軨，伐鄍三门。”二十五年：“迁原伯于冀。”《后志》皮氏县有“冀亭”。《秦本纪》：“武公十年，伐邽冀戎。”应劭说：“冀属天水。”“雍”地大多在东南方。“冀”大都在西北方。这不是偶然的，其原因上文已经说过了。古代有好几个国族都由两个部族合拼起来的。上文所举的“鲜虞族”“牟来族”，以及“延州来”“鬲攸从”都是。最有意味的是“魏”了。据作者在上文的说法，“魏”是“鬼方”同“委姓”相结合的国族。“委姓”，也是属于“爲族”。《国语·郑语》：“禿姓，㑩人。”“禿姓”，就是“委姓”。从女，从人同意。如允字可从人，也可从女。羌字可以从人，也可以从女，作姜。允、妴，羌、姜，禿、委，就是三种同样例子。《说文·辵部》：“逶”字或作“蝺”。因此知道“逶”就是“𨕌”。如同“逿”就是“逖”。“𨕌族”，可作“爲族”，或作“蔿族”。从辵，说其行；从宀，说其居；从艸，说其辟在草莽。《山海经·大荒东经》有“蔿国”，《海内北经》有“倭人”。逶、倭，𨕌、伪，所指的都是“服象耕田”的部族。所以传说有“舜葬苍梧，象为之耕”的故事。说这种人是“㑩”，正是告诉我们这“禿人”也是“豿族”。“逶”可以作“蝺”，又是暗示这“禿族”也属于巳、匽一图腾系统。不过后来这一族中有变作“黾图腾”的。《尔雅》有“魏牛”。郭璞《山海经注》以“夔牛”当之。其实就是“封牛”。“巳图腾”系统中是有转变为“牛图腾”的。《管子·水地》篇：“涸川之精，名曰‘蝺’。一头而两身，其状若蛇，其长八尺。以其名呼之，可使取鱼龟。”也是暗示“蝺”属于巳、匽、嬴一系统。原先属于这一系统的，恐怕还不是唐、魏的“魏”，是《淮南子·地形训》“伊出上魏”的“魏”。“上魏”也就是“象魏”。因为是“山鬼”与“禿人”的合组部族而得名。所以双阙也名“象魏”。《周礼·天官·大宰职》：“乃县治象之法于象魏，使万民观治象。"《左传》哀公三年："季桓子至，御公立于象魏之外。"又说："命藏象魏。曰：'旧章不可亡也。'"照这样说来，"象魏"是"阙门"。但又说："藏于象魏。"不仅是"阙门"，也是"鬼中"之类了。本来"山鬼"就是"夔族"，"秃人"又是"象族"，也可以说是"禹族"。向来是对立着的。古代惟有"魏族"合组成功，所以称"象魏"以示"象"。"魏"本在"晋"。《后志》："河东郡永安，故彘。河北，诗魏国，有韩亭。"可见"韩"是"徂旅"与"易旅"合组的国族，原是取法于"象魏"的。但是《地形训》既然说"伊水"出"上魏"，那末古代的"魏"，还是在河南。这件事是大家不知道的。照作者看来，"遂族""易族""寫族"，都是原于"象族"或"禹族"。溯其源，都是"貊族"。

《左传》里讲到戎狄的地方最多。狄分白狄、赤狄。闵公二年的"东山皋落氏"，《国语》作"东山皋落狄"，贾逵、杜预都说是赤狄。僖公二十三年："狄人伐廧咎如。"《史记·晋世家》作"狄伐咎如"。贾、杜两家都说是赤狄。"咎如""皋狼""皋落"是对音，是很显明的。就是"厹猶""仇由"，也还是对音。原是来母的舌音颚化了的缘故。皋落之"落"，就是大貉、小貉之"貉"。《左传》名之曰"大戎、小戎"，赤狄中文化较进步的是"潞"。落、潞、洛、雒，都从"貉"字一语根所出。《说文》以"潞"为冀州浸。"潞县在上党县东北四十里。"古代的水，多半是以所居的部族得名的。除掉长江、大河以外，水名、地名、种族名都是三位一体的。潞水有在归德，洛水有在同州，有在广汉郡。这些地方，都是古代"貉族"活动到的区域。又如"商雒"之"雒"，从隹作。又是"成周八师"，是"殷八师"，所以《翻卣》说："隹明俘殷成周年。”原属于“鸟图腾”的殷民族。“潞”既然是“貉族”所居的地方，为什么又成为“狄族”呢？《左传》宣公十五年：“狄有五罪：不祀，一也；耆酒，二也；弃仲章，而夺黎氏地，三也；虐我伯姬，四也；伤其君目，五也。”其中与我们所说有关系的，就是“黎氏”。杜预说：“黎侯国。上党壶关有黎亭。”注家以为就是“西伯戡黎”的“黎”。不论如何，“狄”与“黎族”相处，是有证据了。“苗黎”就是“貊貉”，所以说“潞”是“貉族”。经文说“晋灭赤狄潞氏”，也是承认“潞”是“狄”，而黎、潞双声。“潞人”实在就是“黎人”。如同唐叔的子孙是晋，曲沃武公的子孙也是晋。上党“长子”，就是《国语·鲁语》所谓“长狄”。汉代有“长水校尉”，如淳曰：“长水，胡名。”这是北方的“胡”的明证。韦昭也说：“长水校尉典胡骑。”刘昭自己也说：“掌宿卫，主乌桓骑。”这又是给我们“长狄”就是“乌桓”的证据。在上文已经说到，“子人氏”与“长鬣者”就是“长狄”，这是所以称“长子”的原因。这一族用“鼠”作图腾，所以责他们“不祀”。同时也说明白“长狄”就是“赤狄”，与“乌桓”就是“赤狄”也相符合。文公十一年：“冬，十月，甲午，败狄于咸。获长狄侨如。”“侨如”有弟名“焚如”“荣如”“简如”。（这段事情极富史料价值，另当辨证）我们先要注意的是侨如、简如、焚如、荣如，都是从“咎如”一语根而出。“侨如”“简如”与“咎如”同声，不必细说的。若是我们没有忘记“貉”有下各切一读，便可以明白“焚如”“荣如”是因为发声部位相近而变的。“长狄”与齐、宋、鲁、卫，都有关系。于是“长狄”的活动区域也不一定限于晋。《前志》千乘郡有狄县，《后志》安乐国临济，注引《地道记》云：“狄伐卫懿公。”

于是后人有说临济是古狄邑。再看《左传》哀公十七年："十二月，齐人伐卫。卫人请平。立公子起，执般师以归。舍诸潞。"这也是指齐邑的"潞"。所以顾祖禹说："鄋瞒在山东济南北竟。"白狄始见于僖公三十二年。"郤缺获白狄子。"杜预说："白狄，狄别种。故西河郡有白部胡。"成公十三年吕相绝秦一段上也说："白狄及君同州。"分明说白狄在雍州。于是杜预说："白狄与秦同居雍州。"宣公八年："晋师、白狄伐秦。"成公九年："秦人、白狄伐晋。"都是白狄起于秦、晋之间的证据。襄公十八年："白狄始来。"这是初次同鲁的交涉。到了襄公二十八年："夏，齐侯、陈侯、北燕伯、杞伯、胡子、沈子、白狄，朝于晋。宋之盟也。"这些事实都还是很普通的。直到昭公十五年，才明白说："晋荀吴帅师伐鲜虞。围鼓，以鼓子鸢鞮归。"杜预说："钜鹿下曲阳县有鼓聚。"在昭公十二年："晋荀吴伪会齐师者假道于鲜虞，遂入昔阳。秋，八月，壬午，灭肥。以肥子绵皋归。"十三年："鲜虞人闻晋师之悉起也，而不警边，且不修备。晋荀吴自著雍以上军侵鲜虞。及中人。驱冲竞，大获而归。"杜预注说："鲜虞，白狄别种。在中山新市县。昔阳，肥国都。乐平沾县东有昔阳城。"又说："肥，白狄也；绵皋，其君名。钜鹿下曲阳有肥累城。"在十三年的注里又说："中山望都县西北竟有中人城。"作者按："鸢鞮"就是"铜鞮"，或作"狄踶"。汉以后的"白铜鞮"，就是"白狄"。《史记·齐世家集解》引服虔说："山戎，北狄。盖今鲜卑。"王符也说："赤狄，乌桓；白狄，鲜卑。""乌桓"实就是"胡"字的演声。"鲜卑"就是"鲜虞"。照上文所说，"白狄"也是散在各地的。"白狄"是比较晚兴的国族。上文已经说过："赤狄是狟族，白狄是狢族。""赤狄是媿姓，白狄是姬姓。”西周的“犬戎”“骊戎”，都是“白狄”。“皋鼬”如果是赤狄的图腾，“皋狼”便是白狄的图腾。渭水流域的“鲜原”，是白狄的发祥地。潞水流域的“太原”，是赤狄活动的中心。这到是要特别提醒的。从上面所说的各方面看来，周人的克服商人，仍旧是采取两条路线。第一条是连络“戎人”，由西北到东南。第二条是开拓汉水流域，也是从西北到东南，直捣“商人”的老巢。于是殷、东孤立了。所以“周人”的政治与军事策略，是按着古代部族移徙的途径而来的。这两条路线之间的各部族，差不多都有互相关系。

现在可以说比较纯粹的已姓国家了。在上文也已经约略提到“莒”是已姓。但“莒”不是“殷人”的本族，是“东人”的近族。所以把它放在“齐”的系统以内说过一些。“宋”是殷后，这是公认的。可是春秋以后的“宋”，也代表“东人”。宋都商丘，就是初期的殷都。《吕氏春秋·顺民》篇：“昔者汤克复，而正天下。天大旱，五年不收。汤乃以身祷于桑林。曰：‘余一人有罪，无及万夫；万夫有罪，在余一人。无以一人之不敏，使上帝鬼神伤民之命。’于是剪其发，鄜其手，以身为牺牲。”“桑林”是商都。桑、商、宋，声近。宋从桑省声，不从松省声。殷人并不用“松”作社木。《鲁颂·闷宫》：“徂来之松，新甫之柏。”“徂来”是地名，也就是古代“徂旅”的发祥所在。“新甫”就是“新吕”。例如吕刑之作甫刑。“徂”与“莒”都在东方，并是行国。《孟子》作“徂莒”，更加可以明白“徂”与“莒”的关系。这些都是殷、东的近族。“宋”字从宀、从木。例同寫、寓、宴、康、豐诸字。已姓就是姒姓。《国语·周语中》：“杞、缯由太姒。”《左传》里说“杞是夷”，又说是“夏余”。因为也是古代的“禹族”，或称作“窩族”。原本是已姓，后来用姓作国族名。杞字从木、从已，邔字从邑、从己，杞、邔，如同桧、郐之例。《说文·邑部》：“邔”是南郡县。据作者的说法，杞、邔、纪，都是从一个部族化分出来的。从已、从己相同。太史公把陈、杞列在一个世家里，也是知道“陈、杞”同是“窩族”的原因。“缯”可以作“鄫”，两个国家都是东方古国。《左传》僖公二十三年：“十一月，杞成公卒。书曰：杞子。杞，夷也。”二十七年又说：“杞用夷礼。”三十一年：“卫成公梦康叔曰：‘相夺予享！公命祀相。’宁武子曰：‘不可！鬼神非其族类可歆祀。杞、鄫何事？相之不享于此久矣！非卫之罪也。’”这又是很重要的文献。因为古代的“卫”与“杞”“鄫”同族，都是殷代“有侁氏”的部族，所以祀“相”。卫从康叔以后，改姓姬，就不能祀“相”了。襄公二十九年：“文子曰：‘甚乎！其城杞也。’子太叔曰：‘若之何哉？晋国不恤周宗之阙，而夏肄是屏，其弃诸姬？亦可知已！’”同年：“范献子来聘，拜城杞。”又说：“晋侯使司马女叔侯来治杞田。叔侯曰：‘杞，夏余也。而即东夷。鲁周公之后也。而睦于晋。以杞封鲁犹可，而何有焉。’”照《史记》的说法，“杞”之先是“东楼公”“西楼公”。这“楼”就是“牟娄”之“娄”。楼之为娄，如鄫、郐之作曾、会。杞、纪、莒原本都有关系。昭公五年：“莒牟夷以牟娄及防兹来奔。”与作者的说法正相符合。并且与“牟娄”就是“牟来”，与也有在西方的一说又相符合。杞、缯由太姒的原因是如此。哀公十七年：“子仲妻杞姒。”正与《国语》之说相同。宋是子姓，杞是姒姓。子姓、姒姓实在是一个系统，就是殷人、东人的系统。“曾”可不同了！有姬姓的鄫，有姒姓的缯。僖公十四年："季姬及曾子遇于防。"杜预说："鄫国，今琅琊鄫县。"这是姒姓的鄫，也作缯。襄公元年："仲孙蔑会齐崔杼，曹人、邾人、杞人次于鄫。"杜预说："鄫，郑地。""在陈留襄邑县东南。"这就是"潧洧"的"潧"。《说文》："潧水出郑国。"应该是姒姓。《曾姬无恤壶》说："圣趄之夫人曾姬无恤。"这姬姓的曾，在缯关，当方城附近。据《后志》：郯国在东海郡。《左传》僖公四年杜注："东夷：郯、莒，徐夷也。"成公七年："吴伐郯。季文子曰：中国不振，蛮夷入伐。""郯"又算是"夏肄"了。"郯"是"鸟图腾"的部族。杜预说是已姓之祖。与宋、杞、曾正是一个系统。在这一系统里，还有一鄅国，也得提到一次。昭公十八年："邾人入鄅。"林尧叟说："鄅，小国，姒姓。禹之后。"杜预说："今琅琊开阳县。"又说："鄅是妘姓。"大约"鄅"在"南汜"的系统。以上五国都是已子姒一系统的古国。但是还不能算是"东人"的正统。

"东人"的系统，可以拿"曹"作代表。这是说殷代的"曹"。周代的"曹"算是姬姓。古代的曹国，就是二东。甲骨文里有"棘"字，又有"䂆"字。金文有"趞曹鼎"，也不是周代的曹。古玺印中曹字作"郋"，省一东字，加邑旁。这或许是曹叔振铎的"曹"，在"济阴定陶县"。古代的"二东"，也名"邾、郰"，也名"齐、曹"。在殷代，"齐、曹"是部族名，"姝媶"是姓。"二东"的国族，到了周代以后，也分散很广。宏农郡有"渑池"。二《志》作"黾池"。《秦始皇本纪》："章邯杀周章曹阳。"晋灼说："在弘农东十三里。"可见豫、陕之交也有"东人"部族。《左传》僖公二年："伐鄍三门。"这"鄍"在河东，古虞邑。古代有所谓"黾阨"，如同"偪阳"之例。"鄍"或"黾池"，都算是"黾阨"。江夏郡有邾、有郰。《史记·魏世家》："攻黾阸之塞。"徐广说："在江夏黾县。"而邾呢？据《地道记》说："乃楚灭邾以后移来的。"不论是否可信，"黾阸"就是"黾"。邾、郰二族散布很广是可信的。《左传》隐公元年："公及邾仪父盟于蔑。"杜预说："邾，今鲁国邹县。"这是"大邾"。至于"小邾"呢？《左传》里作"郳"。庄公五年："郳犁来来朝。"杜预说："郳，附庸国也。东海昌虑县东北有郳城。"后来王命为"小邾子"。庄公十五年："宋人、齐人、邾人伐郳。"杜预说："郳属宋。"到了襄公六年，又"迁莱于郳"。昭公二十三年："邾，又夷也。"这可以说明殷、东两部族的历史关系。"郳"可以封"小邾"，可以属"宋"，莱又可以迁"郳"。最有意味的是"邾"与"小邾"的姓。汉代人就不知道有嫀姓与姝姓、�姓，都说"二东"的国族是"曹姓"。《楚世家》："五曰曹姓。"《世本》说："邾是也。"宋衷说："曹姓者，诸曹所出。"《国语·郑语》："曹姓邹、莒。"于是王符也说："曹姓封于邾。"假定甲骨金文里没有�姓、嫀姓出现，"二东"的姓就弄不明白。"诸曹"，其实就是《郑语》属于彭姓的"诸稽"。所谓"会稽"，就是《天问》的会黾，后来把"会稽""上虞"都说在很南的"越邑"。于是"诸稽"一名就不得其解了。"曹"不是姓，是"二东"的国族名。在殷代，"齐、曹"是并称的。"同侪""同曹"就从"二东"并称一义上引申出来的。"曹"是"二东"国族的代表，所以有"诸曹"之名。秦汉之间的学者不知道古代东方有嫀姓、�姓，更不明白姝、妹也都是姓；只知是曹氏的族属，所以说是曹姓。西周以前称"大东、小东"；东周以后称"大邾、小邾"。古代的"大东、小东"是"齐、曹"，是"邾、郰"。《周公段》里的"州人、秉人、庸人”是殷、东二族的族属。《左传》桓公五年：“州公如曹。”因此知道“州”也是“诸曹”的族属。所以说“州人”也是广义的“东人”。不过北迁的“州人”称“邶”了。《左传》里“州公”也作“淳于公”。桓公六年，“淳于州公”如“曹”不复。杜预说：“淳于，州国所都。城阳有淳于县。”“州”不止与“曹”有关系，并且同“杞”也有关系。“襄公二十九年，城杞之淳于，杞迁都。”见于昭公元年城淳于注。可见“淳于”后属“杞”，或者“杞”又有一“淳于”。据作者的看法，“淳于”是一公名词，就是“䭋”。金有《䭋丕叔卣》。徐中舒先生以为䭋即淳于。我以为“䭋”亦“𩫖”族。正合“州人、庸人”同是“东人”一说。也可见州、杞、曹同是“东人”的文化系统。晚世又用“淳于”作器名，是再借用的名词。在北方、东方的“州人”以外，“楚”也有“州国”，见桓公十一年。杜预注说：“南郡华容县东南。”定公八年：“乃止诸州。”杜预说：“州，晋邑。”昭公三年：“赐女州田。”又：“州县，栾豹之邑也。”杜预说：“州县属今河内郡。”“州人”分布很广，原本一定也是已姓的系统。而《世本》说“州”是姜姓。现在把她放在“东人”的系统之内，完全因为“州人”同曹、杞的关系很密切的缘故。古器有《鄁妘遏母鬲》。“鄁”之称“小邾”，是很晚的事。妘姓、姳姓都是古姓。“州人”本是古代的“豿人”，也就是“秃姓俩人”的“俩人”。“秃姓”与“嶌姓”的关系，上文已经说过。以“鄁妘”而称“遏母”。“鄁”原是与“遏”通婚姻的，又可证成前说之可信。“东人”原是“俩人”，都在“嶌族”的范围以内。妘姓、姳姓、委姓、妫姓，都是东方的姓。而妫姓最晚出。《左传》里妫姓的国家有“陈”，有“圭”。《国语·周语中》：

“卢由荆妫。”圭、卢的部族在陈、楚之间，上文约略提到。“圭妫”是郑穆公妾。“卢”，已在楚人的系统里说过。惟“陈氏”与“东人”“楚人”都有相当关系。“陈”字，金文从阜、从东、从土，作𨻰；或从阜、从东、从攴，作敶；与“东人”的关系一定很密切的。但是始祖是“胡公”，为“遂氏”之后。把“东人”与“嶌族”的关系又证实一层。“南汜”的系统出于“已姓”，在周代作“妘姓”或“娲姓”。“东人”的系统也出于“已姓”。其更古的有“妒姓、妶姓”，稍古的有“婳姓、嫀姓、姝姓”，晚起的是“妫姓”，所以“东人”及“南汜”两系统中都有这一姓。而“鄅”也有姒、妘两姓。都可以说明部族移徙及姓氏派衍的关系。

吴越的兴起甚晚，都是已姓。《左传》：“昭公娶于吴，曰孟好。”哀公十二年：“昭夫人孟子卒。”所以《论语·述而》篇孔子说“鲁昭公知礼”。越是“允常”之后，应该也属于已姓一系统。所出的古器又都在江南。但到了战国，忽然都无消息了。“吴”在古器里作“工𠫑”或作“攻敔”，比较晚点的器才有称“吴”的。《史记》称“句吴”，《管子·小问》篇说“吴与干战”，《左传》哀公九年也说到“吴城邘沟通江淮”，都在江北。《史记·货殖传》：“彭城以东：东海、吴、广陵为东楚；衡山、九江、江南、豫章、长沙为南楚。”《汉书·高祖纪》：“元年，羽自立为西楚霸王。”孟康曰：“旧名江陵为南楚，吴为东楚，彭城为西楚。”可见汉人都没有把“吴”属之江南。又《高祖纪》：“六年，韩王信奏请以故东阳郡、鄣郡、吴郡五十三县立刘贾为荆王。”刘攽说：“案《地理志》：东阳、鄣、吴皆非秦郡。后汉顺帝时始分会稽为吴郡。”《地理志》：“广陵国：高帝六年置，属荆州。十一年更吴。景帝四年，更名江都；武帝元狩三年，更名广陵。”足证刘攽的说法是有据的。又《五行志》第七下之上：“文帝五年，楚王都彭城，吴在东南。”又《荆燕吴传》：“上患会稽轻悍，无壮王以填之。乃立濞为吴王，王三郡，五十三城。”《五行志》作“四郡，五十余城”。又可以证明“吴”在江北的“广陵”。至于广义的“吴”，又太广了。《地理志》：“吴地斗分壄也。今之会稽、九江、丹阳、豫章、庐江、广陵、六安、临淮郡，尽吴分也。”虽然是大，可是江都易王非、广陵厉王胥与吴王濞，都还住在江北。即使古吴国区域大，但是中心区域仍旧限于大江以北。吴越两族在先秦“其兴也暴焉！其亡也忽焉！”如《吴越春秋》《越绝书》所说，大都张皇其词。吴语、越语又多摭拾他书而成。其详情不在这里细说了。

第八章　结论

本问题开始研究时，定名“古代氏族社会之分布及其关系”。共分四章：首论姓与氏之起原，次论古代氏族社会与“邑国”之关系，复次论古代各氏族间亲属关系之说明，再次论各氏族社会之分布与演进。所得结果之一部分，已分散于本次研究报告中。现在更定一名称，为“中国古代宗族移殖史论”。把前期研究换一体系，其内容也大加补充。（前文存张君劢先生处）

（一）宗族之函义　本章把古代氏族社会的来源，以及姓与氏的函义，都说到了。中国古代的社会是从“氏族制度”转到“宗族制度”。古史上有“宗氏”与“宗族”之分。这两种制度的分别，是从两种不同的生活方式而来。氏族制度原于“行国”，宗族制度原于“邑国”。“行国”有“师旅”，而“师旅”的出征有好多队。这种风气，直到周代还盛行的。古器上所谓“殷八师”“扬六师”；及《左传》上所谓“殷民六族”“殷民七族”“怀姓九宗”，都是这种氏族制度的遗迹。“邑国”本是有庄园作基础。宗族是有定居的。他们的婚姻制度，是从古代的氏族群婚制，转入两姓耦婚制，到了宗族社会里，于是添了许多亲属称呼。如祖孙、叔侄、舅甥等名目。这些，在古代的氏族社会里都没有的。甲文中所见的“祖”字，是从“社”字的意义上引申出来的。与周人的祖孙观念大不相同。殷人的“祖”，兼指“高祖”与“远祖”。至于“孙”字，用法也与周人的观念不一样。殷人的亲属关系，用“父兄”作中心。所以父子、兄弟、世及甲文中虽然有“叔侄”二字，其意义也与后世不同。“叔”是善射者的称呼。“侄”是姓，就是“侄人”的“侄”。与姒、妊、姬、姜相等。殷代婚姻制度的详情，我们无法知道。但是可以知道的是于氏族间群婚制以外，尚有掠夺婚姻与周人的宗法制度也大不一样。足证殷代的氏族制度，已经不是古代很严格的氏族制度了。氏族是用图腾制度作基础的。《左传》昭公十七年郯子所说的话，少皞氏以鸟名官一段，正合古代氏族社会的图腾系统。在“鸟图腾”之下，有“鸠图腾”与“雉图腾”。正像易洛魁式的从氏族组织到部族联盟的次第。周代宗族社会，与这大不相同。所以姬、姞必偶。而以宗子作屏藩。周公、太公的制作规模，于此见其大概。

（二）世与代　虞、夏、殷、周四代是东周以后实学家所公认的世代。殷、周确有史确可征，不能动摇。至于虞、夏两代是传说里的名称。从广义上说来，可以承认虞是殷祖，夏是周祖。例如相传夏是姒姓，而《诗经·思齐》篇说：“太姒嗣徽音，则伯斯男。”这不是周人也有姒姓的血统吗？并且“姬”姓从“姒”姓所改。再就文化方面看，周与夏文化的系统接近。在地域方面说，也是接近。“夏人”就是“吴人”，在语言方面说来，有雅俗的不同而已。再换一观点来说，“夏人”就是狄族中文化较为进步的一枝。若严格地说来：殷、周同祖于“虞”。那末夏、殷、周都是虞后。殷代的“吴”，就是西周人所知的“虞”，也就是春秋人所知的“工渔”。相传虞之祖是“幕”。幕、貊一声之转。“攻歔族”就是古代的“貊族”，这一族，能艺麦又能叉鱼，所以又有“逑鱼”的称呼。中国古代的种族都是“貊貉”的后裔：如“牟娄”“微卢”“苗黎”，都出于“貊貉”一语根。虞所代表的是貊族时代。姒姓所代表的也是“貊族”。《诗经·韩奕》篇：“因以其伯”，《思齐》篇：“则伯斯男”，所指的都是“貊族”。“伯”与“百”都说“伯人”或“伯世”。就是最早的“貊族”时代。太姒所生的男，可以称“伯”。如伯邑考。又如伯夷、伯益、伯鲧，都是说出于伯族，或伯世的意思。“百男”决不是“一百个男”。所以“貊人”就是“柏人”。古史上的“伯世”正是代表“虞貊”。其活动的区域是“豸方”或“冀方”。春秋以后人所知的“夏”是从“夔”字演变来的。“夓”与“夔”字都是从“夋”字而出。“夋”亦作“耆”。就是“虞舜”。并且东周以后人所知的“夏”就是西周人所知的“康”与“虞”。殷代人所知的“唐、商”。“商”与“唐”并峙于中世。所谓“中世”，在“伯世”以后，也可以名为“叔世”。以射猎著称。中世的文化中心在东方。到了晚期。有“殷、东”两族。“殷”是周人名“商”的称呼。原本称“商奄”。《逸周书》《左传》里所谓“商奄”或“鄘鄣”，就是指“殷、东”两族。殷代正式出现在“中世”“叔世”之间。伯、仲、叔、季四名在殷代初年人便用以称呼世代的。中字、叔字同射都有关系。中世、叔世都指以射猎为生活中心的时代。在实际上，“殷、周”两代农业都已经很发达了。“季世”并不一定专指周代。殷代已经有伯、仲、叔、季的名称。“季世”是代表农业社会。但晚周人的古史年代观，确是有用“虞”当

"伯世"，"夏"当"中世"，"殷"当"叔世"，"周"当"季世"的惯例。

（三）图腾层创观　我们所以提出伯、仲、叔、季当世代的名称，用来替换虞、夏、殷、周是想要稍微恢复一点古史的真面目。中国的氏族社会，大约当"伯世""中世"之间出现的。到了"叔世"的时代，便有转入宗族社会的趋势。现在从图腾的演化上看来，也可以比证上面的说法是不错的。中国的历史很古。到底古到什么程度？旧史家可没有切实告诉我们。本章用甲骨文金文中的"辰"字与"嬴"字作证，知道"嬴"就是"辰"。这是远古人的图腾。在这一图腾之外，还有"蛇图腾"与"易图腾"都很古。其见之于氏姓的，却以"蛇图腾"的"妃姓"先出现。然后有"易图腾"的"匽姓"；"辰图腾"的"嬴姓"反而出现最晚。这蛇、易、嬴三图腾所活动的区域很广，时代也很久。"蛇图腾"传到北方最早。到了北方以后，变为"鼬图腾"。由"鼬图腾"变为"马图腾"，最后出现"犬图腾"。"虎图腾"到北方已晚，与北方的古代传说相混，于是出现"熊图腾"与"龙图腾"。从中世以后，东方出现"鸟图腾"与"黾图腾"。古代"蛇图腾"到西方以后，产生"牛图腾"，就是齐氏的"苍兕图腾"。同时周民族也改为"鼋图腾"。扬雄说："荆尸化为鳖。"荆尸一名，见《左传》宣公十二年。杜预以为楚阵法。可见周人与南国的关系很深。《左传》里又说"吴"是"封豕修蛇，荐食上国"。"修蛇图腾"上文已经说到。"封豕"就是卜辞中的"王亥"，《天问》中的"封豨"，《左传》《国语》中的"豕韦氏"。

（四）氏族派衍　再就氏姓一观点来说！中国古代氏族社会有

从女性中心变而来之可能。“姓”字从女，从生，就是古有女性中心的痕迹。至于“氏”字，是丘字的意思。古代的行师，驻扎在丘上。每一丘就是一师。所以古代有“师氏”的官。换言之，每一丘就是一氏族。“姓”是血缘关系，“氏”是地缘关系。用地缘来区别血缘，于是姓与氏发了连系作用。古代的“氏”很像后世的郡望，若深刻一层说来，古代的“氏”，不尽是地缘关系。在氏族社会里的“氏”，就是有血缘意味。后世更有用官爵，用职业作氏的。不过在卜辞里，“氏”已经含有地缘的意味。古姓之最早的是“妃”，本作“已”。这是代表“蛇图腾”的姓。其后变为“姒姓”，也有作“妀姓”的。“易图腾”部族的姓是“匽”，本作“晏”，也有作“偃”的。“羸图腾”后来变作“嬴姓”。最晚出的是“㚷姓”“姚姓”，都属于一个系统。这一系统到西方去的，改为两姓：就是相耦婚的姬、姜两姓。“姬姓”从“姒姓”而出。古文字中“姒”作“[illegible]”。这“[illegible]”形，本是象“已”，误为象“乳”，因而改从“叵”。就是易经“观我朵颐”的“颐”。所以姒、姬本是一姓。“姜姓”从“[illegible]”姓而出。《左传》称“姜戎氏”作“允姓之姦”。“妟”字与“[illegible]”字还是一字。后来“姜姓”又改作“姞姓”。中世以来，东方新兴的有“妹姓”“嬭姓”。“妹姓”后变作“姝”。到东周以后，“奄氏”出现了，而改姓“嫊”。这一族姓，同古代的“麦羌”有关系。“麦羌”卜辞作“来羌”。并且“嫊”字与民、母、每、敏同语根。又与这一姓同源而更晚出的是“嫞姓”。从这一观点看来，中国古代民族还是“貊貉”一系统。所以古代有“妱姓，㛎姓”，但是后来都没有了。再来说“㚷姓”，本从“鳶族”改的姓。古代的“姓”，有改作氏的；古代“氏”也有改作姓的。例子上文已经说过了。

（五）宗族分枝 照古代神话传说构成的方式看来，也同上述图腾、姓氏两章的系统相合。神话传说的背景，是古代部族派分的方式。中国古代宗族总是二分的。这二分的原因：是古代两种生活方式不同的部族。一是攻獻族，一是牧羊族。这两族的族神，是甲骨文中的“夋”与“兕”，传说中的“舜”与“禹”，或“夔”与“禼”，也可以说是神话中的“高辛”与“高阳”。“高辛”是“上辛”族的代表，从“嬴图腾”而出。“高阳”是“上巳”族的代表，从“易图腾”而来。在“高辛”一枝中，又添入“共工”“鲧”“黄帝”。在“高阳”一枝中，添入“禹”“皋陶”“尧”。至于“大皞伏羲氏”与“少皞金天氏帝挚”，是殷、东二族的神。“神农”称“炎帝”，也是东方的族神。与“高辛”“高阳”产生于西方的不同。然而“大皞”“少皞”的根源还是“夋”与“兕”。“神农”的根源是“辰”。“黄帝”的根源是“嬴”。这样说来：“黄帝”与“神农”的神话基础还是一个。“农”字从“辰”，“黄帝”称“有熊氏”，这是很显明的痕迹。少皞氏以鸟为名官，当然是殷、东的系统。大皞风姓，就是“凤鸟”的“凤”，也可归入“鸟图腾”。原本是“黾图腾”。至于“大皞”又称“庖犠氏”与“齐国”的“苍兕图腾”又有关系。如同“夔”又可作“夔牛”，都是齐人借用的。《史记索隐》说“苍兕”也作“苍雉”。这是齐人东归以后自侪于“鸟图腾”的明证。足见“伏羲”所代表的族神比较复杂了。东人的“大皞”“少皞”就是西人的“高辛”“高阳”。东人的“炎帝”如同西人的“黄帝”。春秋以后的学派有“晋系统”与“齐系统”两枝。荀卿是赵人，孟轲是邹人，可以作两枝的代表。其渊源还是种族上的问题。远古的是“攻甗族”与“牧羊族”的对立；后来是“猶族”与“豫族”的对立；再后来是“周人”与“殷人”的对立；直到齐、晋对立，秦、楚对立为止。

（六）移殖概况　古代宗族的移殖情况，很复杂。本章以周代的“宗族”为主，约略推论古代“氏族”移殖情况。周代的“宗族”，当然以姬姓为最重要。《潜夫论·志氏姓》已经有比较详细的说明。春秋以后，纯姬姓的血统仅鲁国。晋、郑都不能算是纯粹的姬姓。北燕，更不是纯粹的姬姓。若就广义说：周、鲁、郑、晋都是“猶族”。这些国家，大都由西到东。此外又有本来是东南方的族姓，在商代以前，或商代到西北方，而在周初又回到东南方的，是齐、楚两族。又有本是东方的族姓，周代留在西方强盛起来的是秦国。上面所举齐、晋、鲁、郑属于周族一系统。秦、楚两国是新兴的古族。在楚系统之下有邛、鄀、罗、夔、邓、费、茅、微、卢、彭。属于秦系统的有江汉与汾渭间的嬴姓小国。如梁、耿在汾渭间。子产说：“沈、姒、蓐、黄，实守其祀。”足见北方也有“黄”有“沈”。在江淮或江汉之间的有江、黄、六、蓼、英、葛。这些国家，都是连系秦、楚关系的。如“邢、卫”之于“齐、晋”。另外还有三枝，都是古代留传下来的小国。第一枝是匽、阳、韩。第二枝是杞、纪、曾、郯。在东方各小国中，“莒”最能保守的。没有改姓没有改氏。从中世传下的合组部族，在西北方的有“魏”，东方的是“鼋”。第三枝属于北方的狄族中的新兴国家。有潞、胡、肥、鼓。照《左传》的记载，都是从西北向东南移殖。周人从江汉向淮泗。狄人从汾、渭，绕黄河北岸到洙、泗之间。这是周、秦间的宗族移殖情形。详细的史实已见本章。

在本书里有一套系统的见解，希望大家注意。就是有许多不同的名称，是同指一个对象。例如“易旅”“徂旅”就是“易族”“佥族”。又称“有仍”“有缗”。后来残遗的，又名“殷八师”，“扬六师”。“易旅”又名“有易”，“徂旅”又名“有穷”。在图腾方面，分“匽图腾”“黾图腾”“蛇图腾”“鸟图腾”，这些都是站在国族组织的立场上而说的名词，出于古代历史家的创造。再从民族分类的观点上说，最初分“夔族”与“禹族”。也可称“山魈”与“禺虢”；可名“羌”“狄”，或“戎”“夷”。从生产方法上立说：有“牧羊族”的“来羌”“巳羌”；有“攻酇族”的“九方”“邘方”。早期到北方的“夔族”，是“豸方”。晚期到北方的“禹族”，是“鬼方”“盂方”，或称“康族”“虞族”。后来“豸方”变为“厶猶”。总北方的夔、禹族为“猶族”或“康族”。在南方的夔、禹族是“序方”同“徐方”，也名“遂族”或“象族”。后来总名之为“豫族”或“嶲族”。不论北方或南方的夔族或禹族，都是“貊貉”或“苗黎”一个系统。再从文字语言学家的观点说：北方的“厶猶”可称为“儠人”或“侄人”；南方的“攻酇”可称作“侁人”“伾人”。在西方的“牧羊族”与“攻酇族”是“巳羌”“来羌”，也可以称之为“傿人”“虞人”。《说文·水部》“陇西貆道”，本作“柏道”。这同“柏人”是一样。“傿人”本也是“貊貉”。总其名为“有台氏”。在东方的“牧羊族”与“攻酇族”，有“侔人”“偻人”“侏人”“倭人”“侪人”“僣人”“东人”“庸人”。而各地从“貊貉”一语直接变来的，是“豿人”，后作“佝人”或“州人”。在中原的“夔族”与“禹族”，有“但人”“偈人”“倮人”“侱人”。就是《孟子》所说的“袒、裼、裸、裎”四种人。

“但人”“傷人”，就是“易族”，或称“偃人”。“倮人”“俍人”就是“㑹族”，或称“任人”。因为“但倮”是一语。两字颚化以后才有“傷俍”两音。用地理学的观点说：“偃、任”就是“郾”、“郢”或“鄢、邘”。再从文化的立场上说：有“有鬲”“有扈”之分。从图腾组织方面看：有“已、匽、嬴”一系统。又有“鸟图腾”系统，“黾图腾”系统，“牛图腾”系统等等。又从出现于文化舞台之早晚说：有“伯人”“中人”“儓人”“侁人”。就其在部落次第上说：有“上甲族”“上巳族”“上辛族”“天唐族”“天乙族”。又从文化类别说：有“燕”、有“冀”、有“桀”、有“邶”，就是“祀”与“禩”的不同。作者最后在这里说了一大段，希望大家用这一方法去参阅全书的内容，可以明白作者的话是自成一系统的。

跋

这本书并非宗族移殖史的全面，而是一部讨论古代宗族史底问题的书。全篇都是考证。但是从这里面，可以发现许多历史法则。这些法则，都从分析事实得来的。从这些法则和事实里所推阐出的，还有许多话，都没有说。看这部书的人，可以反复寻求，自能得到许多新意义。作者的见解，是从怀疑论出发，却用证实论作结。也可以说从今文家的立场出发，而用古文家的方法从事分析。作者认为上古史应该先解决人的问题，然后再看人与事的错综复杂关系。不知道这部书能够达到这一目的否？

三十二年（1943）十一月十日于渝州南岸旅次

永嘉刘节